Culture ｜ 文化

施己之善得，回向于智慧
出书犹如此道

【回向恒品】策划

WISDOM OF
TRANSFERENCE

INTANGIBLE CULTURAL
HERITAGE
SAFEGUARDING
CADRES READER

干部必读

非物质
文化遗产
保护

苑利 顾军 ◎ 著

社会科学文献出版社
SOCIAL SCIENCES ACADEMIC PRESS (CHINA)

写在前面

中国的非物质文化遗产保护已经走过了整整十个年头。十年努力，不但唤醒了国人的文化自觉，同时，还使我们利用这个机会摸清了自己的家底，并使大批濒临灭绝的非物质文化遗产项目起死回生且欣欣然发展起来。

正像做什么都会遇到问题一样，中国的非物质文化遗产保护也同样面临着种种难题。如传承经费问题，队伍建设问题，学科创建问题，保护模式问题等等。但在我们看来，这还不是最重要的。中国非物质文化遗产保护面临的最大问题，恐怕还是保护理念的错位。

理念是我们认识问题、解决问题的逻辑起点。如果理念出了问题，我们便会像小孩儿给自己系扣子——第一个系错了，接下来将会一错到底。譬如，如果我们一定要将"实物"、"制成品"、"工具"以及"活动空间"都当成"非物质文化遗产"，其结果必然会有故宫、长城甚至成片的古村落纷纷涌入《非物质文化遗产名录》；如果我们一定要将"整体保护"理解为只对非物质文化遗产中的"核心技术"实施重点保护，其结果必然会使许多遗产项目在传承过程中因"偷工减料"而"缺斤短两"；如果我们一定要将本应实施封闭性保护的文化生态保护区建成一个开放系统，侗歌苗舞、羌绣陇绣这些弱势项目，就很容易因美声唱法、现代舞蹈、苏绣粤绣等强势文化的涌入而发生基因上的蜕变；如果我们一定要将本是"文物"的非物质文化遗产当成可以随意改编的广场演出，这些遗产的历史认识价值就会因改编改造而荡然无存；如果我们一定要让本是非物质文化遗产"大管家"的各级政府取代传承人，"真遗产"就会变成"假遗产"，"真民俗"就会变成"伪民俗"。由此可见，一旦理念出错，接下来就会失之毫厘，谬之千里。因此我们说，中国的非物质文化遗产保护要想走得更快、更稳、更远，就应该从转变理念做起。毕竟方向的选择比速度的快慢更重要。

与此前出版过的几本小册子不同，本书的读者定位主要是那些工作在非物质文化遗产保护第一线上的工作人员。为此，从写作风格到问题设定，都具有明确的指向性，都在力图发现并解决当下中国非物质文化遗产保护所面临的最为棘手的问题。

当然，事情是复杂的。由于自然环境、人文环境不同，每个地方的非物质文化遗产及其所遇问题，都会呈现出明显差别。尽管我们可以很负责地告诉大家，本书是在大量田野作业与多年认真研究的基础上完成的，但我们仍希望本书的读者们能在深入领会我们所提保护理念的基础上，根据本省省情，本市市情，本县县情，具体问题具体分析，而不要指望一本书就能包治百病。因为至少在我们看来，这本书还有诸多不尽人意之处。

地方上的朋友经常问我们，怎样才能保护好非物质文化遗产？我们的回答很简单：要想保护好非物质文化遗产，首先就要弄清非物质文化遗产的传承规律。规律是客观存在，不是在办公室中能够臆造出来的。这就要求我们必须深入调查，认真研究，把各种各样的非物质文化遗产传承规律发掘出来，并用这些源自田野，经过反复验证的理论，来指导我国的非物质文化遗产保护实践。这是历史赋予给我们这代学人的重托，为达此目标，我们愿吃尽天下所苦，且虽百死无憾！

苑利　顾军

2013 年 1 月 1 日于北京

目　录

概念篇

　　所谓非物质文化遗产，是指人类在历史上创造，并以活态形式原汁原味传承至今的，具有重要历史价值、艺术价值、文化价值、科学价值与社会价值的表演艺术类、工艺技术类与节日仪式类传统文化事项。它的分布具有着明显的规律性。其中，民间文学、传统表演艺术、传统工艺美术、传统生产知识、传统生活知识、传统仪式、传统节日是这类遗产分布最为集中的七大领域。

价值篇

　　非物质文化遗产与传统文化既有联系，又有差别。它们的最大差别是，非物质文化遗产是经过价值"衡量"之后的传统文化。而衡量标准就是看它们是否具有重要的历史认识价值、文化价值、艺术价值、社会价值和科学价值。保护非物质文化遗产既是认识历史、传承文明的需要，也是文化创新、艺术创新、科技创新的需要。此外，保护好非物质文化遗产，对于保护人类文化多样性，创建人际关系和谐、生态环境友好的理想型社会，促进人类社会的可持续发展，都具有十分重要的现实意义和深远的历史意义。

理念篇

　　掌握正确的理念，是非物质文化遗产科学保护的逻辑起点。如果在理念上出了问题，我们就会像小孩儿系扣子——第一个系错了，接下来将会一错到底。

　　理念出错的主要征兆是：一个地方的遗产经我们保护，如果从"生龙活虎"变成"死气沉沉"，从"原汁原味"变成"无滋无味"，从"驻守故土"变成"客居异乡"，从"独树一帜"变成"千人一面"，从"完美无缺"变成"残缺不全"，从"天然无饰"变成"浓妆艳抹"，那么，我们可以肯定地说，这里的非物质文化遗产保护在理念上已经出现问题。

传承篇

　　我们所说的"非物质文化遗产传承人"，是指那些亲自参与非物质文化遗产表演、制作，且有突出成就，并愿意将自己所掌握的全部知识与技能，原汁原味传授给后人的某些自然人或群体。从社会分工的角度来说，传承是传承人的本职工作，也是政府考核传承人的唯一标准。

普查篇

　　深入调查，摸清家底，去粗取精，去伪存真，是非物质文化遗产大普查的基本目标与诉求。但要想实现这一目标会遭遇很多问题，而普查人员的专业化水平以及与日俱增的利益诉求，都很容易将优秀遗产排挤出遗产名录。因此，专业素质的养成和求实作风的培养，应伴随普查工作的始终。

申报篇

　　非物质文化遗产申报过程，本身就是一个对非物质文化遗产再认识、再筛选、再评估的过程。筛选尺度的建立非常重要。这其中，是非尺度判真假，价值尺度定好坏，条件尺度断缓急。三者缺一不可。

管理篇

　　作为非物质文化遗产管理者，政府应充分利用自己的行政优势、学术优势、财政优势来引导、推动、扶持、协调、监督非物质文化遗产的有序传承，不是利用自己的优势去取代传承人，干预非物质文化遗产的正常传承。历史告诉我们，对于非物质文化遗产而言，政府至多只是"管家"，而不是非物质文化遗产的"真正主人"。在非物质文化遗产管理过程中，加强制度建设是实施低成本管理的最佳模式。

经营篇

　　非物质文化遗产究竟能否进入市场进行商业化经营，决定权不在我们的主观意志，而在非物质文化遗产的传承规律。只要遵循非物质文化遗产传承规律——历史上"走市场"的继续"走市场"，历史上不"走市场"的尽量不要"走市场"，而介乎两者之间者要谨慎走市场——通常都不会出现太大问题。在非物质文化遗产产业化开发这个问题上，只要遵循异人、异地、异品三原则，产业化开发同样不会给非物质文化遗产带来负面影响。

附录篇

概念篇

所谓非物质文化遗产，是指人类在历史上创造，并以活态形式原汁原味传承至今的，具有重要历史价值、艺术价值、文化价值、科学价值与社会价值的表演艺术类、工艺技术类与节日仪式类传统文化事项。它的分布具有着明显的规律性。其中，民间文学、传统表演艺术、传统工艺美术、传统生产知识、传统生活知识、传统仪式、传统节日是这类遗产分布最为集中的七大领域。

一 什么是非物质文化遗产？

就像哲学一定要从"什么是物质"讲起一样，非物质文化遗产学也要从"什么是非物质文化遗产"讲起。这是这门学科的逻辑起点，如果在这个问题上出了错，我们就会像小时候给自己系扣子——第一个系错了，接下来将会一错到底。所以，给非物质文化遗产做出一个科学而通俗的定义，是一件非常重要的事。

所谓"非物质文化遗产"，是指那些人类在历史上创造，并以活态形式原汁原味传承至今，具有各种重要价值的表演艺术类、工艺技术类与节日仪式类传统文化事项。它的最本质的特征是它的"非物质"性。而那些"看得见"、"摸得着"的各种"工具"、"实物"、"制成品"，即或对非物质文化遗产保护、传承具有特殊意义，也不能视之为非物质文化遗产，更不能列入非物质文化遗产保护名录，这是我们审视一个问题的逻辑起点。如果在逻辑起点上出了错，今后的保护工作也将一错到底。譬如，既然人们可以将米雕、核雕当成非物质文化遗产，按着这样的认识和逻辑，你就没有理由否认剪纸、泥塑也是非物质文化遗产；既然你承认了剪纸、泥塑是非物质文化遗产，你就没有理由否认石雕、砖雕也是非物质文化遗产；既然你承认了石雕、砖雕是非物质文化遗产，你就没有理由否认成片的四合院也是非物质文化遗产。如果连四合院这样的庞然大物都成了"非物质文化遗产"，还有什么会是"物质文化遗产"呢？我们这样说，并不是耸人听闻，也不是空穴来风。在非物质文化遗产评审过程中，许多地方将古村落原封不动地申报了上来，就是典型的例证。由此可见，在对非物质文化遗产概念的界定过程中，掺不得任何物质文化遗产成分。否则，就会因概念上的混淆，而导致伪遗产的流入。

那么，怎样才能给非物质文化遗产做出一个准确的定义呢？我们的想法就是限定、限定、再限定。通过对传承时限、传承形态、传承基因、传承品质、传承范畴所进行的层层限定，将其从文化，特别是传统文化中剥离出来。

第一，从传承时限看，非物质文化遗产必须是人类在历史上创造的。时间不足百年者，不能称其为非物质文化遗产。

第二，从传承形态看，非物质文化遗产必须是以活态形式传承至今的。历史上有但在现实中已经消失了的，都不能视之为非物质文化遗产。

第三，从传承基因看，非物质文化遗产必须是原汁原味传承至今的。凡是经过人为刻意改造，特别是政府、学界刻意改造过的"传统文化事项"，都不能视之为非物质文化遗产。

第四，从传承品质看，非物质文化遗产必须具有重要的历史认识价值、文化价值、艺术价值、科学价值和社会价值，没有上述重要价值之一者，也不能视之为非物质文化遗产。

第五，从传承范畴看，非物质文化遗产特指一个民族传统文化中表演艺术类、工艺技术类与节日仪式类传统文化事项，除此之外的传统文化——如杰出作家的文学作品、著名政治家的政治主张，甚至包括一些传统的优秀的道德思想，亦不能视之为非物质文化遗产。

总之，通过上述界定，我们可以得出这样一个结论：所谓非物质文化遗产，就是指人类在历史上创造，并以活态形式原汁原味传承至今的，具有重要历史价值、艺术价值、文化价值、科学价值与社会价值的表演艺术类、工艺技术类与节日仪式类传统文化事项。

二　为什么说户县农民画、金山农民画不是非物质文化遗产？

　　从传承时间看，非物质文化遗产至少应有百年以上的历史。而产生于 20 世纪 50 年代的户县农民画以及产生于 20 世纪 70 年代的金山农民画，因时间不足百年，故至少现在都还不能申报非物质文化遗产。

　　将我国非物质文化遗产准入门槛限定在百年以上，一是秉承了世界上许多国家指定物质文化遗产的传统，二是因为清末民初是我国传统手工技术、传统表演艺术以及传统节日仪式在发展过程中的最后一个高峰期。将这一时期（包括这一时期之前）产生并流传至今的优秀遗产钩沉出来，对于非物质文化遗产保护而言，无疑会起到事半功倍的作用。当然，百年历史只是我们对非物质文化遗产在时限上设下的一个最为基本的准入门槛。其实，像中国这样一个具有五千年文明史的文明古国，一般的非物质文化遗产事项通常也都会有数百年乃至上千年历史——昆曲、京剧等表演艺术至少会有数百年的历史，木版年画至少会有近千年的历史，风筝制作至少会有近两千年的历史，而像钻木取火这样的古老技术甚至有上万年的历史。因此，我们将时间下限限定在百年以上，更多的是将"百年"理解为非物质文化遗产申报的一个准入性门槛。这是因为我们所说的"遗产"，应该是指财富创造者亡故后留给我们的一笔文化财富。如果该文化财富的创造者尚健在人世，我们怎么会将他赠予给我们的文化财富称为"文化遗产"呢？

其实，在非物质文化遗产遴选过程中，各国对非物质文化遗产都有时限上的限定。以日韩等国为例，这些国家虽然对非物质文化遗产的准入门槛不曾有过明确的时间上的限定，但历史最短者，通常也都被控制在了百年以上。可见，这一标准的制定，对于绝大多数国家来说显然是比较合适的。

三 为什么说历史上的 "泰山封禅" 不是非物质文化遗产？

从传承形态看，非物质文化遗产都应以活态形式传承至今。所以历史上确实存在，但现在已经消失了的类似"泰山封禅"一类的项目，都不能申报非物质文化遗产。

有人认为非物质文化遗产不一定是活态的，即使已经消失，只要是通过文献、实物可以复原者，均可申报非物质文化遗产。这种说法是非常错误的。

非物质文化遗产与物质文化遗产的最大区别，就是它的"活态"性。也就是说，所谓的非物质文化遗产，必须是以活态的形式原汁原味传承至今的。那些历史上确实存在，但后来消失了的传统文化事项，哪怕具有非常重要的历史认识价值、文化价值、艺术价值、社会价值和科学价值，也不能申报非物质文化遗产。譬如，泰山封禅始自秦朝，是典型的传统文化。自秦始皇登泰山祭天开始，之后许多朝代的帝王一旦登基，都会率群臣赴泰山祭天以示神威，仪式规模相当隆重。但该仪式并没有以活态形式传承至今，它早在宋代就已经绝迹（最后一次泰山封禅是在宋真宗赵恒大中祥符元年——公元 1008 年），像这样的已经绝迹逾千年的传统文化事项，即或再优秀也无法申报非物质文化遗产。同理，天坛祭天、地坛祭地、月坛祭月、日坛祭日尽管通过文献与想象能恢复出几分仪式的"原有风貌"，但离历史的真实仍有相当大的差距，因此，也都没有资格申报非物质文化遗产。

四 为什么说政府组织的大型
公祭活动多半不是非物质文化遗产？

　　从生存状态看，非物质文化遗产必须是以活态形式原汁原味传承至今的传统文化事项。而那些为弘扬地方文化，为制作地方名片而人为"打造"出的大型公祭活动（所谓公祭特指由当地政府举办的各种大型祭祀活动）尽管不乏正面意义，但多半与非物质文化遗产无关。

　　判断一个公祭活动是不是非物质文化遗产，首先要看这些活动历史上是否真实存在，其次还要看这种真实的历史存在是否以活态形式原汁原味传承至今。如果这些公祭活动历史上就有，且以活态形式原汁原味传承至今，那么，这些祭祀活动是可以申报非物质文化遗产的。但如果历史上没有，这些仪式仅仅是当地政府为弘扬地方文化而又重新"打造"出来的，或是历史上确有其事，但因各种原因中断已久，近年来通过文献等资料又重新恢复起来的，通常都不能视之为非物质文化遗产。这是因为传统公祭仪式的最大价值是它的历史认识价值，通过这些仪式原汁原味保留下的舞蹈，我们就会知道几千年前祭祀大典中的祭舞是个什么样子；通过这些仪式原汁原味保留下的音乐，我们就会知道几千年前祭祀大典中祭乐是个什么样子；通过这些仪式原汁原味保留下的祭服，我们就会知道几千年前祭祀大典中祭服是个什么样子；通过这些仪式原汁原味保留下的祭品，我们就会知道几千年前祭祀大典中祭品是个什么样子。这样的公祭仪式才有历史认识价值。如果今天我们申报的"公祭"活动舞蹈是今天的编导们演绎出来的"古代舞蹈"，音乐是今天的音乐家们创作出来的"古代音乐",服饰是今天的服装设计师们设计出来的"古代服饰",祭品是今天的策划大师们从古书中抄袭过来的"古代祭品",如此面目全非的"公祭"活动,还有什么历史认识价值?还有什么资格参评非物质文化遗产?

判断一个公祭活动的真伪,最简单的办法就是看传承人。如果找不到曾经主持过该仪式的祭司(理论上的非物质文化遗产传承人),说该仪式是真,就是一句假话。实地调查告诉我们,中原历史上的公祭活动,绝大多数已经断流,更没有哪位传承人能将古代公祭的所有程式倒背如流。当然,考虑到这些公祭活动所具有的独特价值,我们并非不可以在评审标准上做出某些让步。譬如这些公祭活动仅因文革等政治运动发生断流,断流时间并不长,主持仪式的祭司或是当时参与过这些公祭活动的人还健在,这些公祭仪式的亲历者基本上还能将这些仪式原汁原味呈现出来,我想这些项目仍有申报非物质文化遗产的可能。但如果亲历者已经故去,仅凭当时的文字记录而恢复起来的所谓公祭活动,是万万不能申报非物质文化遗产的。

五 为什么说缠足、典妻不是非物质文化遗产?

在许多人眼中,所谓"非物质文化遗产",就是"传统文化",也就是我们平常所说的"民俗"。所以有些人认为抽大烟、裹小脚、典妻、纳妾这些"传统文化"事项都可申报"非物质文化遗产"。其实,这些说法不仅大错特错,而且还会从根本上误读我们保护非物质文化遗产的初衷。

毫不讳言,"非物质文化遗产"与"传统文化"确有相似的一面。如两者都是历史的产物,都是人类在历史上创造并以各不相同的形式传承至今的,都是历史的一部分,都具有重要的历史认识价值。但两者又确有明显的不同。其中一个最大的不同,就是非物质文化遗产不是普通的传统文化,而是经过价值衡量之后的传统文化。也就是说,它是从一个民族传统文化中挑选出来的最能代表这个民族最优秀传统的传统文化,这与未经价值判断的传统文化有着本质的区别。其衡量标准就是看它们是否具有重要的历史认识价值、文化价值、艺术价值、科学价值和社会价值。有这五大价值或这五大价值非常突出者就是非物质文化遗产,否则就不是非物质文化遗产。如果一定要用一句话将非物质文化遗产与传统文化区别开来,那么,我们可以这样说:所谓的"非物质文化遗产",就是经过价值衡量之后的优秀的传统文化。

六　为什么说"道具"、"实物"、
　　"制成品"及"相关场所"不是非物质文化遗产？

　　从传承本质看，非物质文化遗产的最大特性就是它的"非物质"性。而"道具"、"实物"、"制成品"及"相关场所"偏偏是"物质"的，不是"非物质"的，所以，无论"道具"、"实物"、"制成品"及"相关场所"对非物质文化遗产保护有多重要，都不能申报非物质文化遗产。

　　在2003年联合国教科文组织颁布的《非物质文化遗产保护公约》中有这样一句话："所谓非物质文化遗产，是指那些被各地人民群众或某些个人视为其文化财富重要组成部分的各种社会活动、讲述艺术、表演艺术、生产生活经验、各种手工艺技能"。如果这个定义说到这儿，问题也许还不会太多。但该定义也许是出于对非物质文化遗产衍生环境的重视或是别的什么原因，又补充了一句说：非物质文化遗产除上述诸内容外，还包括"在讲述、表演、实施这些技艺与技能的过程中所使用的各种工具、实物、制成品以及相关场所"。按《公约》解读，我们似乎可以做如下推演——如"徽州传统建筑营造技艺"是非物质文化遗产，那么，与徽州传统建筑营造技艺息息相关的传统建筑工具——庞大的吊车、绞车，与徽州传统建筑营造技艺息息相关的实物——如砖瓦、木材，与徽州传统建筑营造技艺息息相关的制成品——如那些气势恢宏白墙黛瓦的徽州古民居，甚至与徽州传统建筑营造技艺息息相关的各种场所——如西递古村、宏村等等，也都成了非物质文化遗产。如果连这些"看得见"、

"摸得着"的物质遗存都变成了"非物质文化遗产",那么,还有什么是物质文化遗产呢?如果按此逻辑推演下去,中国的《非物质文化遗产名录》会不会在不远的将来变成《中国名村名录》、《中国名宅名录》、《中国名酒名录》、《中国名画名录》、《中国名品名录》?

我们想在此再次重申:所谓非物质文化遗产,是指深藏于传承人头脑中的那些知识与经验、技术与技艺。有些工具、实物、制成品甚至某些场所,尽管对我们认识、传承、保护非物质文化遗产有重要帮助,我们也可以通过建立博物馆等方式加以收藏,但这些"工具"、"实物"、"制成品"以及"相关场所"本身并不是非物质文化遗产。忘记了这一点,我们的非物质文化遗产申报迟早会出现问题。

七 为什么说文学作品、道德理念、政治主张不是非物质文化遗产？

从传承范畴看，非物质文化遗产主要分布在民间文学、表演艺术、传统工艺美术、传统生产知识、传统生活知识、传统节日和传统仪式等七大领域。而近年来有人准备申报的"非物质文化遗产"项目——如中国古典四大名著、名人家谱、传统孝道思想，甚至包括某些政治名人的思想精髓与政治主张（孙中山思想、毛泽东思想）等，尽管也都是历史的产物，也具有重要的历史认识价值、文化价值、艺术价值、社会价值甚至科学价值，但由于不在非物质文化遗产七大领域之内，所以，都不是申报非物质文化遗产，更不能进入《非物质文化遗产名录》。

八　非物质文化遗产分类应注意哪些问题？

对非物质文化遗产实施科学分类是一件很难的事情。要想做到"科学"，不但要考虑到分类学本身的要求，同时也要考虑到非物质文化遗产自身的分布规律与传承规律。目前，世界各国对非物质文化遗产所进行的分类体系建设，基本是自说自话，互不兼容。这说明我们对非物质文化遗产分布规律、传承规律还缺少一个起码的了解。而这些错综复杂、互不兼容的分类体系，也将给今后世界各国非物质文化遗产间的信息交流与资源共享，特别是给今后各国非物质文化遗产的建档、查询、交换、交流带来重重困难，甚至会影响到各国非物质文化遗产保护工作的顺利进行。因此，为非物质文化遗产制定出一个科学而合理的分类体系，不但必要，而且及时。

那么，以什么样的标准打造的非物质文化遗产分类体系才称得上"科学"呢？我们认为，一个科学的非物质文化遗产分类体系至少应满足以下五方面需求：

（1）包容

所谓"包容"包括两方面内容：一是作为一个科学的国际性的非物质文化遗产分类体系，应该适应所有国家的非物质文化遗产蕴藏情况。这就要求我们在设计非物质文化遗产分类体系时，充分考虑到各国、各地区非物质文化遗产的同一性与差异性，尽量找到各国非物质文化遗产类别划分中的"最大公约数"，使我们的分类体系能够获得更多国家的认同。而目前我们的分类尚缺少这种包容，需要进行进一步的补充和完善。

二是一个科学的非物质文化遗产分类，应涵盖非物质文化遗产的所有内容。但就是这样一个十分简单的要求，迄今为止，在许多国家的分类体系中，都没有得到应有的体现。如在许多国家的分类体系中，都没有有意识地将与农林牧副渔各业有关的传统生产知识，全面而系统地纳入非物质文化遗产保护体系（这一点联合国教科文组织考虑到了）。这种涵盖范围上的残缺性，将会直接影响到人类对于非物质文化遗产的全面认识和系统保护。

（2）对等

无论何种分类体系，各类别间都应该呈现出明显的"平级"关系。在非物质文化遗产分类体系中，"民间文学"、"表演艺术"、"传统工艺技术"、"传统节日"、"传统仪式"基本上都属于同一级别的"平级关系"。但如果将"传统表演艺术"下属的"传统音乐"、"传统舞蹈"与"民间文学"相并列，或是将涵盖面更广的"传统文化"或"民俗"与"民间文学"相并列，也就等于将"食品"与"包子"、"馒头"并列到了一起，其结果必然会因逻辑上的混乱而使分类变得毫无意义。

（3）唯一

分类要求各类别间必须保持严格的平行关系，即一个遗产项目根据该分类法则，只能放到一个类别中。如果一个遗产项目既可放到 A 类别中，也可放到 B 类别中，则说明该分类体系在界限的划定上已经出现问题。但即使是这样一个基本要求，我们迄今仍无法做到。如在我们考察中，一个传统节日食品在不同县市的遗产名录中，居然被放置在了"传统工艺"、"民俗"、"美术"等完全不同的类别中。这种因界定不严而导致的分类上的问题，很容易使统计失去其应有的意义。

（4）均衡

在科学的分类体系中，各类别的含量应大致相近或相等，如果各类别含量相差悬殊，分类同样会出现问题。而目前我们所能看到的分类体系中，各类别间的项目数量相差悬殊，有的达 1：12，有的甚至高达 1：30 之多，从而使分类失去意义。而据我们调查，一些数量极少的非遗项目——如传统美术、传统医药等等，完全可以通过合并同类项的方式纳入其他类别，从而使分类变得更加简单、直观和明了。

（5）统一

科学分类的标志之一是分类标准的统一。是按"内容"分，还是按"形式"分，必须在分类之初做出明确判断。当前世界各国的非物质文化遗产分类基本上是按内容属性分的，于是有了"民间文学"、"表演艺术"、"传统工艺技术"等等。其标准是统一的。但如果在这个分类体系中夹杂有"文化空间"一类"非标"类别，就会造成申报时的"一项两投"（如传统庙会既可放置在"民俗"中，也可放置在"文化空间"中），从而给今后非物质文化遗产的数据统计与信息管理以及数据库建设带来意想不到的麻烦。

坦率地说，目前国内外各非物质文化遗产分类体系几乎都很难满足上述必备条件，与我们理想中的"科学分类"仍有相当差距。由于这项工作将直接关系到目前各国各地正在进行的非物质文化遗产数据库建设，将会直接影响到今后世界各国各地区间非物质文化遗产数据资源的交流与共享，是一道永远迈不过去的槛，所以，对于这个问题的解决当然是越早越好。

非物质文化遗产保护干部必读 · 概念篇

九　什么是非物质文化遗产"七分法"？

非物质文化遗产"七分法"是指将非物质文化遗产分为七个大类的一种非物质文化遗产分类方法。该分类法的最大特点是：

首先，它可以涵盖非物质文化遗产的所有内容。通过寻找世界各国非物质文化遗产的最大公约数，解决了世界各国非物质文化遗产分类体系互不兼容的问题，使世界各国非物质文化遗产的信息交流与全球共享成为可能。

其次，它可以确保同级分类中各类别间所具有的是平级、对等关系，从而最大限度地解决了传统分类体系中各类别间等级不一、相互重叠的问题。

其三，该分类体系解决了各类别间遗产数目相差悬殊的问题，从而确保了该分类体系的学术规范性和可操作性。

其四，由于分类标准统一，从而避免了归类的随意性和一档多投问题。

非物质文化遗产"七分法"具体分类如下：

（1）民间文学类遗产

民间文学类非物质文化遗产泛指历史上产生并以活态形式原汁原味流传于民间社会的口头文学作品。由于这类作品主要以口耳相传的方式传承于民间社会，故又称"口头文学"、"口碑文学"或"劳动人民口头创作"。它包括：散文体民间文学，如神话、传说、故事、寓言、笑话等；韵文体民间文学，如歌谣、谚语等。民间文学是人类记录自身历史、认识自身历史的重要途径，是民间社会展示自身文学才能的重要手段，

017

具有非常重要的历史认识价值、文学价值和社会价值。

（2）表演艺术类遗产

表演艺术类遗产泛指人类在历史上创造，并以活态形式原汁原味传承至今的各种表演艺术形式。传统表演艺术主要是通过唱腔、动作、台词等表现形式表达演出者的内心世界。具体表现形式包括说唱、戏剧、歌舞、音乐以及体育游艺杂技等等。这类遗产是人类认识自身历史，展示自身才艺与文化的重要手段，具有重要的历史认识价值、艺术价值、文化价值与社会价值。

（3）传统工艺美术类遗产

传统工艺美术类遗产是指人类在历史上创造并以活态形式原汁原味流传至今的传统技艺与技能。传统工艺美术所含范围非常广泛，传统绘画工艺、传统镂刻工艺、传统织造工艺、传统刺绣挑花工艺、传统印染工艺、传统彩扎工艺、传统雕塑工艺、传统陶瓷制作工艺、传统金属制作工艺、传统髹漆工艺、传统造纸工艺、传统文物修复技术等，都属传统工艺美术范畴。传统工艺美术具有两个最明显的特征：一是它的专业性，即这类遗产通常都是由专业性很强的艺人或匠人来传承，其产品具有很强的专业性特点；二是它的审美性，即这类遗产通常都具有很强的艺术审美价值。这类遗产对于了解一个民族的审美情趣、技艺才能具有非常重要的参考价值。

（4）传统生产知识类遗产

传统生产知识类遗产泛指人类在漫长的生产实践中逐渐积累起来，并以活态形式传承至今的，足以代表一地最高科技水平与独特智慧的生产知识与经验。包括传统农业生产知识、传统牧业生产知识、传统渔业生产知识、传统狩猎业生产知识等等。这类遗产对于人们了解一个民族的生产知识与经验，促进当地社会的可持续发展，都具有重要的认识价值与参考价值。

（5）传统生活知识类遗产

传统生活知识类遗产泛指人类在历史上创造并以活态形式原汁原味传承至今的，与人们衣食住行等日常生活有关的生活知识、技术与经验。传统生活知识类遗产包括：传统服饰制作技艺、传统饮食烹调技艺、传统建筑营造技艺、传统交通设施与交通工具建造、制造技艺，以及与传统生活有关的传统医药学知识等等。总之，只要是来自生活实践的知识与技能，都可视为传统生活知识类遗产。这类遗产对于认识各民族生活知识与实践具有重要的参考价值。

（6）传统仪式类遗产

传统仪式类遗产泛指人类在历史上创造并以活态形式原汁原味传承至今的具有重要历史认识价值、文化价值、艺术价值与社会价值的传统仪式仪礼。传统仪式类遗产依功能不同，又可分为"为解决人与人之关系而产生的仪式"和"为解决人与自然之关系而产生的仪式"两类。"为解决人与人之关系而产生的仪式"包括：祖先神祭祀仪式、英雄神祭祀仪式、行业神祭祀仪式、生育神祭祀仪式以及形形色色的人生仪礼等；"为解决人与自然之关系而产生的仪式"包括：天神祭祀仪式、日月星辰神祭祀仪式、山水神祭祀仪式，以及为祈求其他自然神而产生的各种各样的祭祀仪式。这类遗产传承稳定，不但可以为我们认识自身历史与文化提供更多参考，同时也可为建立人际关系和谐、自然环境友好的新型人类社会，提供重要帮助。

（7）传统节日类遗产

传统节日类遗产泛指人类在历史上创造并以活态形式原汁原味传承至今的具有重要历史价值、艺术价值、文化价值以及社会价值的传统节庆活动。依影响范围不同，传统节日类遗产又可分为全国性节日类遗产与民族性节日类遗产两大类。全国性节日遗产是指在全国各地都在过的传统节日。如寒食节、清明节、浴佛节、端午节、七夕节、中元节、中秋节、重阳节、寒衣节、冬至节、腊八、腊月二十三、除夕、春节、立春及元宵节等等。民族性节日则是指某单一民族自己的传统节日。如壮族三月三、藏族雪顿节、傣族泼水节、彝族火把节、白族三月街等等。这类遗产既是一个民族诸多传统的共同载体，也是一个民族优秀遗产的最为集中的体现，所以，与其他遗产类型相比，这类遗产对于维系一个民族的优秀传统，对于增强一个民族的凝聚力、向心力，都是非常重要的。

一〇 非物质文化遗产"七分法"中存在哪些问题？ 有何解决预案？

非物质文化遗产"七分法"有它的长处，但也有它的问题。这些问题主要表现在"传统节日"与"传统仪式"、"传统工艺美术"与"传统生活知识"在极个别的情况下难以界定。那么，如何才能解决上述两大难题呢？

（1）"传统节日"与"传统仪式"的区分问题与解决预案。

在同一个民族中，我们将在同一时间内共同举行的大型传统仪式活动统称为"传统节日"是不存在任何争议的。如汉族地区的端午节、重阳节等等，都因为在同一时间内举行，所以我们统称为"传统节日"。那些非全民性的仪式活动，如只关涉到某个人、某几个人或是某一群体的仪式活动——如出生礼、婚礼、丧礼、祭典，我们统称为"传统仪式"，也不存在任何问题。我们所说的容易引发争议的部分，是那些正在从大型仪式向传统节日转化过程中规模较大的传统仪式的归属问题。这些仪式在规模上已经接近传统节日，所以，有时很难界定清它到底是传统仪式，还是传统节日。也就是说，在如何区分处于临界状态的，只有量变但尚未达到质变的遗产项目时，有时会让我们变得非常纠结。那么，我们如何来界定这类遗产项目的属性呢？

我们知道，传统节日与传统仪式的最大区别在于两个方面：一看规模是大是小，二看时间是否固定。当传统仪式在规模上已经足够大，那么，评判它是否已经成为传统节日的标准显然只能看它在时间上是否已经固定了。我们的区分原则是：在一个民族中（至少是一个民族），如果该遗产项目在时间上已经固定——都在同一时间内举行，该项目就是"传统节日"；如果在时间上有早有晚、有先有后，尚未完全固定，他们只是在各自的区域内以较小规模举行，即或是同质同名，也只能认定为"传统仪式"。

（2）"传统工艺美术"与"传统生活知识"类遗产的区分问题与解决预案。

"传统工艺美术"与"传统生产知识"因为横跨"粗活儿"与"细活儿"两大领域，我们很容易将它们区分开来。现在的问题是，由于服装制作、房屋建造、交通工具制作等"传统生活知识"中也有部分"细活儿"，而这部分"准专业"性质的传统技艺，比较容易与"传统工艺美术"类遗产发生混淆，故很难让人们在归类时做出明确的判断。

那么，我们如何来区分这两类比较相近的遗产呢？通过观察我们注意到：从遗产属性看，"传统工艺美术"类遗产的主要特征是它的"专业性"与"审美性"，而"传统生活知识"类遗产的主要特征是它的"普及性"与"实用性"。其次，从传承主体看，"传统工艺美术"类遗产的所有者、传承者多是经验丰富的艺人、匠人，而"传统生活知识"类遗产的所有者、传承者多是普通民众。尽管在传承人的评选过程中我们也会从普通人群中评选出那些技艺高超的民间高手，但说到底他们决不会是工艺美术大师，他们尚未达到"专业人士"的水平。

其实，在现实生活中，"传统工艺美术"类遗产与"传统生活知识"类遗产的区分并不复杂：如世代居住在农村的农民，自己都会盖房子。所以，即或是盖房高手，他们至多也只能成为"传统生活知识"类遗产传承人，他们所传承的项目，至多也只能是"传统生活知识"类遗产。而当房子盖好后，需要进行木雕、砖雕、石雕等各种各样的"精装修"

时，人们只能从专营店中请来这方面的专业高手，木雕、砖雕、石雕这些质地考究、制作精良，极富艺术价值与审美情趣的装饰装潢工作，只能由这些非常专业的老艺人、老匠人们来完成，而这正是我们所说的"传统工艺美术"类遗产。在现实生活中，要想区分"传统工艺美术"与"传统生活知识"类遗产，事实上并不困难。

十一 什么是非物质文化遗产"三分法"？ "三分法"与"七分法"有怎样的内在联系？

所谓非物质文化遗产"三分法"，是指根据联合国教科文组织关于非物质文化遗产分类标准以及各国非物质文化遗产蕴藏规律，而对非物质文化遗产做出的最为浓缩的分类。该分类将非物质文化遗产大致分为以下三大类别，它们分别是：

（1）传统表演艺术；

（2）传统工艺技术；

（3）传统节日仪式。

该分类虽然并未见诸学术研究与理论著述，但在非物质文化遗产保护实践中已广泛使用。如一些国家或地区在遗产宣传日期间举行的各种大型活动，基本上都被分为非物质文化遗产表演、非物质文化遗产展示以及非物质文化遗产传统节日与仪式这样三个大类。

那么，非物质文化遗产"三分法"这种分类方法到底有何依据？它是否有足够的理论依据作支撑呢？

从血统看，非物质文化遗产"三分法"来源于非物质文化遗产"七分法"。它是在非物质文化遗产"七分法"的基础上对非遗类型所做的进一步浓缩。

（1）民间文学＋传统表演艺术（含体育游艺与杂技）＝传统表演艺术

在非物质文化遗产"三分法"中，"传统表演艺术"是由"民间文学"与"传统表演艺术"(如戏曲、曲艺、舞蹈、音乐甚至武术等体育游艺与杂技项目)共同构成的。将"七分法"中的"传统表演艺术"纳入"三分法"中的"传统表演艺术",属同类项目合并,并不存在不同类型的"排异"问题;将"七分法"中"传统表演艺术"本已涵盖的"体育游艺与杂技"诸内容统统纳入"传统表演艺术"之中,也因中国历史上即有"文体不分家"的传统而获得绝大多数人的认同。因为绝大多数的"体育游艺与杂技"本身就是一门"表演艺术"。现在的问题是,将"七分法"中的"民间文学",纳入"三分法"的"传统表演艺术",会不会引发争议——因为在一些人看来,"民间文学"与"传统表演艺术"并无必然联系。其实,非物质文化遗产语境下的"民间文学",并不是指那些已经被记录、整理、出版之后的故事集、歌谣选,而是特指那些仍以活态形式传承至今的口头文学。老故事家们在讲述这些民间故事时,或捶胸顿足,或眉飞色舞,本身就是表演。而美国著名民俗学家鲍曼所创"表演理论",从故事讲述作为自己的学术切入点,也可反证"民间文学"确属"表演艺术"。从这个角度来说,将"七分法"中的"民间文学"、"体育游艺与杂技"与"传统表演艺术"一道,统统纳入"三分法"的"传统表演艺术",从学理上并不存在任何问题。

(2)传统工艺美术 + 传统生产知识 + 传统生活知识 = 传统工艺技术

"传统工艺美术"与"传统生产知识"、"传统生活知识"各有各的实践领域。其中,"传统工艺美术"更强调它的专业性、审美性,而"传统生产知识"与"传统生活知识"更强调它的普及性与实用性。但从另一方面看,它们又都同属知识类、技术类遗产,都属于手工操作。仅从这一点来说,三者又完全相同。所以,将"传统工艺美术"、"传统生产知识"与"传统生活知识"归结在一起,统称为"传统工艺技术"类遗产,在理论上并无大碍。

（3）传统节日＋传统仪式＝传统节日仪式

传统节日是在传统仪式的基础上发展起来的。传统仪式只要形成一定规模，且有固定的时间段作支撑，一般都会转化为传统节日。如今天的元宵节起源于天体崇拜仪式，端午节起源于送瘟神仪式，腊月二十三起源于送灶仪式，除夕起源于驱鬼仪式等等。在少数民族地区，传统节日与仪式的关系表现得更加直露。如白族的火把节，傣族的泼水节，藏族的雪顿节，本身就是放大了的仪式。由于传统节日与传统仪式的文化DNA完全相同，所以，将两者并作一类，在逻辑上并不存在太大问题。

"三分法"的优点是简洁明了。这种分类好理解，便记忆，易把握，好操作，非常适用于非物质文化遗产保护工作的日常需要与行政管理。缺点是这种分类方法过于简单，在一定程度上会影响到对非物质文化遗产内部规律的进一步认识和把握。

十二 什么是民间文学类遗产？ 它包括哪些内容？

民间文学是指产生并流传于民间社会的，足以反映民间情感与审美情趣的文学作品。从体裁上看，民间文学大致可分为散文体民间文学和韵文体民间文学两大部分。散文体民间文学包括神话、传说、故事、寓言、笑话，韵文体民间文学包括歌谣、谚语等等。

神话是指远古人类在历史上创造并以各种形式传承至今的，用于解释各种自然现象与社会现象，且具有神圣性质的散文体民间文学作品。

民间传说是指产生并流传于民间社会的具有某种解释功能的民间故事。有些传说来自辈辈相传的个人经历故事，而有些传说则来自后人对于历史的演绎。由于它们均与特定的历史人物、历史事件、自然风物、社会习俗有机结合在了一起，所以具有一定的真实性。从某种角度来说，我们可以将民间传说理解为民间社会的"口传历史"。

广义民间故事包括民间文学散文体中的所有体裁，而狭义民间故事则仅指那些幻想性较强的童话故事、动物故事和现实性较强的生活故事。

由于我们已经将劳动歌、仪式歌、时政歌、生活歌、情歌、儿歌等等纳入传统音乐，将史诗、叙事诗纳入传统曲艺，所以，纯韵文体的歌谣、谚语存量并不大。

十三　什么是传统表演艺术类遗产？它都包括哪些内容？

　　传统表演艺术类遗产是指人类在历史上创造并以活态形式传承至今的，通过唱腔、动作、台词等艺术表现形式来表现演出者内心世界的传统演出活动。它主要包括说唱、戏剧、歌舞、音乐、传统体育竞技等诸方面内容，是我们了解中国传统文化及传统审美观的重要渠道，具有重要的历史认识价值、艺术价值及文化价值。

　　民间说唱又叫"曲艺"，是一种以"叙述体"为基本特征的表演艺术形式，大体包括"说故事"与"唱故事"两大类别。山东快书、评书，基本上属于"说故事"一类，而苏州评弹、北京琴书、少数民族史诗、叙事诗基本上属于"唱故事"一类。

　　我们之所以将少数民族史诗、叙事诗从民间文学中提取出来，并纳入传统曲艺序列，理由有三：

　　（1）少数民族史诗、叙事诗与汉族地区的评弹、单弦一样都使用乐器伴奏；

　　（2）少数民族史诗、叙事诗与汉族地区的传统曲艺一样，都具有明显的专业化特点；

　　（3）少数民族史诗、叙事诗的歌手与汉族地区传统曲艺的演员一样，基本上都以此为生。

　　传统戏剧是指在人类历史上创造，并以活态形式传承至今的代言体表演艺术形式。它既包括由民间艺人直接参与创作、表演，广泛流行于民间社会的民间小戏，也包括在小戏的基础上发展起来的大型戏剧形式。话剧、芭蕾等西方表演艺术传入我国历史较短，又是舶来品，所以至少在短期内不会列入我国《非物质文化遗产名录》。

民间小戏多是民间社会自娱自乐的产物。通常，民间小戏的曲调多来自当地民歌，民间小戏的动作多来自当地舞蹈，民间小戏的情节多来自当地说唱。在中国戏剧发展史上，宗教祭祀活动对民间小戏的形成产生过重要影响。如流行于贵州、安徽等地的傩戏，便源于古老的驱傩仪式，北方的道情、二人台又与民间迎神赛会密切相关。民间小戏中，道具戏是其中最重要的一支，根据使用道具的不同又可将它们分为木偶戏、皮影戏、面具戏等数种。

传统的民间舞蹈是在历史上产生，以活态的形式广泛流行于民间社会，并为广大民众所喜闻乐见的肢体艺术形式，是了解民间肢体艺术的重要途径。

传统音乐包括"歌"与"曲"这样两个部分。"歌"是指有歌词的演唱，"曲"是指用乐器进行的演奏。至于舞蹈中的舞蹈音乐、戏曲中的戏曲音乐、曲艺中的曲艺音乐，均可放入舞蹈、戏曲及曲艺中，并作为上述艺术形式的一部分进行系统保护。

传统体育竞技，是指按一定组织形式、顺序与规则，在平等前提下，让人们参与的以强身健体、提高身体素质与心理素质为目的的竞技娱乐活动。由于传统体育竞技具有一定的表演性，加之中国自古就有"文体不分家"的传统，所以，将太极拳、武术、杂技、摔跤等传统体育竞技类项目直接纳入表演艺术范畴，在学理上并不存在太大问题。

十四 什么是传统工艺美术类遗产？ 它的最大特点是什么？

　　传统工艺美术类遗产是指历史上产生并以活态的形式流传于民间的、能够充分反映一个民族智慧、审美情趣与最高工艺水平的传统手工技艺。包括传统绘画的绘制与制作（含装裱）技艺、传统书法艺术、传统镂刻工艺、传统织造工艺、传统刺绣挑花工艺、传统印染工艺、传统彩扎工艺、传统雕刻工艺、传统雕塑工艺、传统陶瓷制作工艺、传统金属制作工艺、传统髹漆工艺、传统造纸工艺、传统文物修复技术等等。

　　这类遗产具有两大特点：一是它的专业性。这类遗产通常都是由专业的艺人或匠人来传承的。二是它的审美性。这类遗产尽管有实用价值，但它更强调制成品的审美价值与收藏价值。这一点与传统生产知识与传统生活知识有着本质上的区别。

十五　什么是传统生产知识类遗产？
　　　它都包括哪些核心内容？

　　传统生产知识所含范围十分广泛，它既包括农业生产、牧业生产、渔猎生产等方面的知识与技能，也包括除此之外其他各业的生产知识与技能。保护好这笔遗产，不但可以使我们更好地了解到历史上的各种生产文明，同时还可以使我们通过对传统生产知识的发掘与利用，更好地克服现代生产方式所带来的种种弊端，为新时期农林牧副渔各业的蓬勃发展，提供更多的参考与借鉴。

　　在这类遗产的普查过程中，我们要重点普查以下内容：

　　（1）科技含量较高、独具地方特色的传统生产知识与技能；

　　（2）各种传统生产工具制作方面的知识与技能；

　　（3）各种传统生产制度、生产管理方面的知识与技能；

　　（4）各种行业神信仰以及与之相关的节日仪式、民俗表演艺术；

　　（5）传统的地方性农作物品种或家畜品种。

十六　什么是传统生活知识类遗产？
　　它都包含哪些内容？

　　传统生活知识类遗产是指与人类日常生活息息相关的、非常优秀也非常重要的传统生活知识。它既包括衣食住行等方面的生活知识与技能——如服饰方面的纺织知识与技能、印染知识与技能、剪裁知识与技能、缝制知识与技能、保存知识与技能；饮食方面的刀案知识与技能、烹调知识与技能、腌制知识与技能、酿造知识与技能；建筑方面的堪舆知识与技能、选材知识与技能、选址知识与技能、温控知识与技能、营造知识与技能；交通方面的各种舟船、车辆制作知识与技能（如保留至今的陕北羊皮筏、甘肃牛皮筏、黑龙江鄂伦春人桦皮船制作技术等等），道路、桥梁等各种交通设施的建造知识与技能。说得更宽泛些，只要与人类生活密切相关而又很难纳入其他范畴的传统文化事项——如苗医苗药、藏医藏药、维医维药、中医中药等传统医药知识与技能，正骨、针灸、推拿等传统医疗知识与技能，均可纳入传统生活知识类遗产范畴。

十七　什么是传统仪式类遗产？它主要包括哪几种类型？

所谓传统仪式，是指那些专门为确认、强化某种关系而举行的认证或纪念活动。传统仪式的种类很多，但从动机看，不外乎是围绕着解决人与人之关系和解决人与自然之关系而展开的。所以，我们通常将传统仪式分为以下两大类型：

（1）为解决人与人之关系而产生的仪式。

以解决人与人、人与社会之关系而产生的仪式包括祖先神祭祀仪式、英雄神祭祀仪式、行业祖先神祭祀仪式以及各种人生礼仪等，统称为"为解决人与人之关系而产生的仪式"。

（2）为解决人与自然之关系而产生的仪式。

学术界认为，人类的信仰是从自然崇拜开始的。人要想生活下去，就不得不想方设法去征服自然，但在征服自然无望时，人类又不得不取媚自然，自然崇拜及其相关仪式就这样产生了。如祭山仪式，祭水仪式、祭祀五谷神仪式等，都属于这类仪式。

十八　什么是传统节日类遗产？　它应具备哪些特征？

所谓"传统节日遗产"，是指人类在历史上创造并以活态形式原汁原味传承至今的，具有重要历史价值、艺术价值、文化价值、社会价值以及科学价值的传统节庆活动。

通常，我们所说的传统节日遗产至少应具备以下四大特征：

（1）必须具有足够长的历史。中国的传统节日 90% 以上都是从远古祭祀仪式的基础上发展起来的。我们所说的传统节日，一般也都具有 2000 多年的历史。如现在已经被认定为国家级非物质文化遗产项目的传统节日——春节、端午、七夕、重阳等，在汉代前后都已基本定型。而那些产生时间较短，或具有明显政治色彩、公益色彩的近代节日——如五一国际劳动节、六一儿童节、十一国庆节以及教师节、护士节等等，均不能列入非物质文化遗产名录。

（2）必须以活态形式传承至今。我们所说的传统节日遗产，是指那些在历史上产生并以活态形式原汁原味传承至今者。那些尽管在历史上影响很大，但未能传承至今并早已夭折者，或是从内容到形式均已发生重大改变或严重退化者，均不能列入非物质文化遗产名录。

（3）必须以原汁原味的形式传承至今。我们所说的"原汁原味"，只是一种比喻。它的所指，并不是说我们一定要求今天的非物质文化遗产必须与古代"绝对一样"，而是说即或经历了沧海桑田的变化，它们也还能"万变不离其宗"，保存着原有的模样。这就像一棵树上的叶子，不用说去年的和今年的会有不同，就是同一年一棵树上的叶子也不会完全"一模一样"。但无论有何不同，在众多的树叶中，你仍然能将它们准确地挑选出来。所以，我们所说的"原汁原味"，是指传承至今的传统节日必须在内容、形式、素材上，与远古传统节日保持大体的一致。

（4）必须是一个民族传统节日中的精品。中国传统节日遗产历史悠久，数量众多。据不完全统计，仅汉族地区具有 2000 多年以上历史的传统节日就有十来个。在中国少数民族地区，传统节日更是多得惊人。据贵州省黔东南旅游局所编《黔东南民族民间节日集会》一书显示，仅在贵州省黔东南这个人口不足 40 万、面积不足 1306 平方公里的多民族地区，每年的传统节日就多达 155 个。那么，在非物质文化遗产保护工程中，我们是否要对这些传统节日实行无差别保护呢？显然不能。国外文化遗产保护实践告诉我们，所谓保护，只是针对节日中的精品，那些即使传承至今但并未承载太多文化精华的传统节日，无论在哪个国家，都不可能不加区别地进入非物质文化遗产名录。而判断的基本尺度，便是看这一传统节日是否具有重要的历史认识价值和足够的文化含量。以已经被列入《国家级非物质文化遗产名录》的"除夕"为例。从规模看，这个节日只有短短的十几个小时，但就在这短短的十几个小时中，它却通过年夜饭与祭祖食品的制作，为我们保存或是传承下了丰富而独特的除夕年夜饭制作技术、各种祭祖食品的制作技术。同时，通过贴门神、贴春联、挂春桃、放爆竹、跳傩舞等一系列民俗活动，还为我们保存或是传承下了丰富而独特的年画绘制技术、雕刻艺术、书法艺术、表演艺术、烟花制作技术以及形形色色的娱乐活动。所以，是否具有重要的历史认识价值与丰富的文化内涵，应该成为我们衡量传统节日能否列入非物质文化遗产名录的重要尺度。

保护好这些传统节日遗产，不但可以弘扬一个民族的民族精神与民族文化，带动"假日经济"，缓解身心疲劳，同时还可以通过上述节日仪式，增进人们的家族认同、氏族认同、民族认同直至文化认同，以使我们更好地处理好人与人的关系、人与自然的关系。遴选、评审过程中，对于传统节日的价值认定与传统节日文化内涵的发掘都是十分重要的。

价值篇

非物质文化遗产与传统文化既有联系，又有差别。它们的最大差别是，非物质文化遗产是经过价值「衡量」之后的传统文化。而衡量标准就是看它们是否具有重要的历史认识价值、文化价值、艺术价值、社会价值和科学价值。保护非物质文化遗产既是认识历史、传承文明的需要，也是文化创新、艺术创新、科技创新的需要。此外，保护好非物质文化遗产，对于保护人类文化多样性，创建人际关系和谐、生态环境友好的理想型社会，促进人类社会的可持续发展，都具有十分重要的现实意义和深远的历史意义。

十九　为什么说非物质文化遗产的
　　　最大价值是它的历史认识价值？

人们做事之前常常会问：做这件事究竟有什么价值？这里所说的"价值"，就是指我们做某件事的意义。保护非物质文化遗产同样需要我们回答这个问题。但我们所说的意义，对于当代社会而言有时是直接的，有时则是间接的。能对当代社会的发展起到直接的推动作用固然好，对当代社会发展没有起到直接的推动作用，也不意味着就没有意义。有时，保护非物质文化遗产，需要我们有更长远的眼光而不是急功近利。像"钻木取火"这类项目，对于当代社会发展所起的推动作用可能是极有限的。从实用角度看，钻木取火甚至不如一只打火机、一根火柴。那为什么我们还要保护这样一个已经过时了的"老古董"呢？答案很简单：因为它能证明人类的历史，因为它具有重要的历史认识价值。

历史上，有关"钻木取火"的记载可谓汗牛充栋。《韩非子》、《庄子》、《拾遗记》、《古史考》、《三坟》、《汉书》等对此都有明确记载。尽管当时的人们很可能已经不再使用钻木取火技术，但他们从未对钻木取火的真实性产生过怀疑。但在20世纪80年代，有一位学者对它产生了置疑。他首先用古书记载手搓木棍的方法，开始在木板上钻木取火，没有成功。他认为可能是手搓木棍的钻速不够，便用镉锅镉碗的弓子左右开拉，以求用这种钻速更高的方式取出火来，结果还是不行。最后他想到了电钻，电钻一分钟3000多转，古人再有力气也不会达到这个转速吧？直钻得木板变黑、冒烟，还是取不出火来。于是，他得出这样一个结论：

钻木不能取火！古书中记载的所谓"钻木取火"，全是骗人的谎话！但20年后，随着非物质文化遗产大普查的展开，人们无意中在海南岛发现了钻木取火这一古老技术和还掌握着这门古老技术的传承人。通过研究传承人的技艺技法，我们发现不是钻木不能取火，而是我们在取火的方式上存在问题。钻头既然能将木板钻黑、冒烟，说明里面已经开始燃烧，之所以没取出火来，并不是因为速度太慢，而是因为这位专家所用引燃物燃点太高，很难引燃。其实，在很早的时候古人就已经明白了这个道理。他们使用一种名为"火绒"的植物纤维，很容易地便可以取出火来。这个故事告诉我们：尽管钻木取火在当下已没有了什么实用价值，但它向我们展示了在没有雷电就无法取火的远古社会，人类是通过怎样的方式取火的。这对于研究人类用火的历史，对于了解人类的进步都是十分重要的。

二〇　为什么说非物质文化遗产是
　　　人类认识自身历史的一条重要途径？

从人类认识规律的角度看，我们人类认识自身的历史大致经历了通过典籍认识历史、通过文物认识历史以及通过非物质文化遗产认识历史这样三个不同的发展阶段。

（1）人类认识历史的第一步：通过典籍认识历史。

人类对历史的认识最早是从典籍开始的。特别是在中国这样一个典籍史料汗牛充栋的古老国家，通过典籍认识历史，显然是一条非常便捷的途径。想了解汉代兴衰，可以看看《史记》、《汉书》；想了解唐代兴替，可以看看《新唐书》、《旧唐书》；想了解清代兴亡，可以看看《清史稿》。有了这些典籍，中国几千年的兴衰更替也就能知晓一二了。但典籍治史有它的问题——这其中最大的问题就是史书自身所固有的局限——它们所记载的多半是一个朝代的政治史、经济史、军事史，而很少记录到一个朝代的文化，特别是这个朝代的底层文化。在中国，农史、畜牧史、戏剧史、工艺史、科技史、文化史研究之所以在很长一段时间里都难有大的进展，显然与史书记载过于狭窄有关。

（2）人类认识历史的第二步：通过文物认识历史。

进入 20 世纪后，西方考古学、博物馆学渐次传入中国。这时人们才突然发现通过考古文物居然也能认识历史。而且，由于这些文物是来自地上地下的第一手资料，它们本身就是历史的一部分，是某些重要历史人物、历史事件的重要见证，所以，这些文物在佐证历史的过程中表现得更直观、也更可靠。随着这条途径的发现，近代以来，特别是20世纪70年代以来，以考古资料为基本数据来源的学术成果层出不穷，充分展示出文物在帮助我们认识自身历史的过程中所具有的独特魅力。但后来人们渐渐发现，这条路也有它的局限——其最大问题，是它所记录的往往只是历史的一个凝固瞬间，而那些历时性文化现象——如戏曲、舞蹈、音乐等表演艺术的演出过程，精美工艺品的制作过程，是很难通过文物全面而系统地展现出来的。如当你看到一件龙袍，你从这件龙袍身上可以知道其面料成分和基本工艺，但这些工艺究竟需要几道流程，这面料的选取又根据了怎样的原则，则是我们无论如何都无法知道的——人类在认识自身历史的过程中，又一次遭遇瓶颈。

（3）人类认识历史的第三步：通过非物质文化遗产认识历史。

随着非物质文化遗产保护热的兴起，人们突然发现，非物质文化遗产这个每天都伴随在我们身边的文化事项，居然也能够帮助我们认识历史。于是，继典籍、文物之后，通过第三条途径——传承至今的非物质文化遗产帮助我们认识自身历史，特别是帮助我们认识历史上的传统表演艺术与传统手工技艺，已成为史学研究中的一个新的亮点。例如，大家都知道唐代宫廷音乐十分有名，但"安史之乱"一把大火，不但烧毁了辉煌的宫殿，同时，在宫廷里演奏的大唐宫廷音乐也因此而消失得无影无踪。以至于后人在研究唐代宫廷音乐时都会十分犯难：使用典籍吧，记载过于简单；使用文物呢，文物对唐代宫廷音乐虽有表现，但它无法记录音乐、舞蹈的历时性表演过程。难道唐代宫廷音乐真的再无法复原了吗？20世纪80年代的一次音乐普查，终于使唐代宫廷音乐研究迎来了峰回路转的一天。这一年，几位从事民间音乐普查的同志，在陕西省周至县一个名叫"聚贤镇"的地方，发现了一个十分有趣的现象——这里的人们，无论男女老少，都能拉上一曲，唱上一段。他们使用的乐器与现今使用的乐器有所不同，用的曲谱甚至与历史上广泛流传的工尺谱亦有区别。他们演奏的到底是什么呢？经数天调查后得知，他们演奏的被称之为"长安古乐"的民间音乐，正是已经消失了 1300 多年的唐大曲——唐代宫廷音乐，而这些演奏唐大曲的纯朴农民，正是安史之乱时从宫廷逃出来的宫廷艺人、乐女的后裔。原来，安史之乱虽然断送了这些艺人乐女往昔的优雅生活，但他们并没有因安史之乱而葬身火海，而是趁着战乱，成群结队逃出宫廷，流落民间，并将大唐的宫廷音乐带到了这个名叫"聚贤镇"的地方。原来我们不是因为文献、考古资料的欠缺而无法了解更多的大唐宫廷音乐吗？现在要想了解唐代宫廷音乐就方便多了——只要你来到集贤镇甚至西安周边任何一个有鼓乐社的地方，都可以听到 1300 多年前唐代宫廷音乐。这就是流传至今的西安鼓乐的历史认识价值，这就是非物质文化遗产给予我们而典籍、文物无法给予我们的独特的历史认识价值。

二一 非物质文化遗产的历史
认识价值主要体现在哪几个方面？

  非物质文化遗产的历史认识价值是指非物质文化遗产在帮助人类认识自身历史的过程中所体现出来的独特价值。其历史认识价值主要体现在证史价值、正史价值以及补史价值等三个方面。

  （1）证史价值。

  证史价值是指人类利用非物质文化遗产事项，来帮助我们印证往昔历史过程中所呈现出来的某种独特价值。例如，通过流传至今的傩戏，我们可以知道远古傩戏是个什么样子；通过钻木取火，可以知道远古人类钻木取火是个什么样子；通过流传至今的版筑技术，可以知道商代以来传统版筑技术是个什么样子。如果没有非物质文化遗产的印证，我们眼中的中国历史就会变得苍白无力且毫无生机。其实，人类利用非物质文化遗产对于自身历史的印证，并非始于今日。如司马迁所撰《史记》，就是通过民间传说、神话故事实现了对上古史的复原。

  （2）正史价值。

  正史价值是指非物质文化遗产在纠正历史偏谬过程中所呈现出来的某种独特价值。人类自进入文字社会以来，一直都是以文字记录的方式来转述自己的历史的。但由于统治阶层对于文字的垄断，以及录史者本身的局限，史书与史实之间难免会出现较大差异。即或录史过程充满科学精神，人们在转述这些史料时，也难免会因转述者个人素质以及外部因素的干扰而对史料进行程度不同的改动，从而造成历史文献的失实。

在这个时候，我们就可以通过历史上传承下来的各种非物质文化遗产事项，纠正录史者的偏颇，还历史以本来面目。

（3）补史价值。

补史价值是指非物质文化遗产在补充、丰富历史文献的过程中所呈现出的某种独特价值。中国自春秋以来即形成一套完整的录史传统。一部二十四史，将中国数千年历史连续不断地记录了下来，这在世界上也不多见。但是，由于录史权主要掌握在统治阶级手中，因此，流传至今的史料也主要以记录帝王史、政治史、经济史为主，而广大民间社会，特别是他们的文化生活，很少得到记录，从而造成民间文化史记录的缺失。这也是迄今为止中国农业史、畜牧史、科技史、工艺史、体育史、艺术史、建筑史等诸多与非物质文化遗产有关之专门史研究不够深入的主要原因。国外经验已经证明：只要深入发掘，非物质文化遗产完全可以在历史重构，特别是在文化史重构过程中发挥重要作用。

二二 为什么说未经改编的
非物质文化遗产才有历史认识价值？

　　一次，陪余秋雨先生下乡。当时日程赶得很紧，几乎每天要跑一个县。而每到一处，大家都高兴得不行。可慢慢的，原本高兴的我却怎么也高兴不起来——因为以前见过的缓慢沉重的苗族舞蹈，不知在什么时候被改造成了铿锵有力的"霹雳舞"，而且这种现象比比皆是。一天吃罢晚饭，我们到街上散步。在昏黄的路灯下，我们突然发现前面有六七十个老年妇女正围成一个圆圈缓缓地跳着舞。我一眼认了出来："啊，这才是苗族舞蹈！"我们兴冲冲地赶了过去。"这是苗族舞蹈吧？"我问。看热闹的人冲我点了点头。"你们苗族舞蹈为什么跳得这么缓慢啊？"话音未落，一个男人突然站了起来，他脸色有些涨红，冲着我们说："你们是汉族兄弟吧？你们知道么，想当年你们的祖先黄帝与我们的祖先蚩尤打仗，你们的祖先把我们的祖先杀了。可到了第三天我们得出殡啊。我们这是戴着手铐脚镣跳舞，我们欢快得起来吗？"听到这儿，我突然明白苗族舞蹈为什么这么缓慢，这么低沉。而这缓慢、低沉的节奏，不正是苗族舞蹈文化底蕴之所在吗？这就是苗族舞蹈的历史认识价值！如果我们将苗族舞蹈改成"霹雳舞"，苗族舞蹈还会有这种独特的历史认识价值吗？这个故事告诉我们，对于非物质文化遗产而言，仅仅做到活态保护尚远远不够，我们还必须将它原汁原味继承下来，传承下去。任何一种改编，都会对非物质文化遗产的历史认识价值造成致命伤害。

二三　非物质文化遗产的艺术价值主要体现在哪几个方面？

非物质文化遗产的艺术价值，是指非物质文化遗产在帮助人类认识不同历史时期及不同地域审美观生成规律的过程中，所呈现出来的独特的认识价值。艺术价值不一定为所有非物质文化遗产所共有，但在通常情况下，绝大多数非物质文化遗产——如传统的建筑技术、绘画艺术、雕刻艺术、书法艺术，传统音乐、民间舞蹈、口头文学等的入选，几乎都与它们所具有的重要的艺术价值有关。一部人类文化遗产保护史告诉我们，许多国家对本国遗产的保护，几乎都是从艺术领域开始的。"艺术价值"这一入选标准的设定，反映了人类社会对于审美世界的普遍追求。

非物质文化遗产的艺术价值集中体现在以下两个方面：

（1）通过不同地区的非物质文化遗产，可以使我们了解到不同地域的审美特征及其独特的审美价值。由于历史背景不同，自然及人文环境不同，各地非物质文化遗产在艺术风格上都会呈现出明显的地域性特征。通过这些地域的非物质文化遗产，可以使我们了解到这些地区戏曲、曲艺、民歌、小调以及形形色色的传统手工技艺类遗产的一般特征。

（2）通过不同地区的非物质文化遗产，可以使我们了解到不同时代的审美特征及其独特的审美价值。现在我们所看到的非物质文化遗产，几乎都是以"正在进行时"的面貌呈现在我们面前的。但实际上许多非物质文化遗产都是某个历史节点上的某种艺术形式的独特残留。因此，通过它们不但可以了解到不同历史时期各种表演艺术的独特的审美情趣，还可以使我们了解到不同历史时期各种传统手工技艺的独特的艺术价值。如通过上党队戏，可以使我们了解到宋元时期中原戏曲艺术的一般特征，通过海南岛黎族绗染，可以使我们了解到先秦时期中原绗染技艺的一般特征。

总之，保留至今的非物质文化遗产，在帮助我们了解不同时空环境下人类社会审美情趣变迁，具有无可替代的价值。

二四　非物质文化遗产的
　　　文化价值主要体现在哪些方面？

非物质文化遗产的文化价值，是指非物质文化遗产在帮助人们解读一个民族文化传统的过程中所表现出来的独有的认识价值。什么是文化？所谓"文化"，就是指人类在漫长的发展过程中，为适应各种自然环境与人文环境所创造出的各种各样的生活方式与生产方式。由于生存环境不同，人们的生活方式与生产方式——他们的传统文化，特别是其中的非物质文化遗产，也会呈现出明显差异。这些非物质文化遗产就像一个民族的文化基因，既记录了我们的过去，也影响着我们的未来。

中国是个由 56 个民族共同构成的多民族国家。多元一体的文化构成，极大地丰富了中华文化的宝库，同时也为中华民族新文化的创造提供了丰足的资源。在发掘非物质文化遗产过程中，我们不但要注意到广大汉族地区，同时还要注意到少数民族地区丰富多彩的文化创造。我们的任务是将他们中最优秀的传统文化发掘出来，而不是将其轻易同化。轻易同化不但会造成民族隔阂，同时也会造成人类文化资源的枯萎，于文化的发展和民族的团结均有百害而无一利。

二五　非物质文化遗产的
社会价值主要体现在哪几个方面?

　　非物质文化遗产的社会价值是指非物质文化遗产在推动社会发展的过程中所体现出的某种价值。非物质文化遗产的社会价值主要集中体现在以下几个方面:

　　首先,非物质文化遗产是一个民族的文化精华,也是一个民族的标志性文化。它在增强民族自信心,提振民族精神等方面,一直发挥着重要作用。例如,欧洲的文艺复兴、中国的五四运动,都是从搜集民歌民谣、传说故事开始的。一个民族要想实现伟大复兴,就不能不到它的精神武库中搜寻利器,到传统文化中寻找答案,因为这里承载着丰富的民族精神。

　　其次,非物质文化遗产是一个民族集体认同的产物。它的存在不但可以有效促进不同社会集团的文化认同,同时还是增强民族凝聚力、向心力的重要手段。从古至今,非物质文化遗产在整合族群关系,建立和谐社会等方面,一直都发挥着举足轻重的作用。

　　其三,非物质文化遗产在维系社会秩序、建立公共道德的过程中一直发挥重要作用。中国是四大文明古国之一,素有"礼仪之邦"的美称。历史上中国人所培养起来的各种美德,都是通过各种节日、仪式,各种文学、艺术等载体传承至今,并影响到中国人政治、经济、文化、礼仪等方方面面。可以说,非物质文化遗产在维持社会秩序,维系社会公德,融洽族群关系等方面,一直发挥着重要作用。

其四，非物质文化遗产是中国社会当代道德建设的重要源泉。非物质文化遗产是一个民族传统道德的重要载体。保护非物质文化遗产，不仅仅是为了保护一种知识、技能或技术，同时也是在保护传承了千百年之久且具有普世价值的传统道德。在经历近百年外来文化冲击后，中国人要想重建自己的新的道德体系与价值体系，就必须从传统道德体系中汲取营养。而作为人类文明重要组成部分的非物质文化遗产，也应该成为中国当代精神文明建设的重要参照。

二六　在高科技面前，非物质文化遗产真的没有科学价值可言了吗？

在许多人看来，非物质文化遗产是历史的产物，说它包含有丰富的历史信息、文化信息、艺术信息、社会信息，并具有重要的历史认识价值、文化价值、艺术价值、社会价值并不难理解。但在科学技术高速发展的今天，说这些历史上产生的传统文化有多少科技含量，就很难得到人们的认同了。所以，即或在非物质文化遗产高端论坛上，我们也很少能听到有关非物质文化遗产科学价值的系统论述，在全国各地出版的各种有关非物质文化遗产辅导手册上，也很难看到人们对非物质文化遗产科学价值的深入阐述。难道祖先留给我们的非物质文化遗产真的没有科学价值？还是当代科技发展太快，以至于非物质文化遗产所含技术根本不值一提？

其实，在我们的文化传统中，许多非物质文化遗产都具有很高的科学价值。如我国西部地区的旱井挖掘技术、窑洞开掘技术，南方建筑中利用地井开发的去暑制冷技术，海南岛等台风多发地区建筑中的防风抗飓技术，北方寒冷地带建筑中的保温恒温技术以及同仁堂的中草药炮制技术，贵州茅台酒厂的茅台酒酿制技术，安徽宣纸的宣纸制作技术等等，实际上即或在今天也具有很高的科学价值。

当然，在许多非物质文化遗产事项中，有些非物质文化遗产项目的科学价值是显性的，有些则呈现出明显的隐性特征。如历史上我们所使用的帆船、水车、水碓，无论是行驶速度、传输能力，还是在加工技术上，均远不及现代设备，但它们在环保以及巧借自然伟力等方面所呈现出的环保精神、低碳理念，对当代文明的发展仍有重要启迪。

有些朋友以为我们对非物质文化遗产科学价值的发掘已经很深，开发得也相当不错。其实，这不过是一种错觉。以中医药为例，近些年来，尽管我们已经在搜集整理的基础上出版了《中国民族药志》、《中国藏药》、《蒙药学》、《维吾尔常用药材》等数十部民族医药学专著，在传统医药学基础上，开发出了一批民族中成药，但与国际社会相比，我们的成绩并不突出——作为中医药大国，我们的中成药出口量仅占国际市场的3%，而90%以上的国际中草药市场，已经被我们的学生——日本、韩国、新加坡等国所占有。也就是说，无论是市场份额，还是年均创汇，我们都已经远远地落在了我们学生的后面。原因固然很多，但最重要的一点，恐怕还是我们自己太瞧不起自己的传统，在各种非物质文化遗产读本中，至今不提非物质文化遗产的科学价值，就是最好的明证。

二七　为什么说非物质文化遗产
　　品质越优秀就越有价值？

　　一个传统文化事项能否进入非物质文化遗产名录与其自身的优秀程度有关。有人认为，所谓的"非物质文化遗产"，实际上就是我们通常所说的"传统文化"或"民俗"，非物质文化遗产热的兴起，多半与炒作有关。这种观点我们很难认同。且不说在具体的表现形态上两者会有多少差别，就是在性质上，两者的区别也是显而易见的。例如，我们所说的传统文化，虽然不无精华，但也不乏糟粕。例如戕害中国妇女上千年之久的缠足习俗，虽是传统文化的一种，但无论如何都不可能成为我们这个民族值得保护与传承的非物质文化遗产。因为我们所说的非物质文化遗产，乃是人类在历史上创造的，最具历史价值、艺术价值、科学价值、文化价值与社会价值的传统文化精华。我们保护这些传统文化的目的，不是捍卫历史上传承下来的所有"古董"，而是要保护人类在历史上创造并以活态形式传承下来的一切精华。如果我们连抽大烟、裹小脚都当成一个民族最优秀的非物质文化遗产保护起来，那么，非物质文化遗产保护工程所起的作用，也许就不是促进社会发展，而是阻碍社会的进步了。因此，在保护非物质文化遗产之前，我们一定要从性质上弄清什么是非物质文化遗产，什么不是非物质文化遗产。这已经不再是一个简单的学理问题、定义问题，而是一个关涉到一个国家文化走向、前途命运的大问题，它的目标将直指非物质文化遗产保护工程的性质与目的。如果我们认识模糊，在这个关涉到大是大非的逻辑起点上犯了错误，我们的非物质文化遗产保护工程也许就会成为社会发展的反作用力。近年来，一些网络青年对非物质文化遗产保护工程提出的种种置疑，已经暴露出我们在理论研究上的严重滞后。如果我们对所保护的对象缺乏一个明确的是非判断，非物质文化遗产保护工程变成士大夫茶余饭后闲聊的谈资还算幸运，万一成为阻碍社会发展的绊脚石，我们岂不成了中华民族的历史罪人?!

二八　为什么说非物质文化遗产
　　　　时间跨越度越大就越有价值？

　　非物质文化遗产的价值与遗产自身所历年代的远近有关。在通常情况下，非物质文化遗产所历年代越长，时间跨度越大，价值就越大；反之，所历年代越短，时间跨度越小，价值也就越小。这是因为随着时光的流逝，自然的消磨，战火的洗礼，人类的遗忘，历时越悠久的遗产项目自然会越少。资源的匮乏，使其在认识历史方面具有弥足珍贵的价值，并在遗产申报过程中，受到越来越多的关注。一些起源于远古社会的少数民族史诗、古歌，起源于远古驱傩仪式的傩戏、傩舞，足以代表我国少数民族戏曲源头艺术的毛古斯舞、侗戏咚咚推，以及足以代表新石器时期科技最高水平的慢轮制陶技艺等等，都是因为这个原因而在第一时间进入中国《国家级非物质文化遗产名录》。但从另一方面看，由于这类遗产并不具有太多的艺术价值与科学价值，也不具有太大的经济开发价值，再加之对其年代与价值的判定需要较强的专业知识，故在基层申报过程中，并未受到应有的重视。这就要求我们努力提高自己的知识水平，并通过深入细致的调查，将那些历史悠久且已所剩不多的非物质文化遗产项目，从众多的传统文化中钩沉出来，为人类了解自己早期历史、文学、艺术、科学与技术，寻找到更多佐证。

二九　为什么说非物质文化遗产
　　　信息承载量越大就越有价值？

　　非物质文化遗产的价值体现在历史、艺术、文化、科技、社会等多个方面。我们在判断某一传统文化事项是否有资格成为非物质文化遗产，或是判断某一非物质文化遗产是否具有重要价值时，其中一个很重要的标准，就是看该文化事项或该遗产是否保存有足够的信息量。而信息量多寡强弱的判断，又主要取决于该遗产在本国政治史、经济史、文化史、艺术史、科技史以及社会发展史上，究竟起到过怎样的见证作用与推动作用。它所见证过的历史事件、文化事件、艺术事件、科技事件、社会事件越多，信息承载量越大，也就越具有保护价值。

　　非物质文化遗产的信息量是恒定的，但人类社会对遗产信息的解读会因我们对遗产价值理解的不断加深而日益深化。所以，保护非物质文化遗产的过程，本身也是一个非物质文化遗产信息不断被发掘，遗产价值不断被提升的过程。

三〇 为什么说非物质文化遗产
原生度越高就越有价值？

　　非物质文化遗产的价值往往与遗产的原生程度有关。一般而言，原生程度越高，遗产的价值也就越高；原生程度越低，遗产的价值也就越低。故在非物质文化遗产保护过程中，许多国家都十分重视对本国遗产实施原汁原味的保护。

　　那么，为什么原生程度越高，非物质文化遗产价值也就越高呢？这是因为非物质文化遗产原生程度越高，它所包含的历史信息也就越真，这些非物质文化遗产也就越有历史认识价值。例如，在西南某县，苗族妇女的裙裾上镶有三道杠杠。问及缘由，当地人会告诉我们这其中的一条代表"坝子"（山地中的平原），一条代表"浑水河"（黄河），一条代表"清水河"（长江）。他们说：原来我们生活在坝子上，后来与黄帝打仗，败北后这才跨过浑水河，越过清水河，来到现在这个地方。据考当时的黄河入海口在天津，故知苗族的原乡应在渤海北岸。而这一点与远古史料所记颇有暗合。如《山海经·大荒北经》载：苗民处"西北海之外，黑水之北"。《山海经·海外南经》也说："三苗在赤水之东"。笔者认为，这里所说的"海"，应是渤海；"黑水"即古之"玄水"，也就是今天的青龙河；而"赤水"则指滦河，滦河古称"濡水"，亦称"乌兰水"。"乌兰"，通古斯语，"红色"之义。"滦"也由"乌兰"一词的速读而来，滦河即是古籍中的"赤水"。由此分析，迁徙前的古三苗——今天的苗族，应生活在渤海北岸的青龙河与滦河之间，后与地处逐鹿（今河北省涿鹿县）的黄帝战于冀州之野（今河北北部一带）。兵败后跨黄河，过长江，一路向南、向西，最后才进入长江以南的云贵高原。苗族妇女裙子上的三道杠杠，所代表的正是他们的南迁轨迹。如果我们片面强调非物质文化遗产的创新与发展，而将苗族女裙上的三道杠改成四道杠，势必会破坏这些裙装的历史认识价值；如果我们将祭祀蚩尤的忧郁的苗族舞蹈改造成欢快的"霹雳舞"，同样也会破坏这些舞蹈的历史认识价值。从这个角度来说，我们真的应该像保护文物一样，原汁原味地保护好每一个身处原生状态的非物质文化遗产事项，而不是对它进行随心所欲的改动。任何一种改动，特别是来自政府的有意识的改动，都是对非物质文化遗产的历史认识价值，造成无法弥补的损失。

国际社会近半个世纪的非物质文化遗产保护实践已经告诉我们：非物质文化遗产的真正价值不在创新，而在保留。保留的传统文化、传统技艺、传统技能、传统知识越多，该遗产的价值也就越高。所以，保存或是保留有多少传统文化基因，应该成为衡量非物质文化遗产的一个最基本的尺度。

三一 为什么说非物质文化遗产知名度越高就越有价值?

在国内外非物质文化遗产评选过程中,我们还会看到这样一种现象:与默默无闻的传统文化事项相比,那些具有较高社会知名度的传统文化事项,往往更容易受到社会青睐并入选非物质文化遗产代表作名录。也就是说,非物质文化遗产价值高低,往往与非物质文化遗产本身所具有的社会知名度呈正相关。

非物质文化遗产的社会知名度,主要表现在非物质文化遗产影响深度与影响广度这样两个方面。

所谓"影响深度",系指非物质文化遗产对人类生活的穿透度。例如,有些民间文学可能只是人们茶余饭后的谈资;有些民间文学则会涉及一个民族的历史,影响到一个民族的审美习惯,甚至会影响到这个民族的世界观与价值观。例如藏族英雄史诗《格萨尔》,不但生动而形象地记录下了藏民族的历史,它的宗教观、它的道德准则以及它的审美习惯,同时也记载了这个民族传统生活方式与生产方式,他们的知识体系、他们的口头传统以及他们对文学艺术的独特表达。两相比较,它们的影响深度显然不在一个层次。像这样具有一定穿透力的传统文化事项,当然有权进入该民族非物质文化遗产代表作名录。

除影响深度外,非物质文化遗产价值还常常与它的"影响广度"有关。有些非物质文化遗产影响范畴可能会涉及某一社区,某一县市,某一方言圈;而有些非物质文化遗产事项可能会影响一个国家甚至是某一更大的文化圈——如汉语方言圈、英语方言圈、法语方言圈等等。如我国传统节日春节、清明、端午、中秋，就已经波及了全国甚至是整个汉语文化圈。从理论上说，影响范围越大，遗产所具有的价值也就越高。

需要指出的是，尽管我们承认许多非物质文化遗产具有如此广泛的影响力，但在非物质文化遗产申报过程中，我们并不赞成抹杀个性的整体申报或是跨国跨地区的联合申报。譬如，如果我们将春节或是端午节这样的大型传统节日活动作为一个整体进行联合申报，很容易因滥竽充数而将那些已经不再是遗产的东西统统纳入遗产保护范畴，进而造成遗产的泛化。从非物质文化遗产保护规律看，最好还是选出自己最具特色的亚文化类型（如以某乡镇的春节或是端午节作为申报单位）进行单独申报。如果保护范围过大，有时就会因照顾遗产的共性而降低对遗产个性的关注，这也正是非物质文化遗产保护工作的大忌。

三二　为什么说非物质文化遗产
越有个性就越有价值？

非物质文化遗产是一个民族千百年来积淀起来的文化精华。我们有责任、有义务保护好这笔遗产。但从目前的经济实力看，我们尚无能力对所有遗产项目实施全方位保护。这就要求我们必须集中精力，将那些最重要的非物质文化遗产项目保护起来。这其中既包括最优秀、最濒危的遗产，也包括那些最具特色的遗产。这是因为同质文化即或保护再多，也只是保护了一种文化基因；而将这笔钱用于各种类型的非物质文化遗产保护，我们就可以花最少的钱，保护下最多的传统文化基因。所以，在非物质文化遗产选择这个问题上，是否具有独特性，是否具有其他非物质文化遗产所无法取替的独特价值，应该成为我们衡量一个传统文化事项是否具有保护价值的重要尺度。以刺绣为例。在中国，刺绣产品有多种类型。从地域看，比较著名有苏绣、顾绣、湘绣、蜀绣、汴绣、粤绣等等；从绣法看，又有平绣、盘绣、打籽绣、十字绣、乱针绣、发绣等诸多绣法。尽管我们知道其中的苏绣、粤绣、蜀绣影响力度最大，但作为非物质文化遗产保护，我们除要保护好这些主流绣种外，还应该充分考虑到那些影响有限，但风格又十分独特的刺绣品种。如苗绣、陇绣等等。如果我们将注意力仅仅局限于主流绣种，而忽略了对于边缘品种的保护，我们就会因此而失去更多的文化资源。这对保护刺绣艺术的多样性与地域文化的独特性，显然是十分不利的。

三三　为什么说非物质文化遗产
　　　　存量越少就越有价值？

　　在文物评估过程中，人们往往会这样认为：历史越悠久，时空跨度越大，文物的价值也就越大。情况通常会是这样，但亦不尽然。例如燕国刀币虽历经 2300 多年历史，但价格并不高；而"三孔布币"尽管年代相近，但价格却已飙至天价。这是因为与时间跨度相比，文物存世量的多寡往往会成为衡量文物价值高低的决定性因素，即文物价值往往与文物的稀缺程度呈负相关。

　　与文物一样，在非物质文化遗产保护过程中，人们也十分强调对珍稀品种的保护，并将这类存量有限、所剩不多的非物质文化遗产，统称之为"濒危型遗产"。2003 年，文化部在启动中国民族民间文化保护工程时，便首先提出"保护为主，抢救第一，合理利用，传承发展"的以抢救濒危型非物质文化遗产为首要任务的十六字方针。中国民间文艺家协会在启动中国民间文化遗产抢救工程时，也将"濒危遗产"列入优先保护范畴。《中国民间文化遗产抢救工程普查手册》指出：所谓"'濒危优先'，是指某地区或某一种民间文化濒临消失，或者某一种民间艺术面临艺绝人亡，就要率先开始。比如民间作坊，在乡村城镇化的过程中正在迅速消亡。如果不在抢救前加上'紧急'二字，就会转瞬即逝。所以，要把濒危的民间文化艺术列为抢救工作的首位"。把抢救濒危遗产列入工作重点，这首先是由非物质文化遗产的传承特性决定的。与作者已经离世千百年之久的物质文化遗产不同，非物质文化遗产的传承与该遗产的制作者或表演者紧密相连。然而，在西方文化大举入侵、十年文革以及近30年来中国经济大潮的迅猛冲击下，中国传统社会已经从农耕社会向着工业文明迅速转型，真正懂得、了解传统文化，特别是熟知传统文化底蕴的民间文化传承人已经不多。而且，这些人大多已步入残年，如不及时抢救，许多非常优秀的非物质文化遗产，随时都会因老艺人的离世而彻底消失。所以，与尚有一定存量的非物质文化遗产相比，那些已经为数不多且已处于灭绝边缘的濒危型非物质文化遗产，显然更具保护价值，理应受到国家的重点保护。

三四　为什么说保护非物质文化遗产是认识历史的需要？

有人认为，文化遗产的历史价值，主要是通过文字或文物体现出来的。这种说法虽有一定道理，但并不确切。在中国这样一个具有 5000 年历史的文明古国中，尽管汗牛充栋的历史典籍已经为我们洞察历史开启了一扇大大的窗口，一座座古城、一幢幢故居、一件件文物、一处处遗址也确实为我们了解历史，提供了一个个更为信实、更为直观的历史见证，但只有这些尚远远不够。因为作为一种历史信息的传承载体，无论是义本资料，还是古代遗存，其记录本身或是在传世过程中，就已经出现信息大量流失的问题。更何况在漫长的人类社会发展长河中，人类使用文字录史的时间毕竟有限。这就要求我们必须在典籍与文物之外，寻找到更多的传统文化载体，通过深入细致的剖析，将深含其中的历史价值、文化价值、艺术价值与科学价值发掘出来。后来人们发现，尽管任何一种传统文化事项都具有历史认识价值，但并不是所有的传统文化事项都具有同等重要的历史认识价值。在传统文化事项中，有一类文化事项所包含的历史认识价值相对要丰厚许多。而这类传统文化事项，就是非物质文化遗产。1950 年，我们的邻国日本开始对这类遗产实施国家级保护。在这个过程中，他们已经深深地意识到，物质类遗产的数量毕竟有限，要全面认识历史，就不能不考虑以活态方式传承至今的非物质文化遗产。

物质文化遗产与非物质文化遗产在认识历史的过程中所发挥的作用

并不完全相同。通常，物质类文化遗产是以物化的固态的方式来展现其历史认识价值的。譬如只要故宫在，我们便可知道古代帝王的生活方式与工作方式；而非物质文化遗产主要是通过活态传承的方式来展现其历史认识价值的。譬如通过傩戏表演，我们便可知道古代怎样驱傩；通过侗族咚咚推，我们便可知道古代的侗戏是怎样一种演法；通过残存于闽南地区的盂兰盆节，我们便可知道历史上红火一时的这个舶来节日究竟是个什么样子。假如上述非物质文化遗产已经消失，我们对于自身历史的理解也将残缺不全。这就是非物质文化遗产在认识历史的过程中所呈现出来的独特价值，而这些价值也正是当代社会所创任何一种文明都无法赋予给我们的。

非物质文化遗产所包含的历史信息是巨大的，但遗憾的是以往我们并没有很清晰地意识到这一点。例如，在日常生活中，我们很容易将听到的一则则传说、故事、神话，一部部史诗、叙事诗，当成单纯的文学创作，却很少意识到在无文字民族中，这一部部艺术创作，本身就是一部部真实的、丝毫不得改动的历史，是他们获取历史知识的重要源泉。满族入主中原之前，几乎没有以文字记录本民族历史的传统。当时，人们传承历史的最主要的方式，就是氏族酋长或萨满讲述的满族说部。故满族民间有"老的不讲古，小的失了谱"的古训。讲古，就是利用人们最为熟悉的说书方式，将祖先们的事迹讲述给后人，藉以增强本氏族的民族自尊心和荣誉感，进而增进本氏族的凝聚力与向心力。而事实上，我们通过《东海窝集部传奇》、《比剑联姻》、《红罗女三打契丹》、《女真谱评》、《两世罕王传》、《老将军八十一件事》、《萨大人传》、《飞啸三巧传奇》、《黑水英雄传》、《松水凤楼传》、《姻缘传》等动辄就可以连续讲上数月的一部部长篇说部，就可以系统而完整地了解到自原始社会至清末民初满族社会所经历过的重大历史变迁。这对于我们了解满族历史，无疑具有重要的帮助作用。

与东部农耕民族以传说、故事、神话等散文体形式传承本民族历史不同，我国西南地区农耕民族的历史，主要是通过原始史诗的唱诵来传承的。这些史诗的演唱，多在宗教庆典等重大场合进行。内容从开天辟地、始祖诞生，创造人类，建立秩序说起，全面而生动地展现了这些民族早期的创业历程。而与农耕民族形成鲜明对比的是，在我国北部及西北部地区的游牧民族中，他们的历史主要是通过英雄史诗来传承的。尽管这些英雄史诗所述历史相对晚进，但对于我们了解这些游牧民族军事民主制时期的战斗与生活，仍有相当帮助。

应该说，任何一种传统文化事项都具有历史认识价值，都会从不同角度给人以启迪。因此，我们很难仅仅凭借着是否具有历史认识价值，来判断什么是非物质文化遗产，什么不是非物质文化遗产。但我们完全可以通过一个传统文化事项历史认识价值的高低，来判断什么是非物质文化遗产，什么不是非物质文化遗产。例如，如果我们将一部部满族说部排列起来，这数十卷的说部作品几乎可以囊括满民族从远古社会直至民国时期的全部历史。它所呈现出的历史认识价值，显然不是一则故事，一首民歌所能赋予给我们的。

此外，在认识历史的过程中，各种非物质文化遗产的采用，也为我们认识历史开启了一个更为广阔的空间。在正统史学家眼中，只有上层社会的政治史、经济史、文化史、帝王史才是真正的历史，而下层民众生活则很少被纳入到传统史学的记录范畴。其次，历史上，人们虽然也可以将狭义的"社会生活"当成历史，但却很少将作为社会生活重要组成部分的民间传说、史诗、小戏当成历史。其实，这些非物质文化遗产事项的本身，就是人类社会发展史的重要组成部分。这些文化现象对于我们研究中国下层民众的精神生活，传统信仰，思维习惯，风土民情等，同样具有相当重要的参考价值。因为从这些民间文学、表演艺术中，我们不但可以准确无误地了解到底层社会的生活方式、思维方式（即使他们相信灵魂可以附体、动物可以说话，也是一种重要的史料），同时还可以从中了解到他们对过去生活的看法，对鬼魂的看法，对于家庭义务的看法，以及对于人品的评价标准等等。这些资料对于中国这样一个历来就不是十分重视民众生活与民众心理的国度来说，显然是十分重要的。我们深信，将史学的触角直伸向很少有人问津的非物质文化遗产领域是历史的必然。我们应该趁着那些老艺人、老匠人、老巫师尚都健在的时候，将他们记忆中的这部分史料很好地钩沉出来，为今后民众思想史、生活史的研究，积攒下更多的资源。

三五　为什么说保护非物质文化遗产
　　　　是传承人类文明的需要？

　　2007 年 1 月，笔者刚刚调入中国艺术研究院。当时，接到的第一个任务就是去埃及考察文化遗产保护情况。当我站在高高的金字塔下，我真的被它的宏伟震惊了。我问身边的小翻译——一个长得黑黝黝，却给自己起了个白花花的名字——茉莉花——的小姑娘。"茉莉花，你知道这大块大块的石头是怎样从山上凿下来的吗"？回答："不知道。"我问："你知道这大块大块的石头是怎样经过几十里的沙漠运过来的吗？"回答："不知道。""你知道这大块大块的石头是怎样一块一块地垒上去的吗？"她的回答还是不知道。这时，我突然想到了一个词——"文化断流"。什么叫"文化断流"？所谓"文化断流"，并不是指金字塔还有没有，故宫、长城还有没有，而是指建造金字塔的技术还有没有，建造故宫、长城的技术是否传承了下来。只要技术在，这金字塔、故宫、长城没了我们还可以造。但如果金字塔、故宫、长城的建造技术没有了，则意味着这个文化已经断流。所以，与保护物质文化遗产相比，保护好非物质文化遗产对于一个民族来说似乎更为重要，因为它直接关系到一族文脉能否延续、一国文明是否断流的大问题。

　　人们常说，中国是四大文明古国中唯一一个文化没有断流的国家。这话说得并不夸张。想想看，不用说是四五百年前产生的戏曲表演艺术，一千多年前产生的年画印制技术，两千多年前产生的纸张制作技术，三千多年前产生的版筑建筑技术，四千多年前产生的面食制作技术，就是五千多年前产生的丝绸织造技术，六千多年前产生的漆器制作技术，七千多年前产生的象牙雕刻技术、干栏式民居建筑技术，近万年前产生的钻木取火技术，不是也依然存活至今并服务于当今社会吗？而这在当今世界并不多见。

但是，随着现代大工业的迅速崛起，现代传媒技术的迅猛冲击，特别是近二十年来全球一体化浪潮的涤荡，我们的传统正在以前所未有的速度迅速消亡。为确保一国文明能以活态的形式传承下去，2003 年中华人民共和国文化部等九部委联合启动非物质文化遗产保护工程。与以往各种保护工程不同的是，该工程以"活态保护"为己任，其具体运作模式就是通过激活民间艺人、匠人传承非物质文化遗产的热情，让他们将从祖辈那里继承下来的传统技艺再原汁原味传承下去，从而确保中华文明永不断流。从某种角度说，非物质文化遗产保护工程也是一项确保中华文明永不断流的文化工程。

三六 为什么说保护非物质文化遗产 是文化创新的需要？

人类社会要发展，就需要不断创新。创新的源泉主要来自两个方面：一是向国外学习，从异文化中汲取营养；一是向传统学习，从本土文化中汲取精华。向异文化学习，从异文化中汲取营养的例子很多。历史上汉唐盛世的崛起，起步于 20 世纪 80 年代的改革开放，都是向外族、外国学习，从异文化中汲取营养的好例。但相比较而言，虽从传统文化中汲取营养并非没有先例，但成功寥寥。这倒不是说我们无法从传统中汲取营养，而是自 20 世纪初年起，我们在文化上所实施的亲西方政策，从根本上否认了从传统文化中汲取营养的可能。在当时人的观念中，新文化与旧文化永远处于对立状态，要想创造一个新世界，就必须打破一个旧世界，这即是后人所说的"不破不立，不塞不流，不止不行"。这种狭隘的单线进化史观，也从根本上否定了先进文化与传统文化之间的必然联系，否认了传统文化即是新文化之母的哲学思考，否定了传统文化可以作为新文化基因的可能。在这里，传统文化成了新文化产生和发展的不折不扣的绊脚石。

历史经验告诉我们，科技的进步并不是简单的取代，新科学、新技术的发展也不应以毁灭传统为前提。其实，作为一种宝贵的文化资源，非物质文化遗产在文化创新、艺术创新和科学创新的过程中所发挥的作用是惊人的，是我们创造新文化、新艺术的重要源泉。

在我国文学艺术发展史上，利用传统文化与传统艺术形式进行文化创新的例子不胜枚举。我国乐坛上的著名曲目《茉莉花》、《梁祝》，文坛上的著名作品《水浒传》、《三国演义》、《三言二拍》，舞台上的著名剧目《天仙配》、《白蛇传》、《柳毅传书》、《女驸马》等，都是根据民间传说、故事、民乐、小戏等民间素材创作出来的。没了民间素材，新文学、新艺术的创造就会成为无源之水，无本之木。保护好这些已经所剩不多的传统文化资源，功在当代，利在千秋，应该从长计议。

除文化创新、艺术创新外，非物质文化遗产在科技创新的过程中也发挥着重要作用。当前，世界上许多发达国家都十分重视传统科技在科技创新过程中所发挥的重要作用。他们从祖先所创文明中汲取灵感，为当代科技创新提供了重要的技术支持。在这方面，虽然中国也有像金珠藏药、贵州神奇这样一批善于利用传统科技资源发展起来的新兴文化产业，但与日韩等国对传统科技资源的开发相比，我们已经落后得太多太多。

中国历史悠久，民族众多，具有较高科技含量的非物质文化遗产也相当丰厚。如老北京同仁堂乌鸡白凤丸、牛黄安宫丸的炮制技术，贵州茅台、四川泸州老窖、山西汾酒的酿制技术，宣威火腿、金华火腿的熏制技术，浙江龙井、福建大红袍的栽培技术，江苏云锦、黎族龙被的制作技术以及苏绣、湘绣、蜀绣、粤绣的绣制技术等等，都是广大劳动人民千百年来生产经验与生活经验的高度总结。除了上述已经高度产业化的生产技术外，在民间社会中还蕴藏有相当多的祖传秘方。如果我们将这些古老的技术与工艺开发出来，我们的传统文化产业就会获得一次质的飞跃。相反，如果我们蔑视传统，人类社会的发展就会因资源不足而止步不前。

要想实现人类社会更快更好的发展，首先要保护好那些已经所剩不多的，特别是那些非常优秀的传统文化资源。只有这样，我们才能在创造新文化、新艺术、新科学、新技术的过程中，找到更多的参考，获得更多的启迪。

三七 为什么说保护非物质文化遗产是保护人类文化多样性的需要？

交通、通讯技术的发展，不断拉近人们之间的距离，原有的丰富多彩的地域文化，也开始在文化交流与博弈中趋向一统。从文化交往的角度说，文化的同化有益于彼此间的沟通；但从另外一个角度来看，文化的同化也很容易成为扼杀多元文化的元凶。世界文化遗产保护运动的实践告诉我们，19 世纪末叶世界文化遗产保护运动兴起的一个极其重要的原因，就是试图通过对本国遗产的发掘、保护与弘扬，来抵御以美国为首的西方嬉皮士文化的进攻，以保护本土文化的独特性与世界文化的多样性。法国是这样，日本、韩国也是这样。据说就是在嬉皮士故乡美国，有识之士也无不利用传统文化的发掘，来抵制日益泛滥的嬉皮士文化。

为什么在全球一体化呼声震天的今天，还有那么多的有识之士在为保护地域文化的独特性和人类文化的多样性而奔走呼吁呢？

首先，他们已经意识到了丰富多彩的非物质文化遗产，是人类文化创新、艺术创新以及科技创新的重要源泉。所以，无论是从当代人的利益出发，还是从他们的子孙利益出发，都应该保护好这笔珍贵的民族文化遗产，在满足人类智力、情感以及道德需求的同时，也为人类今后新文化、新艺术与新科技的创造，保留下更多的种源。

其次，文化是人创造的，尊重文化的多样性，本身就意味着对该文化创造者的尊重。联合国教科文组织大会在第 31 届全体会议上通过的

《世界文化多样性宣言》指出："文化在不同的时空中会有不同的表现形式。这种多样性的表现形式构成了各人类群体所具有的独特性与多样性。文化的多样性是交流、革新和创作的源泉，对人类来说，保护它就像与保护生物多样性进而维持生物平衡一样必不可少。从这个意义上讲，文化多样性是人类的共同遗产，应当从当代人和子孙后代的利益考虑予以承认和肯定"。《世界文化多样性宣言》还指出："各国应在相互信任与理解氛围下，尊重文化多样性。宽容、对话及合作是国际和平与安全的最佳保障之一"。"在走向多样化的当今社会中，必须确保属于多元的、不同的和发展的具有文化特性的个人和群体的和睦与共处"。"文化多元化与民主制度密不可分，它有利于文化交流和公众创造力的发挥"。"文化多样性增加了每个人的选择机会，是发展的重要源泉，它不仅是促进经济增长的因素，同时还是人们满足智力、情感、道德精神的手段"。面对全球经济一体化的冲击，我们更要重视对边缘文化或非主流文化的尊重与保护。这对于捍卫非主流群体的文化尊严，进而激发起整个社会群体的积极性和文化创造力，都十分重要。中国是个具有56个民族的多民族国家。面对这样一种多元一体的文化构成，我们必须充分意识到，绚烂多彩的中华文明是由56个民族共同创造的。没有各少数民族的参与，中华文化就不可能如此璀璨，如此绚丽。尊重并保护好少数民族传统文化，不仅有利于中华文化的进步，同时更有利于国家的稳定与民族的团结。正如《世界文化多样性宣言》所指出的那样："捍卫文化多样性是伦理方面的迫切需要，与尊重人的尊严密不可分。它要求人们必须尊重人权和人的基本自由，特别是尊重少数群体及土著人的各种权利。"因此，我们在保护非物质文化遗产的过程中，不仅要注意到对主流文化以及原产地文化的保护，同时，也应充分注意到对非主流文化或因流动与变异而衍生出来的各种亚文化类型的尊重与保护。多元文化的存在，不仅可以为人类新文化创造提供更多的资源，同时还会使我们这个由多元文化构成的星球变得更加和谐，更加和睦，更加团结。反之，如果我们将其轻易同化，不但有碍民族感情，有违民族政策，同时，对我们人类新文化、新伦理、新道德、新科学、新技术的建构也不会带来任何好处。

三八　为什么说保护非物质文化遗产
##　　　是重建社会秩序的需要？

　　一个社会的发展与进步仅仅依凭于科技的推动是远远不够的，除科技推动外，它还有必要建立起一个完善有效、和谐有序的社会秩序，以协调各种人际关系，增进社会的凝聚力。

　　历史经验告诉我们，任何一个社会群体的发展都需要凝聚力。氏族的凝聚力来自血缘，而民族的凝聚力来自文化。无论在怎样一个社会环境中，没有文化的认同，民族凝聚力的形成就是一句空话。纵观世界各国非物质文化遗产保护史就会使我们看到，无论是19世纪90年代日本进行的国宝大普查，20世纪60年代法国进行的文化遗产大普查，还是同期韩国进行的文化财大普查，都与各国政府自觉抵御外来文化冲击、捍卫本国传统道德体系、价值体系，捍卫一国的传统秩序有关。换言之，发生在19世纪至20世纪的各国文化遗产保护运动，其本身就是一场由各国政府掀起的捍卫本土文化主权、保护传统道德的传统文化保卫战。而起步于21世纪的中国民族民间文化保护工程，同样是这样一场由政府发起的本国传统道德体系、价值体系的抢救运动、保护运动和包括传统道德、传统文化、传统价值体系的传统文化回归运动。

　　但是，从我国非物质文化遗产保护工作的实际情况看，在保护非物质文化遗产过程中，人们关注更多的还是各种传统技艺、工艺流程、技术要领等技术层面的东西，而对遗产背后价值观、道德观与民族精神的关注则明显不足。

作为一个民族最重要的文化遗产，非物质文化遗产对该民族道德秩序的建立常常会起到至关重要的作用。无数事实已经证明，一个地域传统道德的建设，所凭借的并不是那些高高在上的典籍教育，而是那些来自该民族、该地域传统文化潜移默化的熏陶与滋养。特别是在那些尚无文字或是文字尚不发达的民族或地区，人们所受教育主要是通过民间文学、表演艺术、传统美术——即通过一则则故事、一部部史诗、一出出小戏或是一幅幅剪纸、一尊尊雕塑来完成的。人们通过这些浅显易懂的民间文化，学到了善良、正直、仁爱、忠厚、中和、诚信、宽恕、谦恭、礼让以及助人为乐、舍己救人等美好品质，从这里得到传统美德的滋养，汲取到传统道德的力量。

　　在现实生活中，我们也就可以看到这样一种现象：凡是传统文化保存得比较好的地方，整个社会都显得那样真诚、正直、淳朴、善良，人人都懂得父慈子孝、夫妻恩爱、兄友弟恭。相反，一旦传统文化失陷，整个社会就会随之变得阴险、狡诈、市侩、恶毒。在这样一种社会环境下，人们不再懂得父慈子孝、夫妻恩爱、兄友弟恭的道理，整个社会也会在这个道德黑洞中迅速堕落，而不再有往昔的温情。

　　可以说，今天我们所进行的非物质文化遗产保护事业，除在保护中国千百年来积淀起来的各种传统艺术形式方面应发挥重要作用外，还应充分考虑到这些传统表现形式在传承中华文明，特别是传承中华道德文明的过程中所发挥的重要作用。并通过我们对优秀遗产的发掘，增强每位社会公民的道德意识，进而使我们的社会变得更加和谐，更加安定，也更加富有人情味。

理念篇

掌握正确的理念，是非物质文化遗产科学保护的逻辑起点。如果在理念上出了问题，我们就会像小孩儿系扣子——第一个系错了，接下来将会一错到底。

理念出错的主要征兆是：一个地方的遗产经我们保护，如果从「原汁原味」变成「无滋无味」，从「驻守故土」变成「客居异乡」，从「独树一帜」变成「千人一面」，从「完美无缺」变成「残缺不全」，从「天然无饰」变成「浓妆艳抹」，那么，我们可以肯定地说，这里的非物质文化遗产保护在理念上已经出现问题。

从「原汁原味」变成「无滋无味」，从「生龙活虎」变成「死气沉沉」，

三九　为什么说非物质文化遗产保护
　　亟需解决理念问题？

遗产教育会涉及很多问题，但其中最重要也是最需要迫切解决的，恐怕还是理念问题。这是因为理念是保护工作的逻辑起点，理念一旦出错，接下来便会一错到底。如果一个地方非物质文化遗产保护工作问题频发，我们就应该警醒起来，看看我们是否真的在保护理念这一逻辑起点上出了问题。

自查项目一：遗产申报出现问题。

如果遗产申报屡申屡下，我们就应该自查一下，是不是我们对"非物质文化遗产"这个概念在理解上出现偏差，将那些根本不是，或者根本不够资格的"非物质文化遗产"项目申报了上来？

自查项目二：保护区建设出现问题。

在文化生态保护区建设过程中，如果我们越搞越不像，越搞越没有原生态味道，我们就应该自查一下，是不是我们在对"文化生态保护区"这一概念的理解上出了问题？是不是我们已经将一个本应封闭起来、保护起来的文化系统，做成了一个更加开发，更加容易受到外来冲击的开放系统？如果是，请及时改正。

自查项目三：传统节日出现问题。

一个传统节日，如果申报后规模越搞越大，但味道却越来越淡，越来越没有意思，我们就应该自查一下，是不是我们在对"谁是节日主人"的理解上出现偏差？是不是我们凭借着行政的力量，已经将本属民间的传统节日占为己有？或是已经将活生生的传统节日改造成了政府主办的某某艺术节？如果是，请及时改正。改正的方法很简单：将节日还给民间。在节日传承过程中，政府不要凭借自己的行政优势去取代民间，而是利用自己的优势给民间传统节日的传承创造更多方便条件，否则，不出几年这些传统节日必死无疑。

理念是非常重要的。它的正确与否，将直接影响到中国非物质文化遗产保护工程的前途与命运。正确的理念将会使我们的保护工作走得更稳，更远；错误的理念则会使我们的保护工作问题重重，甚至南辕北辙。

与快慢相比，选择好方向更为重要。

四〇　非物质文化遗产
　　真的没有必要去刻意保护吗？

　　记得笔者刚从事非物质文化遗产理论研究时，有个朋友劝我不要做。他对我说："文化没必要去刻意保护，这就叫'花开花落两由之'。人都会死，你保护得了么？"这句话我记得特别清楚，内心也觉得有几分道理。但每当我看到很多好东西在我眼前眼巴巴地消失的时候，我又对这种说法产生了怀疑。终于有一天，我突然想明白了一个道理——生物，无论是人还是动物——都有其非常固定的生长周期。只要到了时候，都会自然消亡。然而文化不是生物，所以，尽管文化也有生生死死、消消长长，但只要你认为好，认为值得保护并付诸实践，文化就可以传承而不再消亡。一个最简单的例子，就是两千多年前的孔子，发现身边老百姓传唱的民歌很好听，非常有价值，于是将它们搜集起来并整理成册，于是便出现了中国历史上的第一部诗歌总集《诗经》。这部诗歌总集凭借着孔子的影响力，一代又一代地传了下来。我们设想一下，如果当时的孔子没有意识到这些民歌山曲的重要，没有去搜集整理，还会有今天的《诗经》吗？《诗经》还会有这么持久的生命力吗？可见，生物是有周期律的，但文化本身并没有周期律。只要你愿意并认真保护，这个文化就能传承下来。同样，非物质文化遗产也没有明确的周期律，只要妥善保护都能以活态的形式一代接一代地传承下来。那种认为非物质文化遗产保护与否都会死去的说法是没有任何理论依据的。

四一　为什么说文化自觉对于
　　非物质文化遗产保护十分重要？

　　提到文化自觉，使我想起了在小黄村听到的一个故事。小黄村其实真的很小。这是个坐落在贵州省从江县的一个很不起眼儿的小山村。但就是这样一个小小的村落，却在中国乃至世界音乐界都颇有些名气。原因是中国的侗族大歌，正是从这里走向世界，走进维也纳金色大厅的。这本是件好事，但按着中国人"福兮祸之所伏，祸兮福之所依"的逻辑，福祸总是相随相依的。后来发生的故事也证明了这一点。随着小黄村知名度的提高，麻烦也就来了。什么麻烦呢？小黄村的一个小姑娘告诉我："自从侗族大歌唱到维也纳金色大厅，关心这里的人也越来越多，特别是想帮我们把侗族大歌改得越来越好的人一下子多了起来。不久前就来了位教授。听完我们唱的侗族大歌，这位教授发话了：'啧，啧，啧，侗族大歌怎么能这么唱呢？这样唱会把嗓子唱坏的'。教授倾发一番感慨之后，开始教我们如何用美声唱法来改造侗族大歌，而且一教就是三天。教到最后，我们烦了，软磨硬泡愣是把这位教授气走了。"我明白这位专家的意思——侗族大歌通常都是尖着嗓子唱的。在西方音乐家眼中，这种唱法很容易把嗓子唱坏。可侗族人尖着嗓子唱了多少辈子了，又有谁把嗓子唱坏了呢？真是莫名其妙！

　　她们为什么要把专家气走？在我看来，她们已经有了"文化自觉"。什么叫"自觉"？所谓"自觉"就是"自己觉悟"，直译过来就是"自己明白了"。但这个"自己明白"并不是指老师教你你明白了，而是指经过冥思苦想之后，你自己终于凭借着自己的悟性弄明白了其中的道理。我们说小黄村的姑娘们已经有了文化自觉，是因为在这个过程中，她们渐渐明白了一个道理：自己的唱法肯定好，不然老外为什么请我们去维也纳金色大厅，而不是请这位教授去维也纳金色大厅呢?! 有了文化自觉，也就有了作为歌手的自信，有了无论谁无论怎样说都会坚守传统的那份勇气。

一种传统能不能传承下来需要很多因素。譬如需要自然环境方面的因素，人文环境方面的因素，传承人年龄方面的因素，传承人身体方面的因素以及资金方面的因素等等。但说一千道一万，最关键的，还是被我们称之为"核心驱动力"的内在动力——一个人的文化自觉。一个民族有了文化自觉，这个民族的传统就保住了。一个国家有了文化自觉，这个国家的传统就保住了。从这个角度来说，文化自觉对于保护好一个民族、一个国家的传统文化来说，无论如何都是十分重要的。

四二 对非物质文化遗产实施
"整体保护" 应包括哪些内容？

　　对非物质文化遗产实施整体保护包括两方面含义：一是对非物质文化遗产自身实施整体保护，二是对非物质文化遗产赖以生存的自然环境与人文环境实施整体保护。

　　对非物质文化遗产自身实施整体保护，是指对某非物质文化遗产项目的所有技艺或所有工艺流程等实施全方位保护。比如一个非物质文化遗产项目有五道工序，其中有三道是最重要的。那么，是不是只保护好这三道工序就万事大吉了呢？不是的。我给你讲个亲身经历的故事：一个女孩头发不滋润。我告诉她一个最简单但又是最有效的办法——就是用鸡蛋清揉搓头发。她一听顿时激动起来，拔腿就跑。可没过多久，她顶着"满头白发"又跑了回来——为什么会是"满头白发"？因为她只听我讲了这技术的第一道工序——用鸡蛋清揉搓头发，但没有听到我讲的第二道程序——用清水淘洗干净。结果她用了热水洗发，非但没清洗干净，反倒让烫熟了的鸡蛋清白花花地粘了一头。从工艺的角度说，"用清水淘洗干净"这道工序并不重要，但事实告诉我们，就是这样一道并不起眼儿的工序，缺了它同样不行。可见，将我们所说的"整体保护"简单地理解为只对非物质文化遗产"核心技术"实施有效保护是远远不够的。要想保护好非物质文化遗产，必须对该遗产的所有工艺流程与传统技艺实施全方位保护。近年来的非物质文化遗产保护实践也已经证明，置其他技能、技艺或工序于不顾，只保护其中的某项或某几项"重要工艺",到头来只会因为我们的投机取巧、弄虚作假,而使非物质文化遗产遭遇保护性破坏。

对非物质文化遗产实施整体性保护的第二层含义,是指对非物质文化遗产赖以生存的客观环境实施全方位保护。在非物质文化遗产保护实践中我们看到,只对非物质文化遗产所有工序、技艺实施整体保护还远远不够,还需要我们对非物质文化遗产所赖以生存的环境实施整体保护。任何遗产都是特定环境的产物。离开特定环境,非物质文化遗产就很难存活。要想保护好非物质文化遗产,就必须从其赖以生存、延续的环境做起,为非物质文化遗产传承营造出一个更为适宜的生存空间。

对于非物质文化遗产而言,它们赖以生存的环境又可分为自然环境与人文环境两大类型。所谓自然环境,是指一切可以直接或间接影响到非物质文化遗产生存、延续的自然界中各种物质与资源的总和。举例来说,要想保护好宣纸制作技艺,除需要保护好宣纸制作的所有工艺、流程外,还要保护好与之相关的自然环境。宣纸之所以特色鲜明,与制作宣纸所用原料——泾县特产之青檀树、沙田长秆籼稻息息相关。因为只有青檀树树皮和沙田长秆籼稻稻草,才能满足宣纸制作的要求。如果我们只保护宣纸制作工艺,而不去关注青檀树和沙田长秆籼稻的种植,一旦原料断档,宣纸制作技艺的传承就会成为一句空话。对于非物质文化遗产,特别是对于那些与自然物产息息相关的非物质文化遗产项目(如竹雕艺术、木雕艺术、石砚制作技术、鱼皮衣制作技术等等)来说尤为如此。

除自然环境外,人文环境对非物质文化遗产的影响也是显而易见的。所谓"人文环境",是指一个文化共同体内部的民俗传统、观念、信仰等等。通俗地说,所谓"人文环境",就是指人们周围的社会环境。

在中国,绝大多数民间表演艺术都是依附于当地的传统庙会活动的。庙会就是这些传统表演艺术的传承载体,也是这些传统表演艺术赖以生存的人文环境。如果这些文化载体被取消，人文环境发生改变，许多非常优秀的民间表演艺术——无论是秧歌、旱船、高跷、挎鼓，还是梆子、二人转、皮影、说书，都会因其人文环境的丧失而彻底消亡。因此，在保护非物质文化遗产时，为非物质文化遗产的传承创造出一个良好的人文生态环境是十分重要的。

目前，只注重非物质文化遗产自身而忽略其生存环境的做法还相当普遍。如将炕头故事搬到故事厅，将壮族歌墟搬上舞台，将撒叶儿荷搬到文化广场一类的做法，尽管从表面看似乎适应了时代的要求，满足了旅游市场的需要，但实际上这种将非物质文化遗产及其传承人从原有生活环境中彻底剥离出来的做法，已经严重破坏了上述遗产教化社会、以歌为媒、祭奠亡灵等原始功能，与之相关的文化 DNA 也因环境的变迁与功能的改变而荡然无存。

四三 在非物质文化遗产保护过程中，政府的工作重心应该放在哪里？

为避免政府对非物质文化遗产自主传承的过度干预，联合国教科文组织以及日韩等国政府在公布各种非物质文化遗产保护文件及公约时，就已经对各国政府非物质文化遗产保护工作做出明确安排。总结日韩等国非物质文化遗产保护实践，结合联合国教科文组织文件的有关精神，我们认为各国政府非物质文化遗产保护工作应重点关注以下内容：

（1）建立国家级非物质文化遗产主管机构；

（2）建立国家级非物质文化遗产档案资料库；

（3）建立非物质文化遗产保护基金；

（4）制定非物质文化遗产保护政策；

（5）编制国家非物质文化遗产保护机构名单；

（6）制定国家级非物质文化遗产名录；

（7）鼓励非物质文化遗产研究；

（8）制定法律法规以保护非物质文化遗产知识产权；

（9）制定全球共享的非物质文化遗产分类标准与分类体系；

（10）制定非物质文化遗产评审标准、入选项目监管流程，编制具有指导意义的非物质文化遗产普查手册；

（11）加强国际间的合作交流；

（12）组织评选，奖励传承工作突出的非物质文化遗产项目等。

上述工作目标的提出，从另一个角度也反映出联合国教科文组织不提倡各国政府过分干预本国非物质文化遗产自主传承，但鼓励各国政府在非物质文化遗产保护过程中，做好组织、监管、协调、服务工作的明确态度。

四四 "重申报"，"轻保护"，原因何在？

正如许多专家所指出的那样，随着《国家级非物质文化遗产名录》的陆续公布，许多地区对非物质文化遗产申报都给予了极大的热情，但一旦进入《国家级非物质文化遗产名录》，保护工作似乎也就就此终结。这就是人们所说的"重申报"、"轻保护"。那么造成这种情况的原因又是什么呢？我以为原因不外有四：

首先，在与经济效益有关的遗产项目上，常常会由于申报成功后的"重开发"，而导致客观上的"轻保护"行为的发生。

在中国，许多地方对非物质文化遗产的申报都是从发展经济的角度出发的。一些地方申报名酒、名吃、名茶等非物质文化遗产项目的目的，就是要通过申报《国家级非物质文化遗产名录》所产生的"广告效应"，将非物质文化遗产项目产业化，进而拉动当地经济。有些地方在这方面也确实摸索出了许多"成功经验"。但如果只考虑开发而忘却保护，遗产就很难避免开发性破坏。在这个问题上，我们必须在保护与开发中做出权衡，不要因开发而毁弃了我们本应秉承的传统。

其次，在一些与经济效益无关的非物质文化遗产项目上，由于无利可图，所以，一旦申报成功，便被束之高阁，从而导致"重申报"、"轻保护"行为的发生。

在非物质文化遗产中，有相当部分的遗产项目与经济无直接关联。如传统祭祀仪式、人生礼仪、民间传说故事、神话史诗等。这些项目历史上就不走市场，所以即或申报成功，也很难对地方经济的提升产生立竿见影的效果。因此一旦申报成功，便很容易被人们束之高阁，从而导致了"重申报"、"轻保护"行为的发生。

其三，遗产教育偏颇，客观上也导致了"重申报"、"轻保护"行为的发生。

从我们对数省的调查得知，我们的遗产教育多以"申报"为主，而较少涉及遗产申报之后的保护问题，从而导致"重申报"、"轻保护"行为发生。要想避免类似行为发生，我们至少应该在今后的培训工作中，进一步加大非物质文化遗产保护工作的培训力度，让大家通过培训知道什么是非物质文化遗产，为什么保护非物质文化遗产以及怎样保护非物质文化遗产。不然，要想从根本上解决"重申报"、"轻保护"问题，只能是一句不痛不痒的空话。

其四，评估体系建设滞后，也是导致非物质文化遗产保护工作"重申报"、"轻保护"行为频发的一个重要原因。"重申报"、"轻保护"行为的频发，自然有功利方面的原因，但非物质文化遗产保护工作评估体系迟迟未能建立，事实上也纵容了保护工作"不作为"行为的频发。在现行评估体系中，官员的政绩主要体现在申报工作上。申报一项就是一分，看得见，摸得着，可以直接进入政绩考核体系。而申报成功之后的科学保护，由于没有量化指标，所以并未出现在非物质文化遗产保护工作的评价体系之中。保护得好与不好，均与政绩无关。也就是说，"重申报"、"轻保护"行为的发生，与我们的制度设计有关。为避免类似情况发生，我们建议适时建立一套科学而完整的非物质文化遗产保护工作评估体系与非物质文化遗产保护工作监管体系，以从根本上解决"重申报"、"轻保护"这道难题。当然，作为制度建设，我们更希望尽早建立一套科学而有效的非物质文化遗产保护工作预警机制，并通过《非物质文化遗产濒危名录》的建立，对那些"不作为"部门予以黄牌警告，并追究其相关责任。

四五　对遗产保护而言，当代传媒
　　究竟是祸首，还是吉星？

以往，一提到非物质文化遗产的衰落，人们马上会联想到现代传媒对它的冲击。不错，历史上确实有不少传统表演艺术都是在当代传媒的迅猛冲击下淡出人们的视野的。但传媒毕竟只是一种传播工具，是工具就有它的两面性：一方面，它可以对传统造成不同程度的冲击；但另一方面，它也可以在弘扬传统的过程中，发挥出其他社会力量所无法替代的作用。

那么，什么样的传媒会对传统造成冲击？什么样的传媒会在弘扬传统的过程中发挥出其他社会力量所无法替代的作用呢？其实，真正决定传媒发挥怎样作用者，不是传媒本身，而是创造并掌控这些传媒资源的媒体人。只要媒体人能够认识到非物质文化遗产的价值，能认定非物质文化遗产就是一笔宝贵的民族财富，他们就会借助传媒之力全心全意地保护好非物质文化遗产；反之，如果他们无视非物质文化遗产，视非物质文化遗产如垃圾糟粕，媒体人就会毫不留情地用当代传媒打压传统，甚至置传统于死地。近年来，中国非物质文化遗产保护实践也已经证明，只要当代媒体人有了文化自觉，能够认识到非物质文化遗产的真正价值，他们就会在非物质文化遗产保护与弘扬过程中，发挥出越来越大的作用，做出越来越多的贡献。

总之，对非物质文化遗产是冲击还是弘扬，并非取决于当代传媒本身，而是那些引领着当代传媒技术的当代媒体人。

那么，在非物质文化遗产传播过程中，当代传媒是不是已经做到极致？完全不是。与当代传媒所蕴含的巨大能量相比，媒体人在非物质文化遗产传播过程中，还有相当大的施展空间。如当下媒体人在非物质文化遗产宣传过程中，还仅限于非物质文化遗产项目自身的介绍，或是对非物质文化遗产保护活动进行客观如实的报道。截至目前，我们似乎还很少能从广播中听到，或是从电视上看到几近消失的子弟书、太平歌词、八角鼓、莲花落、京东快书的演唱。对于这些即将消失的表演艺术，难道当代传媒就没有挽救它们的责任和义务吗？显然不是。记得一位北京著名评书艺人对我说过这样一句话："只要电视台天天播我的评书，我也火"。是的，薪火相传需要当代传媒的鼎力协助，否则，非物质文化遗产的复兴之路将倍加艰难。

四六　是什么让"改编热"长盛不衰？

在现实生活中，非物质文化遗产通常都是以"正在进行时"的面貌呈现在我们面前的，因此，人们很少将它们视为"文物"。其实，就非遗的本质而言，它们与文物一样，本身就是历史的一部分，是历史在今天的残留。不同的是，物质文化遗产是固态的"历史"，而非物质文化遗产是活态的"历史"。

但是，在中国非遗保护界，很多人从不把非遗当"文物"，不但政府改，专家改，就连传承人也在改。可改的结果又是什么呢——把"真文物"改成了"假文物"，把"真遗产"改成了"伪遗产"。

为什么会出现越演越烈的"改编热"？

首先，"改编热"的出现说明我们在观念上出了问题。很多人认为，世界上任何事物都是在发展变化的，非物质文化遗产当然也不例外。这话听起来似乎不错，但实际上在理念上已经出现问题。我们承认，随着时代的发展，非物质文化遗产也会随之发生变化。但由于非物质文化遗产的最大价值是它的历史认识价值，因而，这种变化对于非物质文化遗产来说并不是一件好事。保护非物质文化遗产并不是让它发展，而是让它尽量保持不变。这一点尽管很难做到，但无论如何都应该成为非遗保护工作者的基本目标。也就是说，非物质文化遗产一旦进入保护名录，首当其冲的就是要有针对性地为它创造一个相对封闭的环境，以尽量减少外来文化对它的冲击。中国的非物质文化遗产保护已经进入第十个年头，但这种以"封闭"为基本特征的保护理念并没有真的建立起来，从而导致"改编热"的高烧不退。可见，这种错误观念已经成为中国非物质文化遗产保护工作的绊脚石，如不及时纠正，中国的非物质文化遗产就永远逃脱不了保护性破坏的厄运。

其次，"改编热"的出现说明我们在评价体系上出了问题。在某些人看来，评价一个非物质文化遗产项目的好与坏，关键看项目规模如何，艺术化、专业化程度如何。要想达成这一目标，就必须通过专家对非物质文化遗产实施彻头彻尾的改造。其结果只能是根据专家的特长与喜好，将山梆子戏改成京剧，将侗族大歌改成美声唱法，将传统庙会改造成政府大会。其实，我们评价一个非遗项目，所看重的并不是其专业化程度，而是看它能否代表一方传统，能否成为认识一方历史的重要窗口，是否具有重要的历史认识价值。如果我们在评价体系上出了问题，很多非遗项目都会因规模化程度、专业化程度不"达标"而被施以好心的改造。而改造的结果，只能让更多的非遗项目失去原有滋味与固有本色。为确保非物质文化遗产的基因不遭破坏，重新研讨非物质文化遗产评价体系已经迫在眉睫。

其三，"改编热"的出现还说明我们在制度建设上出了问题。从制度设计看，在文化部原有司局中，与艺术司、文化市场司、文化科技司、文化产业司相比，负责群众艺术或少数民族文化艺术活动的社会文化司，无疑更具有扛起非物质文化遗产保护这面大旗的资格。因为我们今天所看到的非物质文化遗产，绝大多数都是以群众文艺活动的形式出现的。所以，将非物质文化遗产保护归口社会文化司（处）及其下属各市县群众艺术馆，至少在当时是一个不错的选择。但群文系统也有它的软肋：作为该部门的日常工作，其主要任务就是利用当地文艺资源进行二度创作。在许多人的观念中，所谓"保护"，就是让遗产经过我们的手，变得更酷、更炫、更好看，而要想达此目标，就只能是改编，改编，再改编。其结果也必然是越改越假，越改越糟，越改越没有民间味儿。一位为非遗保护立下过汗马功劳的部门负责人在退休前说过这样一句话："非物质文化遗产生于民间，死于庙堂"。可为什么一旦将它们请进庙堂，非物质文化遗产反倒变色走味，不再是我们想要的东西了呢？这件事一直令他百思不得其解。现在回想起来，原因不外有二：一是观念出了问题，二是制度建设出了问题。破解这一难题的方法也有二个：一是加大宣教力度，让非遗保护工作者明确认识到自己的工作不是二度创作，而是在保护一个民族的文化基因。他们的任务，就是要像保护文物一样，去保护当地的非物质文化遗产。并通过各种方式方法，让非物质文化遗产尽量不变。二是进行制度建设，通过吸收当地有文物保护经验同志入盟的方式，将他们的文物保护理念借鉴过来。这种做法在许多地方都有尝试，效果令人满意。

需要说明的是，我们所反对的"改编热"，是特指对非物质文化遗产本身所进行的"改编"或"改造"，至于那些仅仅将非物质文化遗产作为自己创作源泉，利用非物质文化遗产中的某些元素进行新文学、新艺术之二度创作者，由于并未伤及非遗本身，创新作品也不属非遗，故不在本文的讨论之列。

四七　"非物质文化遗产"与
　　　　"物质文化遗产"到底是一对什么关系？

　　谈到非物质文化遗产与物质文化遗产关系时，很多人都会认为它们是两种截然不同的事物。其实，非物质文化遗产与物质文化遗产并不是截然不同的两种事物，而是一个事物的两个方面，即任何一种文化遗产——大到教堂，小到羹匙，都是由"物质"（教堂、羹匙等）的一面与"非物质"（教堂、羹匙等的建造、制作技术）的一面共同构成的。它们就像是一枚金币的两个面一样，相互依凭，难解难分。所谓"物质文化遗产"，就是指历史上制作出来并以物态的形式保存或流传至今的各种文物——如匠人制作出来的各种石雕、木雕、泥塑、面塑等等都属于这一类；而传承人传承至今的石雕、木雕、泥塑、面塑的制作技术与技艺，则是我们所说的非物质文化遗产。可见，物质文化遗产与非物质文化遗产不是两种截然不同的事物，而是一种文化遗产的两个方面，它们本身具有着相互依凭的关系。

　　近年来，国际社会提出"遗产对儿"概念，并极力主张对物质文化遗产与非物质文化遗产实施同步保护，就是因为他们已经意识到了物质文化遗产与非物质文化遗产间的这种互动关系。在他们看来，只有对文化遗产实施"成对儿"保护——在保护好文物这一物质文化遗产的同时，也要保护好与之相关的传统技术与技艺这一非物质文化遗产。只有做到这一点，祖先所创造并保存或传承至今的文化遗产才能获得足够的安全。

四八 为什么一定要按非物质文化遗产固有规律来保护非物质文化遗产？

　　谈到"规律"，我想先讲个小故事。这几年小区养狗的人家多了，但狗狗在娱乐人生的同时，也给小区的清洁带来诸多问题。北京的一个小区想出一个好办法：狗狗有便，靠堵是堵不住的，我们何不为狗狗们建几所"公厕"呢？说干就干，没几天狗狗的公厕就建好了。可遗憾的是狗狗们并不买账，没有一个如厕者。一个老者见状哑然失笑，将自己的拐杖往草地上一插，不一会儿，狗狗们就像是心有灵犀一样，都跑到那里撒起尿来。为什么狗狗们不进洋房一样漂亮的公厕，专门跑到拐杖下面撒尿呢？因为狗狗没有进到室内如厕的习惯。相反，作为动物，它们都有在树根等标志物下撒尿以标识自己势力范围的传统。老伯之所以深信不用建公厕，只用一个拐杖就能解决狗狗们的如厕问题，是因为他深谙狗狗们的生活习惯与规律。可见，要想做好一件事，找到规律是非常重要的。

　　保护非物质文化遗产也是同样的道理。我们怎样才能保护好非物质文化遗产？首先就是要通过深入调查，找到非物质文化遗产的传承规律，然后按照这个规律去指导我们的遗产保护实践。相反，不调查，不研究，仅凭拍胸脯，是保护不好非物质文化遗产的。

　　那么，什么是非物质文化遗产的传承规律呢？所谓"非物质文化遗产传承规律"，就是指历史上非物质文化遗产最传统的传承方式。如制作泥人、面人，从事石雕、木雕生产的非物质文化遗产项目，历史上都是"走市场的"。对于这类项目实施科学保护的最好方式，就是让他们生产出更多更好的产品来养家糊口。如果我们无视这一规律，规定他们自从被评为国家级传承人之日起，不得再从事商业性经营，就会破坏这些项目的原有生态，不但遗产传不下来，连传承人恐怕也要饿死。再如，在民间社会中，许多被称之为"祖传秘方"的非物质文化遗产项目，通常都是通过家族来传承的。而其中的某些核心技术，只在家族内部的男性成员中传承，这便是所谓的"传子不传女"。这就是这类非物质文化遗产的传承规律。如果我们忽略这一规律，一定要通过全民大普查的方式，到家族之外去寻找这类遗产，到头来只能是缘木求鱼。应该说，由于传承载体不同，传承方式不同，每种遗产的保护模式都会呈现出很大差别。如尽管侗族大歌、京剧、昆曲同属表演艺术，但是，它们的传承主体、传承方式，甚至传承制度都会有很大不同（如演唱侗族大歌是不需要专业水准的，是不需要开工资的，是不需要评级的，但京剧昆曲不行，他们不但需要专业培训，需要演出报酬，还需要按级付酬）。如果我们无视这些差异，而是按着某种模式实施统一监管，这些遗产的传承就很容易因为管理工作科学化的缺失而出现更大问题。

发现并利用规律来保护非物质文化遗产同样适用于文化生态保护区的建设。在文化生态保护区建设过程中，我们之所以要有意识地发现那些著名的老艺人、老匠人、老歌手、老把式，并有意识地将他们深藏不露的绝活绝技发掘出来，将历史上创建并传承至今的老字号、老作坊、老商铺恢复起来，就是因为我们已经注意到当地最珍贵的非物质文化遗产，正是通过这些老艺人、老匠人、老字号、老作坊、老商铺传承下来的。如果我们忽视了这一点并另起炉灶，用各种官办的非物质文化遗产示范园、展示馆、传习所、非物质文化遗产公园、非物质文化遗产传承基地等当代人创造出来的各种保护范式去取代那些传统的传承模式，非物质文化遗产不但得不到科学保护，还会因为新载体、新范式的介入以及新载体、新范式对于传统载体传承权利的剥夺，给非物质文化遗产传承带来更多的伤害。

四九　韩国申报江陵端午祭
　　是掠夺他国文化资源的行为吗？

　　首先，从制度层面来说，我们没有理由反对韩国江陵端午祭申报人类非物质文化遗产。这是因为尽管端午起源于中国，但随着人口的流动，端午文化已经流布于世界许多国家和地区，已经成为一种世界性文化现象。仅从这个角度来说，它已经不仅仅属于中国，同时也属于所有过端午节的国家和地区。换言之，今天的端午，已经成为一笔非常重要的"人类共同遗产"，所有有端午传统的国家和地区，都有责任、有义务保护好端午这笔重要的人类文化遗产。落实到制度层面上，这一传统节日不仅中国可以申报，韩国的江陵同样可以申报。另外，从技术层面看，韩国申报的是韩国江陵端午祭，而不是中国某地的端午节。这本身既不存在"抢"的问题，也不存在"偷"的问题。而且，事实已经证明，韩国申报端午祭，并没有影响到中国申报，我们有什么理由反对邻国申报自己的节日遗产呢？一些网友误将"申报"当成"抢注"，这种理解从制度层面来说是不成立的。

　　其次，从保护人类文化多样性角度看，我们也应该支持我们的邻国通过申报《人类非物质文化遗产名录》，来保护端午这一重要的民族文化遗产。从有关介绍中我们可以看到，由于端午节流出时间不同，流出地点不同，世界各地的端午文化也会呈现出明显差异。如果联合国教科文组织只允许端午原产国中国申报，而不许各流入国申报，显然有悖保护人类文化多样性的初衷。相反，如果所有有端午习俗的国家都来保护端午这一人类共同遗产，我们的端午才会变得更加丰富，更加多彩。所以，我们应该以更加开阔的胸怀，更加积极的态度，来支持、鼓励世界各国在保护好本国端午传统的前提下，积极申报人类非物质文化遗产。

其三，只有积极支持世界各国申报，才能确保中国文化的安全。有一种观点认为，韩国申遗会影响到中国文化的安全。这种想法同样存在着对文化安全的误读。我们能否去这样理解韩国人的申报行为：韩国人过端午祭，并视之为本民族一笔重要的文化财富，是因为他们喜欢端午。喜欢端午的潜台词是什么？——是喜欢中国文化。喜欢中国文化的潜台词又是什么？——喜欢中国文化的创造者。一种文化被人喜欢，说明这种文化是安全的，因为它正受到所有喜欢它的人的保护。一种文化被人喜欢，说明创造这种文化的人也是安全的，因为文化的认同，使你有比别人多得多的机会成为对方的朋友，并受到他们的尊重。相反，如果人家不喜欢你的文化，或是某国政府干脆就不允许本国人传承你的文化、欣赏你的文化，或是干脆封杀你的文化——如不允许本国国民过你的端午节，那时的中国文化怕是真的出现了安全问题。

五〇 为什么说在遗产传承
这个问题上政府不能取代传承人？

在非物质文化遗产保护这个问题上，历来存在着非物质文化遗产"传承主体"与"保护主体"这样两大群体。

所谓非物质文化遗产"传承主体"，是指专门负责非物质文化遗产传承工作的传承人、传承团体或传承群体。而所谓非物质文化遗产"保护主体"，则是指为保护某种遗产，利用自己的行政资源、学术资源、资本资源抑或是舆论资源，去鼓励、推动、扶持、监管、帮助当地民间社会，以实现非物质文化遗产自主传承的各级政府部门、学术团体、各类商业组织、新闻媒体。这些保护主体尽管并不直接参与非物质文化遗产的活态传承，但在一个国家传统文化面临全球一体化迅猛冲击的今天，他们的作用仍十分重要。中国非物质文化遗产保护工作在近年来之所以能取得如此之大的成就，非物质文化遗产保护主体所发挥的作用不容低估。但是，如果非物质文化遗产保护主体凭借着自己的强势地位，反客为主、越俎代庖，取代传承人，非物质文化遗产就很可能因政府、学界、商界的介入，而被改造得面目全非。遗憾的是，在现实生活中，人们似乎并没有意识到这一点，有些人甚至认为既然两者都为保护、传承非物质文化遗产而生，就应该合并为一个整体，以增强非物质文化遗产保护队伍的凝聚力与战斗力。这种想法与做法，事实上已经从制度层面，为政府干预非物质文化遗产自主传承埋下了隐患。一些尚不知晓非物质文化遗产为何物的政府部门，也正是在这种错误理念的指导下，通过对非物质文化遗产传承人进行系统培训，请艺术家对传承项目进行重新改编，请大企业介入传统手工技艺的产业化开发等方式，对非物质文化遗产实施前所未有的规模化改造。这种改造结果通常有两个：一是抹杀遗产个性，从而造成更大面积的遗产同质化；二是剔除原有风味，从而造成更大面积的遗产官俗化。而这与联合国教科文组织通过保护各国非物质文化遗产，进而保护人类文化多样性的初衷显然背道而驰。历史将会证明：减少对民间社会非物质文化遗产自主传承的干涉，将是所有政府的明智选择。

五一 在非物质文化遗产保护过程中，政府为什么经常好心办坏事？

作为非物质文化遗产保护队伍中的一员，我们的各级政府必须清醒地意识到：并不是所有的"保护"都能起到保护作用。搞得不好，好心的保护也会变成令人痛心的破坏。而且，"保护"力度越大，破坏的力度也就越大。

为什么出于好心的保护，也会给非物质文化遗产带来灾难性破坏？道理很简单：处于原生状态的非物质文化遗产，就像是一株生长在大自然中的花朵，通常是不需要特别的保护的。但随着外来文化以及全球经济一体化的迅猛冲击，许多非常优秀的非物质文化遗产连同其所生长的原生环境，已经遭到前所未有的破坏。为保护这些文化遗产，我们就不能不考虑为这些已处濒危状态的非物质文化遗产搭建起一个可以躲避暴风骤雨的屏障，于是便出现了由各国政府出面牵头的非物质文化遗产保护工程。但是，如果这一人工造就出来的环境（如文化生态保护区）与非物质文化遗产原生环境相差太多，就会变成只能培育娇花嫩草的"温室"，从而以另外一种方式加速非物质文化遗产原有基因的蜕变，好事就会变成坏事。近年来，一些地方出现的所谓"保护性"破坏，几乎都与这些地方政府过分"关爱"，进而破坏了非物质文化遗产原有基因有关。

要想实现对非物质文化遗产的科学保护，首先需要我们建立起一个明确的角色意识——在非物质文化遗产这笔巨额财富面前，政府至多只是这笔财富的"管家"，而民间艺人、匠人等非物质文化遗产传承人，才是这笔财富的真正"主人"。政府只有推动、鼓励、扶持、监管传承人传承非物质文化遗产的义务，而无直接处置这些遗产的权力。

　　要想原汁原味保护好非物质文化遗产，利用非物质文化遗产在历史上的传承模式与规律是一个非常简单且行之有效的办法。如利用老艺人、老匠人、老郎中、老歌手传承好他们手中的绝活，利用传统花会、灯会、社火组织来传承好他们的迎神赛会活动，都是非常值得借鉴的好办法。这些非物质文化遗产传承人或是传承群体尽管在解放后的各种政治运动中遭受过不同程度的冲击，但这套传承体系并没有彻底消亡，在民间社会仍有相当程度的保留，只要政府在政策、法律层面给予扶持、保护，要想恢复并无太大问题。

五二 为什么说学界介入传承，
同样会破坏非物质文化遗产的原真性？

近年来，中国学术界在非物质文化遗产保护工作中确实发挥了非常重要的作用，但同时也存在一定问题。而其中最大的问题，就是我们的知识界至今还没有很透彻地意识到非物质文化遗产所具有的独特价值，甚至将非物质文化遗产当成了随处可见的群众文化活动，并对其实施大规模改造，从而在不同程度上破坏了非物质文化遗产所独有的历史认识价值、艺术价值、文化价值、科学价值和社会价值。

由于这一社会群体历来以西方文化和汉族精英文化为楷模，对民间文化较为陌生，而对非物质文化遗产所具有的特殊价值更是所知不多，所以，在他们看来，所谓的传统，就是原始的、粗糙的、缺少打磨的"老古董"，其中即或有令其心动之处，也仍然觉得有必要对它们进行打磨、改造，使之更加符合精英文化、汉族文化、西方文化、官府文化或是当代文化的审美需求。在这种思维定式的支配下，他们有的用京剧改造汉剧，用当代舞蹈改造少数民族舞蹈，用美声唱法改造山野民歌，用苏绣改造陇绣。改编后的这些"传统文化事项"虽然具有了更多的时代感，也更加适合当代人的口味，但那些原歌舞中所隐含的历史情结、文化情结，地方特色、民族特色，也随着汉文化、西方文化以及精英文化的流入而荡然无存。这种改编后的非物质文化遗产，也因其原有价值的丧失，已经失去了它作为人类遗产的基本资格。要知道，就非物质文化遗产保护工程的本质而言，它所要保护的并不是当今的主流文化，而是那些已经被边缘化或是已经被历史遗忘了的乡土文化或民间文化。如果忘却了这一点，而对其大肆改造，必然会破坏掉非物质文化遗产的原有基因，使它们不再具有历史认识价值。

当然，有些学界对非物质文化遗产传承的介入并非有意。但即使如此，也同样会给非物质文化遗产带来不必要的伤害。譬如，普查中我们对当地文化所做的解读，就很容易被当地社会接纳并成为当地社会的解读，从而从根本上改变民间文化的原有特征。其实，文化间的相互影响是再自然不过的事，我们不可能因保护某种遗产就将它们完全封闭起来。但是外来文化的过多介入，特别是某些外来文化的有意介入，很容易导致本土文化原真性、独特性的丧失。所以，即或在国外，也不提倡外来文化对本土文化的过分干预。对此，我们不能不有所警惕。

我们强调学术界审慎介入非物质文化遗产传承，还有一个十分重要的原因——这就是当今中国学术界的保护理念并不成熟，许多正确的保护理念甚至至今还难以占据主导地位。如果我们依照错误的保护理念，去指导当今这样一个前所未有的非物质文化遗产保护实践，其结果可想而知。我们当前的一项重要工作，就是尽快与国际接轨，并将国际社会最先进的保护理念介绍给国人，使我国非物质文化遗产保护事业能在正确理念的指导下走得更快、更远。而这一点只能拜托给我们的学术同仁。

总之，当前学术界最重要的工作不是用精英文化去解读甚至改造我们的非物质文化遗产，而是深入实际，从实践中探寻非物质文化遗产传承规律，并将这些规律总结出来、推广出去。而不是闭门造车，用从办公室创造出的"保护经验"来指导中国的非物质文化遗产保护实践。

五三　当下的非物质文化遗产保护
　　　与以往的搜集整理有什么不同？

　　中国人对非物质文化遗产的关注可谓历史悠久。如果从《诗经》算起，这种集搜集、整理、出版为一身的静态保护模式，在中国至少已有2600年以上的历史。这种三位一体的保护模式，在记录、传承中华文明的过程中确实发挥过重要作用。我们的许多文学艺术遗产、科学技术遗产，都是通过这种方式传承下来的。但这种静态保护并非没有问题。而能否认识到它的问题，将直接关系到一个国家的精神文明能否得到更为有效的延续。因此，分析静态保护与动态保护的区别，继承前人保护之长，回避前人保护之短，对于我们更好地保护已经所剩不多的非物质文化遗产来说，显然是非常重要的。

　　那么，历史上的保护与今天的保护究竟有着怎样的区别呢？

　　从理论上说，历史上的保护与今天的保护，除保护范围有明显不同外，一个最根本的区别，就在于从前我们所实施的只是一种静态的保存，而今天中国非物质文化遗产保护工程所实行的是一种活态的保护。举例来说，从2600年前，一直到20世纪末，我们对非物质文化遗产所实施的保护——无论是对民歌的征集，还是对民间戏曲、曲艺、舞蹈、杂技、传说、故事的搜集整理，都是希望通过文字这一载体，将历史上的各种文明记录下来，保存下去。至于这些美轮美奂的文学艺术能否以活态形式流传下去，并不是他们关注的问题。而今天我们所进行的非物质文化遗产保护工程却完全不同，它的最大目标不是要求人们搜集、整理，或出版多少传说、故事、戏曲集，而是要求人们通过传承人之手之口，将历史上传承下来的传统表演艺术、传统工艺技术、传统节日与仪式，尽可能多地以活态形式一代一代继承下来并传承下去。无论是项目立意，还是目标期许，两者都截然不同。

那么，这种活态保护会对一个民族优秀遗产的传承，带来怎样的影响呢？30多年前我们在启动十套集成志书搜集整理出版工作时，我国共有传统剧种386种，但就在30年后的今天，我国传统戏曲品种居然一下子锐减到200余种。也就是说，就在这短短的30年间，从我们手中消失的传统戏曲品种竟多达100多种。我们不妨设想一下，如果当时我们意识到了活态保护的重要，并从那时起就实施活态保护，这100多种传统剧种还会在我们的手中消失吗？当然不会。这就是活态保护与静态保存的区别，这就是当下我们所进行的中国非物质文化遗产保护工程与以往任何一种传统文化保护工程的最大不同。

五四 为什么必须保护好
非物质文化遗产的原生状态?

根据文化所表现出的特定形态,我们可以将文化区分为"原生文化"与"次生文化"两个大类。所谓"原生文化",就是指人类在历史上创造并以活态方式流传至今的、未经任何修改或修饰过的传统文化;所谓"次生文化"则是指那些在原生文化基础上创造出来的新型文化。文化遗产保护工作所要保护的不是当代艺术家创作出来的"次生文化",而是那些未经任何改造过的"原生文化",特别是以非物质文化遗产为代表的历史上流传下来的传统文化。

从本质上说,"原生文化"与"次生文化"并无高下之分,优劣之别。我们强调"原生文化",特别是"原生文化"中的佼佼者——非物质文化遗产的重要,是因为随着时光的流逝,这种千百年传承下来的原型文化会越来越少,而这种被称之为"原生文化"的传统文化,就像发面时的面肥,酿酒时的酒曲,在创建新文化、新艺术、新科学、新技术的过程中,具有许多次生文化所无法取替的作用。中华文化要想长盛不衰,就必须保护好这些形式古朴、内涵厚重的原生文化。否则,新文化、新艺术、新科学、新技术的创造就会成为无源之水、无本之木,国家的文化安全就会因为文化资源的丧失而失去起码的保障。

从某种角度来说,保护非物质文化遗产与生物学家所倡导的保护野生物种具有一定的相似性——他们都意识到了原生物种的重要性。以水稻为例，目前中国杂交水稻技术居世界领先水平，我国农业科技人员在培育水稻新品种时，所选用的稻种无论是父系还是母系，都不是现有人工稻中最好的品种，而是那些生长在荒郊野外的野生稻。在他们看来，处于野生状态下的野生稻，具有极强的抗旱、抗涝、抗倒伏以及抵御各种病虫害的能力，没有这些优秀品质，就不可能历经亿万年的风霜雨雪而存活至今。现在，已经有越来越多的国家开始意识到保护野生物种的重要性，并加紧本国物种基因库的建设。同样，我们反复强调对传统文化遗产实施全方位保护，目的就是想在大开发到来之前，建立起这样一个传统文化"基因库"，将那些具有原生性质的非物质文化遗产以活态的形式保存下来，为未来新文化、新艺术、新科学、新技术的创造，保留下更多的种源。

但是，由于许多人对传统文化资源的不可再生性认识不足，给非物质文化遗产保护制造了不少阻力。有人坦言："依我们现有科技水平，文物没了可以复制，为什么一定要为保留这些落后的科学技术而掣肘整个社会的发展呢？为什么不尊重客观规律而任其自生自灭呢？"我们并不否认文物可以复制，但复制得再多也不会成为真文物，也不会像真文物那样，为我们提供那么多的历史信息与文化信息，这是由文物的唯一性决定的。有人将文物比喻成老奶奶，说"奶奶死了有什么大不了的，我们可以让巩俐（电影《红高粱》中的奶奶扮演者）来扮演。"但他们没有想到的是巩俐即使长得再漂亮，也永远不能替代奶奶的位置。因为在她身上不可能有奶奶那样丰富而独特的阅历。从奶奶那里能得到的，在巩俐这儿永远得不到。这就是奶奶的价值，这就是具有原生态特点的、具有文化 DNA 性质的文化遗产的价值。

五五　中国非物质文化遗产
及其传承人将面临哪三大冲击？

《中国非物质文化遗产名录》的颁布，表明我国政府已经意识到保护非物质文化遗产及其传承人的重要，也标志着我国非物质文化遗产保护工作的春天已经到来。但是，根据国际上已有的经验与我国目前所出现的一些状况，我们认为必须提高警惕，严防来自三个方面的对于非物质文化遗产及其传承人的冲击。这三大冲击分别是：

（1）来自商业社会的冲击。

进入《名录》时代后，对非物质文化遗产及其传承人的第一个冲击可能来自无孔不入的商业社会。在物欲横流的商业社会中，什么都是商品。而非物质文化遗产及其传承人一旦进入国家级《非物质文化遗产名录》，自然会身价陡增，并成为商业集团竞相争夺的对象。高薪聘请对于尚不富裕的乡下人来说，是很难抗拒的。在我们的调查中，许多著名歌手、艺人都曾走过这样一段曲折的路。从好的方面说，这些被旅游公司或表演团体收编的艺人有了更多的展示自己才艺的机会，使传统文化在这样一个特殊的社会背景下得以延续；从坏的方面说，这些漂泊在外、背井离乡的传承人所能展示给游客的只有他们的"才艺"，而原本附着在他们身上的其他功能（如通过山歌化解纠纷，通过山歌谈情说爱等），都会因他们的出走而不再发生作用。他们的功能发生折损，乡间的传统也会就此终结。

为保护好这份遗产，并使它们在原生状态下顺利传承，一些发达国家也曾想过种种办法。例如政府每年都会从国库中拿出一定数量的经费补贴给这些杰出的非物质文化遗产传承人，以确保他们衣食无忧；通过国家命名来吸引传承人，激励传承人；通过带徒授业为传承人提供更多传授技艺的机会。除借鉴国际经验外，还可以通过政策引导，将艺人保护与乡土建设结合起来，通过限制外出艺人申报等方式，将艺人留在本土（有些必须常年在外的项目除外），让他们在保护、传承本地非物质文化遗产过程中发挥更大作用。

（2）来自各级政府的冲击。

在当下的非物质文化遗产保护工作中，政府起着举足轻重的作用。没有政府参与，非物质文化遗产及其传承人就不可能得到有效保护。但是，由于我们所保护的是民间文化而非官方文化，这就给并不十分熟悉此行当的政府部门出了道难题。如果处理不好，非物质文化遗产就会因为政府的过分"关爱"而夭折，这种教训在国外屡见不鲜，应引起我们的格外警惕。

在非物质文化遗产保护这个问题上，我们必须清醒地意识到：民众才是文化遗产的创造者、传承者，是非物质文化遗产的真正主人，而政府至多只是这个工程的宏观指导者。在国外，政府的任务就是有效调动起民间社会的积极性，并组织他们做好文化遗产保护工作，确保非物质文化遗产的有序传承。国际社会近半个世纪的保护实践告诉我们，非物质文化遗产的真正价值不在创新，而是传承。传承的多与寡是评价、评选非物质文化遗产及其传承人的最重要的尺度。我们从这一价值取向中也可看出：各级政府在保护、评选非物质文化遗产及其传承人的过程中，更应该像动植物学家为基因库寻找最优秀之动植物基因一样，将那些最原始、最自然、最具有原生特点的传统文化基因，尽可能原汁原味地继承下来，传承下去。

（3）来自学术界的冲击。

近年来中国学术界在古村、古镇、民歌、民乐等文化遗产的保护过程中发挥了重要作用。但有一点我们也不得不承认，作为一种外来文化的携带者，他们的到来也会影响到当地人，并使原本自然传承的一些文化遗产在承递过程中发生变异。如作为一种原生态性质的侗歌苗舞，尽管不那么专业，但却是我们了解这些少数民族历史与文化的重要标本。他们的一唱一和，一举手一投足，都具有很高的历史认识价值、艺术价值、文化价值。然而一经专家指导，以及改编过程中汉族以及西方乐舞因素的加入，这些传统歌舞的地方特色、民族特色就会变得越发淡薄，乐舞原有的历史价值、艺术价值、文化价值也会变得越发模糊起来，而这正是学术界的"好心"所造成的。那么，这是不是说中国的学术界就不能接近非物质文化遗产？完全不是。现在的问题不是能不能接近非物质文化遗产，而是怎样接近非物质文化遗产。近年来，我们国家有许多文化人在弘扬传统文化的过程中，发挥了很好的表帅作用，他们的到来非但没有冲击到当地的民间艺术，反倒是有力地推动了当地民间艺术的传承与发展，并获得了学术界的普遍认同。原因即在于他们没有把自己当成民间艺术的主人去改编、改造当地文化，而是利用自己的学术影响力与社会影响力，在组织、协调以及经费筹措等方面发挥了重要作用。他们的经验值得推荐。

五六　如何看待置身于
　　　宗教寺院中的非物质文化遗产？

　　宗教是人类社会在漫长的历史发展过程中积淀起来的文化精华，是人类文明的重要组成部分。这些宗教尽管教义各有差异，但在传承人类物质文明与精神文明的过程中，它们所发挥的作用不容小觑。如许多民族的绘画艺术、雕刻艺术、建筑艺术、园林艺术，以及在祭神娱神基础上发展起来的传统歌舞、小戏、节日美食等等，都是非常重要的非物质文化遗产。因此，尽管宗教活动本身不在非物质文化遗产保护之列，但对于寄生其中的文化遗产，特别是置身其中的非物质文化遗产，我们还是应抱以更多的宽容，不能因为牵涉到宗教内容就视而不见。远的不说，清真寺建筑艺术、佛像雕塑艺术、道教壁画绘制艺术、喇嘛教（藏传佛教）一年一度的驱鬼仪式等等，都应该成为我们下一步申报非物质文化遗产的亮点。

五七 如何处理非物质文化遗产保护与"迷信"的关系?

非物质文化遗产就像一条流动的河,从远古流淌到今天。作为一种历史产物,它不可能不带有往昔历史的痕迹。否认了这一点,也就否认了唯物主义历史观。那么,作为今天的我们,对于这样一份包含有传统信仰甚至是"迷信"成分的遗产,我们究竟是继承?还是摒弃?这是每位遗产保护工作者都在认真思考的问题。

其实,对于这类传统文化事项究竟应该采取何种态度,主要还是要看它们究竟具有怎样的价值,它们在调整人与人之关系以及在调整人与自然之关系的过程中,究竟发挥着怎样的作用。如传统祖先神祭祀仪式、传统行业神祭祀仪式,在增进民族团结、家族团结以及行业团结等方面显然发挥过重要作用,我们没有理由对这些发挥过重要作用的传统仪式横加指责。传统祭山仪式、祭水仪式在调整人与自然之关系方面不但在历史上发挥过重要作用,而且目前仍在继续发挥作用,我们同样没有理由将其拒之门外。因为这些传统信仰既是建构和谐社会的基础,也是构建环境友好型社会的前提,对此,我们应予充分肯定。

但是,在现实生活中,各种遗产所呈现给我们的价值有时是很难判断的,需要我们深入考察,细心揣度。通过审慎分析,做出明确的价值判断。

通常,凡事有"利"必有"弊",关键看是"利"大,还是"弊"大。凡"弊"大于"利"者,就要坚决摒弃;凡"利"大于"弊"者,就要坚决继承。从目前我们所掌握的资料看，我国民间社会所保留下来的绝大多数非物质文化遗产都很难说"根红苗正"，有些甚至还带有相当程度的"俗信"甚至"迷信"的成分。如今天我们所看到的各种奠基仪式、祖先祭祀仪式、行业神祭祀仪式，都具有这样一些成分和内容，但考虑到它们在构建和谐社会以及在调整人与自然之关系等方面所发挥的作用远远大于其负面影响，故我们仍应允许它们的存在。相反，如果我们连这样一点儿瑕疵都不能忍受，就很难将这笔宝贵的历史遗产真正继承下来。

此外，需要说明的是，在这类遗产的保护过程中，我们所保护的并不是其中的信仰，也从未想通过这样一个工程让全国人民都相信龙王、信仰土地神。我们的真正目的，是想通过非物质文化遗产保护工程，来保护那些依附于这类信仰之上的各种仪式，以及附着于这些仪式上的一个民族最优秀的饮食文化、服饰文化、装饰艺术、传统舞蹈、传统戏曲以及各种各样的传统表演艺术形式。因为只要保护好这些传统仪式活动，一个民族最优秀的传统文化精华也就保护下来了。我们要坚信瑕不掩瑜，不要因为一些小的瑕疵而影响到我们对人类遗产的整体看法。

此外，我们还应将"迷信"与"俗信"严格区分开来。对于那些以坑蒙拐骗、谋财害命、扰乱社会秩序为目的的封建迷信活动应予坚决取缔，而对于人们日常生活中存在的传统信仰，只要不扰乱社会秩序，不阻碍社会发展，我们都应将其视为"俗信"而给予更多的宽容，不要因为这类遗产的传承人是巫师、萨满、毕摩就不愿意保护。要知道，在历史上，这些传承人才是传统农耕社会、渔猎社会以及游牧社会中的知识精英。事实上，一个家族，一个村落，或是一个民族的民间文学、表演艺术、传统工艺技术，天文地理知识，农耕、渔猎、游牧知识，传统医药知识，治疗术、风水术，以及一个民族的语言文字、历史知识，主要是通过他们来传承的。

五八　为什么不应把传统仪式类遗产统称为"信仰类遗产"？

能想到将"传统信仰"纳入非物质文化遗产保护范畴，这在思想层面无疑是一次历史性的突破，是改革开放 30 多年来中国思想界的一次思想大解放，但从工作层面看，这种提法并不具有可操作性。这也许正是联合国教科文组织只提传统仪式保护而从不提传统信仰保护的一个十分重要的原因。为什么这么说呢？

首先，传统信仰只是一个和"尊老"、"爱幼"差不多的空泛概念，而不是一个具体的表现物，无法进行实质性保护。

其次，传统信仰有好有坏，如果我们笼而统之地提出信仰保护，很容易被社会误读为国家正在通过遗产保护来恢复旧有信仰。

相反，如果谈保护"传统仪式类遗产"，就能回避很多问题。这是因为：

首先，从操作层面看，仪式"看得见"、"摸得着"，又具有一定的周期性，保护起来更具有可操作性。

其次，信仰有好有坏，但仪式只是一个载体，只是一个展示传统文化的窗口，它本身并不存在好坏问题，更没有那么多意识形态方面的牵扯，保护起来也不会有太多的顾忌。

此外，对传统仪式实施综合性保护，不仅可以保护好与仪式有关的有益的信仰，同时也可以保护与传统仪式息息相关的神话故事、史诗古歌、表演艺术、手工技艺，进而实现对人类文明的整体保护与综合保护。因此，我们以为将这类遗产称之为"传统仪式类遗产"而不是"传统信仰类遗产"似乎更为合适。

五九　保护传统仪式类遗产有什么现实意义？

判断一个传统仪式是否有资格申报非物质文化遗产，除看该仪式是否具有重要的历史认识价值、艺术价值、文化价值外，还要看该仪式是否具有不可多得的社会价值即现实意义。

我们所说的"现实意义"，是指从内容上看，该仪式所反映出的传统信仰是否有利于和谐社会的建设？是否有利于环境友好型社会建设？这是判断一个传统仪式是否值得保护的重要尺度。

传统仪式主要有两大社会功能：其一是以仪式的方式来调整人与人之间的关系。如传统的祭祖仪式，无论是祭祀民族祖先、氏族祖先、家族祖先，还是行业祖先，都是试图通过仪式这种手段，来定期或是不定期的调整、强化、巩固业已存在的参祭人之间的血缘联系、业缘联系直至地缘上的联系。这对于增强参祭人的民族意识、氏族意识、家族意识、行帮意识，维系各群体内的团结是十分重要的。除强化人际关系外，许多传统仪式在调整人与自然之关系方面，也一直发挥重要作用。如传承至今的摩梭人的转山节、鄂伦春人的山神祭祀、藏族人的神山祭祀、白族的绕山林仪式，都在不同程度上强化了人与自然和谐关系的建设，保护了人类赖以生存的自然环境。没有些传统信仰及其仪式，上述地区的自然环境就不可能得到如此全面而有效的保护。这就是保护传统仪式类遗产的现实意义。

六〇　鼓励以非物质文化遗产为素材的
艺术创作会对遗产造成不必要的伤害吗？

作为局外人，文学艺术家不能对正在传承的非物质文化遗产实施改造。但是，他们完全可以利用非物质文化遗产中的某些元素，进行新剧目、新作品的创作。这种只汲取非物质文化遗产精华而不直接作用于非物质文化遗产项目的做法，不会对传承人所传项目造成伤害。

其实，在现实生活中，传承人之外的人群利用非物质文化遗产中的某些元素进行二度创作的做法并不少见——如将民间神话、传说、史诗、故事改编成电影、电视，将传统的泥娃娃、泥泥狗改造成时髦的现代工艺品等，都可视为利用非物质文化遗产中的某些元素所进行的二度创作。这种非物质文化遗产产业化行为，由于并未触及非物质文化遗产本身，不会对非物质文化遗产造成伤害。同时，这些工作又是由传承人之外的社会人群所为，也不会对传承人的正常传承造成影响。从非遗保护实践看，这种做法已经获得了绝大多数国家的认同。从经验看，这种利用非物质文化遗产中的某些元素来进行新产品开发的做法，很可能会成为我国传统文化产业化的一个重要生长点。

六一　非物质文化遗产学主要研究哪些问题？

非物质文化遗产学是一门专门研究非物质文化遗产产生、传承以及保护规律的科学。作为一门新学，它会涉及许多内容，但作为这门学科的核心，主要涉及以下三个层次的问题：

（1）什么是非物质文化遗产；

（2）为什么保护非物质文化遗产；

（3）怎样保护非物质文化遗产。

从哲学层面说，第一个层次所要回答的是非物质文化遗产本体论的问题，第二个层次所要回答的是非物质文化遗产价值论的问题，第三个层次所要回答的是非物质文化遗产保护方法论的问题。

什么是非物质文化遗产？这是非物质文化遗产学需要回答的第一个问题。因为要想保护非物质文化遗产，首先就应该知道什么是非物质文化遗产，什么不是非物质文化遗产，并学会从纷繁复杂的传统文化事项中，将非物质文化遗产甄别出来。

为什么保护非物质文化遗产？这是非物质文化遗产学必须回答的第二个问题。就像无论做什么，我们都想知道做这件事的意义一样，作为非物质文化遗产保护工作者，我们也应该明确弄清非物质文化遗产在帮助人类认识历史、传承文明、文化创新，以及在保护人类文化多样性、重建社会秩序等方面具有怎样的价值和意义。

怎样保护非物质文化遗产？这是非物质文化遗产学必须回答的第三个问题。与其他学科不同，非物质文化遗产学说到底是一门为保护非物质文化遗产而生的学问。因而，强调可操作性是这门学问的最大特点。这个问题不解决，非物质文化遗产学也就失去了存在的意义。那么，我们如何才能保护好非物质文化遗产呢？多年的经验告诉我们：非物质文化遗产保护规律是由非物质文化遗产传承规律决定的。能否保护好非物质文化遗产，关键在于我们能否真正认识到非物质文化遗产的传承规律，并按此规律来实施保护。

六二　非物质文化遗产学是一门研究什么的学问？

非物质文化遗产学是一门专门研究一个国家如何才能将历史上所创文明以活态形式继承下来并传承下去的应用型学问。为达此目标，这门学问需重点研究以下问题：

（1）非物质文化遗产准入标准研究。通过对传承主体、传承时限、传承形态、传承基因、传承品质、传承范畴的限定，将非物质文化遗产从其他文化，特别是其他传统文化中剥离出来。

（2）非物质文化遗产传承规律研究。通过对传承人传承动力学研究、传承模式研究、传承路线研究、传承辅渠道研究、传承环境研究，找出非物质文化遗产传承规律，并按此规律来保护非物质文化遗产，从而最大限度地实现非物质文化遗产的自主传承。

（3）非物质文化遗产保护模式研究。通过研究为政府的非物质文化遗产保护模式提供学术支持。

①保障机制研究。通过建立完善的保障机制，确保政府能在体制、政策、资金、人才、技术等层面为非物质文化遗产的活态传承提供更多支持。

②扶持政策研究。通过传承补贴的发放、奖励政策的实施、传承人税收的减免、商标的注册、专利的办理、免费展演场所的提供、产品的回购、销售渠道的拓展、赤贫补贴制度的建立以及大病统筹保险的实施等扶持政策的研究，为传承人扶持政策的建立提供更多的学术支持。

③管理机制研究。

管理机制的研究重点主要设置为以下四个方面：

A. 建立健全完善的传承人信息体系。工作重点：优化传承人申报认定机制；对传承人信息实施归档管理；建立传承人信息数据库；建立传承人信息跟踪系统；实施传承人退出机制。

B. 建立健全完善的传承人孵化系统。工作重点：建立候选储备库；建立递次升级制；建立有序增补制。

C. 建立健全完善的传承人服务体系。工作重点：全面启动传承场所、展示场所建设；改善传承人生产生活条件；推广传承人文化产品；强化传承人保护制度的建立。

D. 建立健全完善的传承人宣传推广制度。工作重点：通过多媒体传播、纸媒传播、会展传播、演艺传播、讲座传播、课堂传播等传播方式，扩大非物质文化遗产的影响力。

传承篇

我们所说的「非物质文化遗产传承人」，是指那些亲自参与非物质文化遗产表演、制作，且有突出成就，并愿意将自己所掌握的全部知识与技能，原汁原味传授给后人的某些自然人或群体。从社会分工的角度来说，传承是传承人的本职工作，也是政府考核传承人的唯一标准。

六三　什么样的人才有资格成为非物质文化遗产传承人？

要保护好"非物质文化遗产"，首先就要保护好"传承人"。那么，究竟什么样的人才有资格成为非物质文化遗产传承人？这是个说来简单，操作起来十分不容易的一件事。因为它会涉及评价标准、评价尺度、利益分配等诸方面问题，而无论哪方面出现偏差，都会影响到传承人的选拔，影响到遗产项目的荣辱兴衰，甚至是生死存亡。

我们说，所谓"非物质文化遗产传承人"，是指那些直接参与了非物质文化遗产传承，且有突出成就，并愿意将自己所掌握的相关知识与技能，原汁原味传授给后人的自然人或社会群体。评价一个人是否有资格成为非物质文化遗产传承人的具体标准是：

（1）要看他或他们所传承传统文化事项是否具有悠久的历史。所传事项在时限上不足百年者，通常不能评为非物质文化遗产传承人。

（2）要看他或他们所传传统文化事项是否具有重要的历史价值、艺术价值、文化价值、科学价值与社会价值。也就是说，能否成为非物质文化遗产传承人，其所传传统文化事项之价值起着至关重要的作用。

（3）要看他或他们所传承的非物质文化遗产是否还原汁原味，是否还保留有足够的传统文化基因。非物质文化遗产的最大价值是它的历史认识价值，而历史认识价值的多寡又是由非物质文化遗产的原生状态决定的。新元素介入越多，非物质文化遗产的历史认识价值就越少，故各国政府都主张对非物质文化遗产实施"原汁原味"的保护。如果所传非物质文化遗产已经发生重大变化，甚至已经成为不折不扣的"转基因"品种，那么，该传承人自然也就没有了申报非物质文化遗产传承人的资格。作为传承人，他们的责任与义务就是通过自己的辛勤工作，将人类在历史上创造并以活态形式传承至今的一切优秀遗产原汁原味地继承下来，传承下去，这是他们的本职工作。韩国人认为，所谓"非物质文化遗产传承人"，就是指那些"原原本本领会或保存重要非物质文化遗产之技艺、技能，并愿意将这些表演艺术或工艺制作技术原汁原味保存下来的人"。那些不顾非物质文化遗产历史价值而随意改动、改编非物质文化遗产者，都不能，也不应该成为非物质文化遗产传承人，这是由非物质文化遗产的价值取向决定的。非物质文化遗产保护工作的真正价值不是创新，而是保留。保留数量越多，品相越好，就越有资格成为一个国家的非物质文化遗产传承人。

（4）要看他或他们是否直接参与了非物质文化遗产传承。这也是衡量一个人或一个团体能否成为非物质文化遗产传承人的重要尺度。

非物质文化遗产是一个国家的全民财富，保护工作需要全民的共同参与。不论是政府、学界、商界、新闻媒体，还是普通百姓，都有权且有责任参与到非物质文化遗产保护工作中来。但这并不等于说所有参与者都有资格成为非物质文化遗产传承人。当选非物质文化遗产传承人的一个重要标准，就是必须亲自参与到非物质文化遗产相关技艺与技能的传承上来。而那些在非物质文化遗产保护工作中做出过重要贡献的组织者、协调者以及热情参与者，尽管我们可以通过其他方式来肯定他们的业绩，但由于他们并未直接参与到非物质文化遗产传承中来，并不掌握非物质文化遗产方面的专业知识与技能，所以无法成为非物质文化遗产传承人。

（5）要看他或他们是否愿意将自己所知道的知识与技艺传授给后人。

除具有足够的知识与才艺外，还要看该项目的持有者是否愿意将自己所掌握的全部知识与技艺，毫不保留地传承给指定人群。否则，即便怀有八斗之才，也不能成为非物质文化遗产传承人。在国外，为避免非物质文化遗产的无效传承，传承人的选定通常都需要经过政府的考核与许可，这就从制度上避免了因选才不当而引发的技艺失传问题。一些国家还为学习传统技艺的后来人制定出一系列的学习奖学金制度，从制度层面解决传承人的断层问题。其实，带徒授艺是传承人基本的义务，更是重要的责任，唯有如此，我们的遗产与文化才可以千秋万代、亘古永存。

六四　为什么说传承人是
　　　中华文明的重要创造者与传承者？

　　以往，一谈起中国文化名人，人们马上会想到孔子、孟子。不错，孔子、孟子在中华文明的创造过程中，确实发挥过重要作用。但大家是否已经意识到，中华文明中除孔孟学说外，其他方面也非常优秀——譬如说中国的烹饪技术、建筑技术，中国的戏剧、舞蹈、杂技表演艺术，传统工艺技术、传统农耕技术等等。这些技术与技艺在许多朝代都位居翘楚，而这些显然不是来自孔孟的真传。可见，除孔孟之外，还有那么一批人，在中华文明的创造与传承过程中，发挥过重要作用。而这些人正是民间口碑中广为传颂的文化英雄——他们是：纺织能手黄道婆，造纸术发明人蔡伦，活字印刷术发明人毕昇，建筑大师鲁班，歌唱家秦青，抚琴高手伯牙，舞剑能手公孙大娘，以及以各种方式创造并传承着中华优秀文明的各路英雄。用传统术语来说，他们是"文化精英"。用今天的学术术语来说，他们就是我们所说的"非物质文化遗产传承人"。今天我们所要保护的，就是这样一批为中华文明做出过杰出贡献的文化英雄。所不同的是，今天我们所要保护的不是那些已经作古了的"文化精英"，而是那些尚活在人间的"黄道婆"、"蔡伦"，"鲁班"和"毕昇"——他们就是生活在我们身边的各级各类的非物质文化遗产传承人。

六五 传承人在一国文明的
传承过程中究竟发挥着怎样的作用？

非物质文化遗产传承人是一国文明的创造者、记录者与传承者，他们在一国文明的创造与传承过程中，主要扮演了以下几种角色：

（1）传承人是一国历史知识的重要记录者。

在人类历史上，历史知识的传递主要是通过文字与口述这样两种完全不同的方式完成的。在有文字民族中，文字记录是他们传递历史知识的最主要方式，而且，这种传递主要是通过官方来完成的。由于这种记录具有超稳定性，故文字记录一直被视为文字民族记录历史的最主要的方式。正是因为这个缘故，这些民族的口述史反倒渐渐退居历史舞台。即或偶有出现，也很难为主流社会所接受。当这种社会舆论反作用于讲述者后，也很容易迫使他们放弃对历史知识的忠实传承，并在他们的讲述中加入越来越多的附会成分。相反，在无文字民族中，由于没有文字，口述史便成为这些民族记录本民族历史的唯一方式。这种方式尽管具有一定的普遍性，但真正能将本民族历史完完整整传递下来的只有巫师、酋长一类的"文化人"——即我们所说的"非物质文化遗产传承人"。这种历史知识的传递尽管不乏附会与艺术加工，但由于他们一直是当做正史来讲述，所以，其主体内容不容置疑，可以作为我们研究这些无文字民族历史的重要参考。在民间社会中，非物质文化遗产传承人崇高地位的建立，不能不说与他们在传递一个民族或是一个氏族历史知识方面所发挥的巨大作用息息相关。

（2）传承人是一国传统工艺技术的重要传承者。

在人类历史上，非物质文化遗产传承人还常常扮演着一个民族科技成果创造者与传承者的重要角色。历史上，各种风车、水车等机械设备的制作技术，各种瓷器陶器的烧制技术，各种织物的织造技术，各种图案的印制技术，各种美酒的酿制技术，各种药材的炮制技术等等，通常都是通过各地能工巧匠，老郎中、老艺人、老匠人或是老把式们创造并传承下来的。作为传统科技的重要创造者与传承者，他们对于一个国家传统科学技术的发展，发挥了重要作用。没有他们的努力，历史上的中国就不可能创造出如此灿烂的物质文明与精神文明。我们保护非物质文化遗产的一个重要目的，就是要打破传统进化史观的束缚，将历史上产生并以活态形式传承至今的，具有较高科技含量的非物质文化遗产事项发掘出来，为当代科技进步提供更多可资参考与借鉴的资源。

（3）传承人是一国传统文学与艺术的重要传承者。

在传承民族文化遗产的过程中，非物质文化遗产传承人同时还扮演着一个民族文学艺术创作者、表演者与传播者的重要角色。我们的昆曲、京剧，我们的史诗、歌谣，我们的剪纸、皮影，我们的石雕、木雕，正是通过他们一张张巧嘴，一双双巧手传承下来的。

民间艺人对传统文学艺术的传承，主要体现在以下两个方面：一是对本民族表演艺术的传承，二是对本民族传统工艺技术的传承。两者虽然都根植民间，但表现方式完全不同。前者强调的是通过口头及肢体语言表达人类审美，后者强调的是通过色彩、线条以及造型传达人类审美，分属两个完全不同的行当。他们的艺术创造，丰富了本民族的口述文学、表演艺术以及传统手工技艺，提高了中国人的艺术鉴赏水平。这里也提醒我们，在评价中国文学艺术时，既不能忽略文化精英对中国文学艺术的卓越贡献，也不能忽略民间艺人对中国文学艺术的深入骨髓的影响。

（4）传承人是一国民族精神与道德文明的重要守望者。

非物质文化遗产传承人在传承一国物质文明的过程中，也在不知不觉中传承着一个国家的精神文明。他们讲述的一则则故事，吟唱的一部部史诗，裁剪的一幅幅剪纸，雕刻的一尊尊石像，在让人们产生极大的精神愉悦的同时，也将正直、善良、团结、互助、机智、勇敢、谦恭、忍让、助人为乐、舍己救人等美好品质，灌输给了每一位社会公民。而非物质文化遗产传承人也由此获得了民族精神与传统道德文明忠诚捍卫者这样一种特殊身份。作为一种重要的、已经所剩不多的人力资源，非物质文化遗产传承人理应受到国家的重点保护。

六六　什么样的人才是
　　我们心目中最为理想的传承人？

　　就像保护物种时我们特别强调品种的正宗与基因的纯正一样，保护非物质文化遗产时，我们同样强调各遗产项目品种的正宗与基因的纯正。这是由非物质文化遗产保护工程的基本目标——保护中华民族文化之DNA决定的。那非物质文化遗产品种是否正宗，基因是否纯正，又是由什么决定的呢？——当然是由非物质文化遗产传承人决定的。只要传承人正宗，非物质文化遗产必然正宗；只要传承人纯正，非物质文化遗产就不可能不纯正。因此，为确保申报项目的纯正与正宗，我们在项目传承人的选拔上，也必须严格把关，将那些最正宗、最纯正的传承人选拔上来，将那些不正宗、不纯正的"传承人"拒之门外。

　　那么，什么样的传承人所传项目会更正宗、更纯正些呢？

　　（1）与外来迁入者相比，我们更倾向于祖居者。这是因为与外来迁入者相比，那些未经太多外来文化浸染过的土著居民，具有更为丰厚的本土知识，他们所传承的非物质文化遗产项目，也会更正宗，更纯正，更加原汁原味。

　　（2）与有文化的、能识字断字的知识分子相比，我们更倾向于选择那些少有文化、不能识文断字，但掌握有某种独特技艺的当地人。这是因为识字者可以通过读书、看报获取更多的外来知识——其多元的知识获取渠道无法保证所传项目基因的纯正；相反，那些不识字者由于只能通过口耳相传获取本土知识，所以，与前者相比，他的知识与经验无论如何都会更正宗、更纯正。而这对于以保护当地传统基因为己任的非物质文化遗产保护工程来说是十分重要的。当然，这也存在特例，如中国的京剧、昆曲已经进行了几十年的学院式教育，这种通过主流教育来培养后继人才的"新"传统，不可能不影响到当下传承人的选拔。但即或如此，在传承人的选拔上，我们仍倾向于从师傅带徒弟这种传统人才培养模式中选拔后继传承人。

（3）与大企业型传承人相比，我们更倾向于普通手艺人甚至是街边摊贩。在非物质文化遗产评选过程中，许多大企业经常榜上有名，这是因为在许多人眼中，大企业更容易给当地带来丰厚的商业利益。其实，非物质文化遗产评选所强调的并不是传承单位的经济贡献度，而是遗产项目中的传统手工技艺是否获得了真传。大机械化生产已经与"传统手工技艺"无关，如果我们将"传承人"这份荣誉颁发给这些大企业，也许从被评选上的那天起，就已经决定了作为非物质文化遗产传统手工技艺的"终结"。因此，与大企业型传承人相比，选拔那些真真正正的民间老手艺人，让他们将那些古老的传统手工技艺以活态的形式原汁原味传承下来，似乎更符合以传承传统手工技艺为宗旨的非物质文化遗产保护工程的要求。

（4）与勇于创新的年轻人相比，我们更倾向于选择那些思想更为保守，也更为传统的老年人。这是因为老年人思想相对保守，所传技艺更加传统，行业知识更加丰厚，他们所传承的非物质文化遗产项目也就会更加原汁原味。相反，由于年轻人思想活跃，接受能力强，又很容易受到外来文化的影响，所以，即或他们的技术与技艺已经炉火纯青，但由于他们接触了太多的外来文化，很难确保其所传知识与技艺的原汁原味。从近十年的调查中我们发现，年龄在 50 岁以下者，其所传传统技艺的纯正度都存在明显问题，而且，多数人的技术和技艺几乎都具有明显的"转基因"特征。如他们所唱民歌已经夹杂有很多美声唱法的影子，他们所剪剪纸已经融进了太多的西方绘画（如一点透视）的影子。这种承载有太多"转基因"成分的"非物质文化遗产传承人"，一旦进入传承人队伍，我们的非物质文化遗产就很难再原汁原味。

（5）与企业管理者、行政部门管理者相比，我们更倾向于工作在生产劳动第一线上的技术能手。尽管这些企业的管理者，或是地方行政官员也知道一些相关技艺与技术流程，但说到底，他们还是缺少这些技艺的更为精深的专业传统。将他们升格为各级各类非物质文化传承人，不但伤害了真正能传承这门手艺的传承人的感情，造成新的社会不公，同时也从制度上扼杀了一族文明的传承。

总之，与外来迁入者、识字者、年轻人、企业家以及各行政部门管理者相比，那些祖居者、不识字者、具有一定生活阅历与专业经验的老者以及工作在生产劳动第一线上的技术能手，由于接受传统手工技艺方式相对单一，又较少接受外来文化影响，同时又有长期工作在生产劳动第一线上的丰富经验，因此，仅从技术层面而言，他们所传非物质文化遗产在原真性方面无疑具有更多的优势。

六七　非物质文化遗产传承人大致可分为几种类型？

由于不同的非物质文化遗产项目在传承过程中所需人手会有很大不同，所以从传承项目所需人数出发，我们可以将非物质文化遗产传承人分为以下三大类型：

（1）个体传承型传承人。

在非物质文化遗产传承过程中，有些遗产项目是以个体传承的形式出现的。如国家级非物质文化遗产项目聚元号宫廷弓箭制作技艺，就是由杨福喜从父亲手中继承下来并传承至今的。这类技艺经常是以血缘传承的方式一脉单传，故而，该类遗产的核心技术主要掌握在该传承人一人手中。

（2）团体传承型传承人。

与个体传承人相比，我国绝大多数非遗项目，都是以团体传承的形式出现的——如皮影、木偶戏、侗族大歌、苗族舞蹈，这些参与人数众多的遗产项目通常就是凭借着某一团体的力量共同传承，所以，我们将这类传承人统称为"团体传承型传承人"。

（3）群体传承型传承人。

与规模较小的团体传承不同，有些遗产项目——如传统节日或传统仪式，通常都是由更多的人，甚至是更多的团体来共同传承。例如，历史上的北京妙峰山庙会，就是由七十二档花会，也就是至少七十二个敬香团体共同传承的（每个花会又由数十人组成）。这类遗产项目的传承者虽然也被泛称为"人"，每个项目也确有"代表性传承人"领衔，但其传承主体已不再是某个个人甚至不是某个团体，而是更多的个人和更多的团体。为确保这类项目所有参与者的共同权利，一些国家根本不将这类遗产项目划拨在某个人的名下，也没有指定特别的"代表性传承人"。人们更多是以"项目联系人"的称谓称之，以此来确保这类遗产项目的群体属性。

六八　有些非物质文化遗产真的没有传承人吗？

　　社会上有一种说法，说有些非物质文化遗产有传承人，有些非物质文化遗产没有传承人。事实真的如此吗？这显然是一种误解。

　　非物质文化遗产是指人类在历史上创造并以活态形式传承至今的传统文化事项。没有人的参与，怎么会有非物质文化遗产传承至今呢？

　　那么，为什么在某些朋友眼中有些非物质文化遗产没有传承人？

　　非物质文化遗产中，个体传承项目与团体传承项目的传承人是比较容易辨识的，人们很容易指出这些项目的传承人是谁。但由动辄几万人几十万人传承的群体传承型项目——大型仪式、庙会活动以及大型传统节庆活动，由于参与者众多，有时粗看起来还真的很难分辨出哪些是传承人，哪些不是传承人。据此，有些朋友便认为传统仪式、传统庙会、传统节日类遗产是没有传承人的。

　　其实，作为群体传承型项目，这类仪式活动从场面上看似乎混乱无序、杂乱无章，实则分工明确、协调有序，其内部有一套完善的运行机制。

　　那么，人数众多、庞大的传统庙会活动、传统节庆活动到底由谁组织，由谁运作，由谁管理，又由谁来担纲呢？通常，这类大型庙会活动都是由总会首负责组织、运作、管理和担纲的。由于这类活动规模宏大，时间集中，为解决人手不足的问题，总会首下还要分设几位分会的会首，分别负责庙会活动中演出、治安、交通、后勤保障等方面的工作。这些由总会首、分会首、各花会领队以及各路演员组成的进香队伍，都可称之为该庙会活动的非物质文化遗产传承人。所以，节庆庙会类遗产不是没有传承人，而是因为有了太多的传承人，以至于人们无法准确地说出谁是传承人了。也许正是因为这个缘故，便产生了传统节日庙会类遗产没有传承人的说法。

由于管理困难，在申报这类遗产时，当地政府都会在这一传承群体中，选出一名代表负责与政府接洽。为避免误会，这位代表通常并不叫"代表性传承人"，而叫"联络人"。"联络人"这个名字似乎也是在暗示人们，该项目不属该人所有，而是属于该项目的所有参与者所有。他的责任只是负责与政府的联络，并没有任何的特权。

六九　为什么一定要从社会分工角度
　　　看传承人的责任与义务？

　　有人认为世界上任何事物都是发展变化的，所以，传承人在传承过程中对作品进行改编、再创作再正常不过，过分强调非物质文化遗产的原真性，本身就是一种违反客观规律的做法。在这种思潮的影响下，许多地方都不惜血本对当地遗产进行大肆改编。那么，非物质文化遗产到底能不能改编？改编的后果又是什么？历史需要我们做出明确回答。

　　笔者以为：对于整个人类社会来说，我们既要求它秉持传统，又要求它不断创新，这无论在观念还是在实践中都不存在问题，因为我们有足够的人力物力财力完成好这双重使命。但是，如果我们将这双重使命落到一个人——非物质文化遗产传承人的肩上，让他既要原汁原味传承，同时不断创新，真的就如同既要求他向东走，同时又要他向西走一样，无论什么人都是无法做到的。我想，要想处理好"保护"与"创新"这对矛盾，唯一的办法就是通过社会分工观念的建立，为传承人做出明确的社会定位、功能定位——他的责任就是把祖先创造出的优秀的民族文化遗产原汁原味地继承下来并传承下去。

　　一个社会要想实现更好更快的发展，总会将人分为两类：一类专门负责保护传统——如考古工作者、博物馆工作者以及非物质文化遗产保护工作者、传承人，他们的任务不是创新，而是"守旧"。政府聘请他们并给他们发工资的目的，就是让他们通过自己的努力，让他们手中的文化遗产——无论是物质文化遗产还是非物质文化遗产，保持尽量不变。

当然要想做到这一点事实上是很难的，但这无论如何都应该成为他们为之奋斗的终极目标。而另一部分人（这部分人很多，有时甚至可以占到社会总人口的95％以上）则专门负责"创新"，为社会的发展创造出更新更好的产品。一旦有了这样的社会分工，人们就会各司其职，你管你的"传承"，我管我的"创新"。"传承"与"创新"这对看似对立的"矛盾体"由于分而治之，不但不再矛盾，不再让人勉为其难，还会成为相辅相成，相互促进的统一体——我们保护传统，目的就是为新文化、新艺术、新科学、新技术的创新，提供更多更好的参考；而源源不断的创新，反过来又会提升传承对象的价值，使古老的传统"枯木逢春"，并在社会发展过程中发挥出越来越大、越来越多的作用。

可能有朋友会追问：作为一个活生生的人，传承人是不是只能传承而不能有丝毫的创新呢？当然不是。其实，我们预留给传承人发挥主观能动性的空间还是很大的。首先，我们要求的原汁原味，只是要求他们在表现内容、表现形式、使用原料上保持不变，至于其他小的变化并不在我们禁止之列。其次，作为一个传承人，他在传承之余搞一些新的发明创造，或是进行一些新的尝试，也是允许的。我们既无权干涉，也没必要反对。但有两点需要特别提醒：（1）作为传承人一定要清楚自己的本职工作是传承而不是创新。不要喧宾夺主，不要忘记作为非物质文化遗产传承人的责任与义务。（2）一定要将"传承"与"创新"区分开来，并如实告之哪些是使用传统原料、传统工艺制作出来的传统作品，哪些是使用新材料、新技术创作出来的创新产品。将真实的情况告诉人们，同样是传承人的责任。

七〇　判断非物质文化遗产
　　　"原汁原味"的标准是什么？

　　非物质文化遗产原真性——我们所说的"原汁原味"主要体现在内容、形式以及材料等三个方面。要想判断一个非物质文化遗产项目是否还在原汁原味传承，也必须从这三个方面入手，对该遗产的原真程度做出整体判断。下面，我们就以唐卡为例，谈谈非物质文化遗产原真性的界定问题。

　　要想了解一个唐卡艺人是否保持固有本色，首先要看他所画唐卡是否表现了传统内容。如果表现内容主要集中在佛祖菩萨、佛本生故事、密宗本尊各神、观音度母、护法神与明王、上师高僧与大成就者、藏族历史及历史人物、坛城佛塔，还有其他诸如宇宙日月天体运行图、香巴拉图、须弥山图、生死轮回图等，都可视为正宗的唐卡。如果表现对象已经变成了当代豪杰或是三山五岳，则说明该传承项目在内容上已经出现问题，不再是原汁原味的唐卡了。

　　其次，要想了解一个唐卡艺人是否保持固有本色，还要看他所画唐卡是否仍采用原有的艺术表现形式。譬如所绘唐卡是否符合佛经规定的原有尺寸，原有比例？是否运用了原有的表现方式？如果原有比例、原有表现形式已经改变，或是唐卡中出现了一点透视等西方绘画元素，则说明该遗产项目在形式上也已经出现问题，而不再是原汁原味的东西了。

　　其三，要想了解一个唐卡艺人是否保持固有本色，还要看他所绘唐卡是否使用了固有材料。传统唐卡所用颜料基本上以矿物质为主，如金粉、银粉、朱砂、雄黄、石青、石绿等，这些原材料基本上都是由矿物质原料制成的。这些颜料色彩柔和，持久耐用，即使上千年也不会褪色。如果使用材料出现变化，不再使用原有的矿物质颜料而改用广告色，则说明该传承人所画唐卡已经不再是正宗的唐卡，亦无原汁原味可言。

在这里，我们为非物质文化遗产的原真性——我们所说的"原汁原味"，画出了这样三条"底线"——"表现内容"、"表现形式"、"使用原料"。无论传承人怎么变，只要他没有逾越这三条"底线"，都算是"原汁原味"。相反，如果他放弃传统，所画唐卡在表现内容上已经不再是佛祖而是俗人，在表现形式上已经不再是沿袭原有的比例而是任意夸张，在使用原料上不再是原有的矿物质颜料而是广告色、油画色，我们则可以肯定地说，这些作品已经不再是真正的唐卡艺术，离我们强调的原真性保护已经出现较大距离。

其实，内容、形式、原料不仅是我们判断唐卡正宗与否的重要尺度，同时也是我们判断所有非物质文化遗产项目原真性的重要尺度。譬如我们判断客家山歌、苗族舞蹈是否真实，同样要看它们所表现的内容是否传统，所采用的表现形式是否传统，所使用的原料——音乐元素（五音）、舞蹈元素是否传统。如果这三方面都是传统的，那么，该项目的原真性就会确凿无疑。如果其中某些元素已经发生改变，则意味着该项目已经背离传统，需要进行必要的文化修复了。

七一　客家山歌的改编使我们失去了什么?

在客家地区采访时，笔者遇到一位德高望重的老歌手。我问他："您唱的客家山歌有创新吗"？他很肯定地回答："我是传承人，国家这么重视我，我怎么能一点儿创新都没有呢？""您都在什么地方创新了呢？"他告诉我：原来的客家山歌，只有'1'、'2'、'3'、'5'、'6'这五个音符，而没有西洋简谱中的'4'和'7'。这样就太单调了，"在传承过程中，我把'4'和'7'加了上去，这样音色不就丰富多了吗。"此时，我无语了。

人家知道，客家人主要是在唐宋以后从中原地区南迁到福建、江西和广东一带的居民。在文化上它所承载的主要是中原中古时期的文化传统。如在音乐上它所承载的就是典型的以"宫商角徵羽"这五音为代表的中原中古音乐传统，正因如此，我们才有机会通过客家山歌来了解中原业已消失了的中古时期的音乐传统。这就是客家山歌的独到价值。但是，如果我们在传承过程中，无意甚至是有意识地篡改了这一传统，将"宫商角徵羽"改成了"1"、"2"、"3"、"4"、"5"、"6"、"7"，这样的客家山歌还有历史认识价值吗？调查中我们经常看到，由于理念的错误，市场的诱惑，许多传承人都在改。这种改动尽管规模有限（他们说基本控制在5%左右），也远不如政府对它的改造来得彻底，但对于非物质文化遗产原真性来说，同样会造成致命伤害。

七二　为什么说"汲取精华，剔除糟粕"不适用于非物质文化遗产的活态传承？

"汲取精华，剔除糟粕"是我国文化战线一贯秉持的基本原则，即或在遴选非物质文化遗产项目时，我们也一直秉持着这一原则，并以此为准绳，查看各入选项目是否真能代表本民族的传统文化精华，是否真的有资格入选《非物质文化遗产名录》。如果不足以代表本民族优秀传统，是无论如何都无法入选《非物质文化遗产名录》的。

但这一原则并不适用于已经列入《非物质文化遗产名录》的非物质文化遗产项目。这又是为什么呢？

通常，凡涉及需要"汲取精华，剔除糟粕"一类原则的遗产项目，多半与信仰有关。如果按该原则行事，势必会因过多的"汲取"与"剔除"而破坏遗产项目的原有风貌，甚至会影响到该遗产项目的原有生态，"保护"就会变成"破坏"。这样做的一个最直接的后果，便是违反了非物质文化遗产保护原则中的最后一道底线——最少干预原则。

众所周知，许多非物质文化遗产都是从历史上发展过来的，在它们身上难免会留有许多往昔的残痕。这些残痕在我们眼中有些是"好的"，有些则是"不好的"。但作为一个活态的、有着千丝万缕联系的"活体"项目，我们很难将其肢解开来，并实施碎片化保护。就像我们大家都知道的《苗族古歌》，其本身具有很高的历史认识价值、文学价值、艺术价值和社会价值，这些都是"好的"。正是如此，我们才将其列入《国家级非物质文化遗产名录》。但《苗族古歌》并不是随时随地都可以演唱的，演唱活动通常只在传统祭祀仪式上作为仪式的一部分进行。这些仪式活动不是烧香磕头，就是迎神送鬼，而这在某些人眼中似乎又是"不好的"。如果我们一定要"汲取精华，剔除糟粕"，对《苗族古歌》进行大刀阔斧的改造，或是将它从古老的祭祀仪式上肢解下来，变成单纯的文学读本，我们就已经割断了《苗族古歌》与苗族民众日常生活的联系。而这枝被拔离故土的鲜花，即或去全心培护，又能盛开多久呢?!

实践告诉我们，凡事有利必有弊，只要利大于弊，我们就保护；只要弊大于利，我们就放弃。而一旦进入《非物质文化遗产名录》，我们就不可能又想保护又想大规模改造了。作为非物质文化遗产项目，我们的态度只能是宽容，宽容，再宽容。要像对待母亲一样，来对待我们的母亲文化。

七三　只要身怀绝技，
　　　传承人就可以不带弟子吗？

　　传承人的责任有很多，但其中最重要的一条，就是通过带徒授艺，将自己所知道的技术与技能原汁原味地传授给后人。所以，无论是日本，还是韩国，凡不愿意带徒授艺，不愿意将自己的技艺或技能传授给后人者，即或才高八斗，也不能申报非物质文化遗产传承人。目前，从我们的调查情况看，尽管我国的非物质文化遗产传承人都在带徒授艺，但情况令人担忧。其中，最主要的问题是一些传承人并不愿意将自己的全部技艺，特别是其中的核心技艺传授给外姓弟子。其实，从传承人的角度看，这个问题并不难理解：一门祖祖辈辈辛辛苦苦研究出来的独门绝技，一门全家人今后要依此维生的独门绝技，怎么能随随便便就传给外人呢？很显然，在这个问题上，传承人的"小我"与国家的"大我"是存在不同的利益诉求的。那么，怎样才能在确保传承人合法利益的前提下，让代表着国家利益的非物质文化遗产能够实现有序传承？回顾历史，我们就会看到，为确保家族利益不受损失，老艺人们通常多是将自己的这门手艺传授给自己后人。其实，作为传统，我们并不反对这种做法。作为一种传承模式，它能历经千年而不衰，肯定有它存活的道理——这种做法可以确保家族利益不至外流，同时也可确保师徒关系更加稳定，一举多得，何乐不为？但前提是来自家族的后学者必须具备足够的天资与能力，并能按时完成每年的传习任务。如果无法完成规定学业，传承人也应受到应有的问责。由于种种原因，有些技艺传承人的后代并不想亲自继承，这继承的任务只能让外姓的后学来完成。那么，怎样才能使传承人掌握的绝活儿原汁原味地传授给这些外姓的后继人才呢？按着历史的启示，传承人与徒弟之间仍需打"温情牌"，即通过拜师仪式，明确确定他们的师徒关系，并在传授技艺的过程中，建立起形同父子般的亲情联系，使师傅愿意并放心地将自己手中的技艺原汁原味传授给他们。当然，作为遗产项目的督察部门，也可以通过制度建设，确保传承项目的有序传承。如我们可以通过政府和传承人签订三年或五年传承合同的方式，将每一年，甚至每半年的传承计划都明确地固定下来，然后通过定期验收来强化传承人的传承力度。凡达不到合同规定指标者，即可解除与传承人的合同关系，并取消其传承人的名号。

七四　如果某遗产确有开发价值，
　　　传承人是否可以放弃传承，专心开发？

　　这种做法值得商榷。我们认为，非物质文化遗产传承人的本职工作就是将自己手中所掌握的技艺原汁原味地继承下来并传承下去，而不是进行大规模的产业化开发，这是由传承人的工作性质决定的。事实上，作为一名传统文化的传承者，传承人也不可能对大规模产业化开发有多少研究，参与过多反倒会弄巧成拙，影响传承。因为开发毕竟不是传承人的强项。

　　如果传承人手中的项目确有开发价值，传承人应该怎么办呢？一个既能保护传承人自身合法权益，又能让传承人所传技艺发挥出最大社会效益的做法是：鼓励传承人通过技术入股或技术转让等方式，参与到非物质文化遗产产业化开发中来。至于这些"祖传秘方"如何开发，如何产业化，则是开发商的工作。在这个问题上他们有更多的发言权，传承人没有必要操更多的心。

七五　经过专业培训的民歌手，是否更有资格成为非物质文化遗产传承人？

　　从理论上说，凡是经过"专业培训"过的民歌手，是没有资格申报非物质文化遗产传承人的。

　　为什么这样说呢？首先，非物质文化遗产和物质文化遗产一样，都是"文物"。文物怕"做"，一"做"就不再是原汁原味的古董，也就没有了历史认识价值。古董如此，非物质文化遗产亦然。任何一种非物质文化遗产，最忌讳的就是被人为改造，特别是经过"专业培训"这样的系统改造。而前面我们说的那些活跃在当代歌坛上的著名民歌手，由于已经经过了所谓的"专业培训"，在其原有的表演艺术中已经掺杂有很多外来音乐的成分（如美声唱法等）。所以，在非物质文化遗产传承人的遴选过程中，这些"民间歌手"即或唱得再好，也不能当选非物质文化遗产传承人。

七六　巫师有没有资格
　　担任节日仪式类遗产传承人？

　　正如上面我们所说的那样，传统节日仪式类遗产不但有传承人，而且还有像"总会首"、"大巫师"这样的"代表性传承人"。那么，这些传统庙会核心仪式的主持人能不能申报非物质文化遗产传承人呢？对此，并非没有人担忧。

　　有人从"政治"立场出发，认为这类传统仪式通常都是由巫师、萨满、毕摩一类宗教领袖担当的。让他们担任该项目的非物质文化遗产传承人，会不会将非物质文化遗产保护工作引向"歧途"？会不会引发封建迷信活动的抬头？我们的回答是：作为由各级政府选定的、代表一地优秀文化传统的传统节日，包括其中的核心仪式，都是从远古流传到今天的、"久经考验"的遗产项目。历史已经证明，在千百年的发展过程中，这些传统节日，并未给当地社会带来过多少负面影响。相反，它们在弘扬民族正气、和谐人际关系、保护自然环境等方面，却发挥过非常重要的作用。我们应该对这类遗产及其传承者予以充分的肯定。如果某些仪式真的具有某种浓厚的封建迷信色彩，我们肯定会在审批之初就将其拒之门外，而不会在这个时候为遗产的性质担忧。

　　当然，也有人从"技术"层面提出自己的隐忧。认为一般的非物质文化遗产传承人都是具有某种技艺或技能的艺人、匠人，而节日仪式类遗产的主持人似乎恰恰缺少这方面的"才能"，所以选他们做传统节日仪式类遗产传承人，撇开意识形态不谈，在技术层面上似乎已经出现问题。

在实际调查中，我们也确实也遇到过类似情况。在相对落后的传统农业社会中，因仪式的需要，仪式的主持人或多或少还都能歌善舞，但到了相对发达的地区，仪式主持人除会主持仪式、调动队伍外，几乎毫无"才艺"可言。但即或如此，我们也仍认为这些并无特殊"才艺"的仪式主持人有理由成为这类遗产传承人。理由很简单：我们不能将"才能"简单地理解为某种表演艺术。"才能"是个相当广泛的概念，除上面所述之狭义"才能"外，出色的组织、调度能力，协调、管理能力，也应视为"才能"的一种。传统节日仪式类遗产更像是一出大戏，尽管台前幕后演职人员众多，但要想演好这出戏，其关键处不在演员，而在导演，而传统节日仪式类遗产的主持人所扮演的正是导演这样一个角色。

七七　传统节日仪式类遗产
　　　传承人在组织构成上有哪些特点？

　　传统节日仪式类遗产内容丰富，形式庞杂，传承人的队伍也相当庞大。除核心仪式参与者可以称为"非物质文化遗产传承人"外，各种进香组织的组织者、参与者，也可称为"非物质文化遗产传承人"。弄清这类项目的组织运作模式，对于我们弄清这类遗产的传承规律，可以起到事半功倍的作用。用基层工作人员的话来说，就是"再遇到什么事儿，我们就知道找谁了"。

　　那么，这类传统节日仪式类遗产到底是怎样运作的？又是由谁来运作的呢？通常，传统节日仪式类遗产传承人大致由三类人组成：一是该庙会活动的管理层，二是该庙会进香组织中的"文会"组织，三是该庙会进香组织中的"武会"组织。下面，我们就以每年一度的妙峰山庙会为例，看看妙峰山庙会的各级各类庙会组织是如何运作的。

　　妙峰山庙会组织中的"文会"专指为朝山进香者、庙宇及各路香会提供各种服务的慈善组织。如专门负责施茶舍粥的"粥茶老会"，专门负责缝补的"缝绽老会"，专门负责燃灯守驾的"燃灯老会"、专门负责遇水架桥的"桥板老会"、"栏杆老会"、"绳络老会"，以及专门负责维护秩序的"旗尺老会"等等。他们在庙会期间的所有活动，都由"文场把"统一负责。

　　专门负责朝顶进香献艺的"武会"（又称"走会"）组织，是庙会期间的亮点，所有表演艺术几乎都出自这类团体。其中比较著名的有专门为神佛开道的"开路会",为香客开道的"五虎棍"等等。此外,著名的"中幡会"、"狮子会"、"双石头会"、"杠子会"、"石锁会"、"天平会"、"旱船会"、"小车会"等都属于"武会"范畴。他们庙会期间的所有活动,都由"武场把"负责。

当然,除"文会"、"武会"之外,北京妙峰山庙会还有一个更为核心的组织。该组织由老督管(总会首)及钱粮把(负责吃住的会首)、武场把(负责武会表演的会首)、文场把(负责文会活动的会首)以及请驾督管(负责起驾、朝山、敬神、回香等各种规定礼节的督管)等香会核心组织成员组成。各路香会何时进出,如何工作,均由各会会首与上述核心组成员协商解决。所以,尽管从表面看庙会期间进香人马熙熙攘攘,杂乱无章,但实际上各档香会谁前谁后,各司何职,早有规定。在这个体制中,想找出总会最重要的传承人,或是找出各香会的传承人,并不存在太大的问题。说这类遗产没有传承人与事实无据。

普查篇

深入调查，摸清家底，去粗取精，去伪存真，是非物质文化遗产大普查的基本目标与诉求。但要想实现这一目标会遭遇很多问题，而普查人员的专业化水平以及与日俱增的利益诉求，都很容易将优秀遗产排挤出遗产名录。因此，专业素质的养成和求实作风的培养，应伴随普查工作的始终。

七八　为什么说深入调查，摸清家底，是非物质文化遗产科学保护的重要一步？

当下，非物质文化遗产保护工作面临许多问题，而产生这些问题的一个重要原因，就是缺少调查，缺少研究，缺少对非物质文化遗产保护规律与传承规律的把握。

那么，深入调查，摸清家底，到底会对非物质文化遗产保护工作起到一个什么样的推动作用呢？

（1）只有深入调查，我们才能知道申报什么，保护什么。

一些地方同志常常抱怨当地无非物质文化遗产可报，但当我们老老实实走上一遭之后，他们惊喜地发现当地不但遗产丰厚，品相完好，而且层级也非常高。如在我们近年的调查中，不但发现了已经沿袭两千年之久的"周礼古宴"，发现了已经为数不多的传统古乐中的"七调还原"，发现了十三道清代宫廷特色菜的制作技艺，以及别具一格的山东割绣、海南岛绗染等等。找不到遗产的原因固然很多，如有些同志压根就不清楚什么是非物质文化遗产，遗产即使摆在眼前他也会熟视无睹。但更多的情况还是由于我们没有做好深入细致的调查工作，使我们无缘发现遗产。

（2）只有深入调查，我们才能知道什么是真遗产，什么是伪遗产。

非物质文化遗产是一个民族、一个地方的传统文化精华。面对种种殊荣与利益诱惑，不可能无人浑水摸鱼。那么，怎样才能有效地阻止伪遗产的流入呢？对付伪遗产流入的最简单的方式，就是深入民间，深入基层，让老百姓告诉你什么是真的，什么是假的，通过走访，将真遗产打捞上来，将伪遗产剔除出去。

（3）只有深入调查，我们才能知道怎样保护非物质文化遗产。

保护非物质文化遗产是一件说起来容易做起来难的工作，难就难在政府部门对于民间传统的陌生。那么，怎样才能保护好作为民间传统的非物质文化遗产呢？要想保护好这些遗产，首先就应该弄清非物质文化遗产传承规律，然后利用这些规律去保护非物质文化遗产。而要想弄清非物质文化遗产传承规律，最重要的还是要深入调查。通过调查，摸清各种非物质文化遗产的传承规律。那种不调查、不研究，一心想用自己创造出来的所谓"规律"来保护非物质文化遗产的想法与做法，到头来只能给非物质文化遗产传承带来更多的伤害。

七九　田野调查需要注意哪些问题？

田野调查既需要专门的知识与技巧，也需要科学而严谨的工作态度。那么，作为一名田野调查的初学者，我们在非物质文化遗产调查中，究竟应该注意哪些问题呢？

（1）学会尊重地方文化、地方知识和地方传统。

非物质文化遗产是一个民族传统文化的精华，而传承人又是这一文化的创造者与传承者，我们没有理由不尊重这些恢弘的文化创造，更没有理由不尊重这些传统的创造者与传承者。这绝不是虚情假意的客套，而是实实在在的发自内心的心声。

（2）不要随意改造他人文化。

一种文化能历经千百年岁月洗礼并传承至今，肯定有它存在的道理。不要站在强者的立场上，想当然地随意改造他人文化，更不要将自己的价值观强加在他人头上。几十年的实践经验已经证明，有时在我们看来非常好的所谓先进文化、时尚文化，几十年后再看，不过是一堆垃圾。而曾被我们当成封资修黑货，当成封建迷信的东西，往往正是这个民族最伟大的传统。遗产申报当然需要价值判断，但在得出自己的结论之前，还是要通过深入调查，让事实说话。

（3）确保调查结果的真实性。

为确保调查结果的真实性，田野作业不能以诱导采访对象为前提，更不能对调查结果进行人为改动。以诱导或篡改为手段得到的"可贵资料"，会使我们对当地非物质文化遗产传承规律做出严重误判，且后患无穷。

（4）努力培养地方人才。

田野作业是个深入调查的过程，同时也是个培养地方人才的过程。如果可能，所有项目都应有地方同志参与进行，并力争通过手把手的田野作业，培养出一批地方人才。做得好，他会成为一粒种子，在这里生根开花，我们的事业也会因此而后继有人。

（5）学会调查成果的多方共享。

作为一种学术传统，调查者在每次调查结束后，都应该将自己的调查成果（已经出版的文本资料或是拍摄下来的影视资料）分别呈送给地方政府与调查对象。这样做不但可以使搜集上来的资料有更多的备份，同时，你的赠送也满足了地方政府与传承人对于自身资料的强烈需求。俗话说"赠人玫瑰，手留余香"。你帮助了别人，别人也会帮助你介绍更多的朋友，使你的调查变得更加顺畅。

八〇　如何才能将复杂的
非物质文化遗产普查简单化？

非物质文化遗产普查是一项非常复杂、艰巨的工作。如何将这一工作简单化，乃是摆在我们面前的一个非常重要的课题。下面，我们就以村落级遗产普查为例，谈一谈如何才能使复杂的非物质文化遗产普查简单化。在长期的田野实践中，我们发现非物质文化遗产调查最简单、最有效的办法，就是通过"合并同类项"的方式，将同类遗产集中到一起，然后从众多同类事项中将其中最优秀者钩沉出来。只要能做到这一点，非物质文化遗产普查的基本目标也就达成了。在这里，我们将其分为七个大类，并对其实施有针对性的钩沉与发掘：

（1）从本村所有的传统民间文学体裁或题材中，找出数种最重要的民间文学体裁（如传说、故事、歌谣等等）或民间文学题材（如当地人文景观传说、自然风物传说、风土民情传说等等）。

（2）从本村所有的传统表演艺术中，找出最重要的表演艺术样式（如戏曲类的皮影戏、木偶戏、地方小戏，曲艺类的说书，舞蹈类的地秧歌、烟盒舞等等）。

（3）从本村所有的传统工艺技术中，找出最重要的传统工艺样式（如剪纸、年画、木雕、石雕、草编等传统制作技艺）。

（4）从本村所有的传统生产知识中，找出最重要的传统生产知识类型（主要指当地独具特色、非常具有技术含量，并符合可持续发展原则的农林牧副渔各业生产知识。如垛田种植技术、稻田养鱼技术、坎儿井浇灌技术等等）。

（5）从本村所有的传统生活知识中，找出数种最具技术含量的传统生活知识（如当地独具特色的服饰制作技术、食品加工技术、传统建筑技术），以及传统医药学知识（如民间巫医的正骨术、癔症治疗术）等等。

（6）从本村所有的传统节日中，找出最重要的数种传统节日（传统保持较好的民俗节日，特别是当地独具特色的地方性传统节日）。

（7）从本村所有传统仪式中，找出当地最有名的数种传统仪式（如当地的祭山仪式、关老爷庙会以及花甲宴等比较典型的人生仪礼等等）。

如果考虑到今后规模更小的文化生态保护区建设，在村落非物质文化遗产资源普查中，还可以在各村落比较的基础上，找出一定数量的优秀村落（主要指那些非物质文化遗产蕴藏相对集中，历史建筑、历史街区保持相对完整，周边自然环境相对优秀的传统村落）作为备选。

也许有人会认为这样做未免过于简单，其实，这貌似简单的东西真正做起来并不容易，关键要落到实处。比如我们提到的有关传统生活知识的普查，就包括衣食住行各个方面。而其中的饮食文化，又会涉及当地著名主食、副食、小吃以及各种泡菜的腌制技术，各种食品的储存技术（熏肉技术、腊肉技术、腌肉技术）等等。将这些传统生活知识都打捞上来，并不是一件很简单的事，没有深入细致的调查，是万万做不到的。

八一 哪些地方非物质文化遗产蕴藏量会更多些？

非物质文化遗产的分布与蕴藏是有规律可循的。与那些经济相对发达、受外来文化和流行文化冲击较大、影响较深的大都市相比，非物质文化遗产更容易积淀在那些地处偏远或是相对封闭的边缘地区。

按照西方人类学中文化波理论的说法，一种文化在中心区产生之后，便会向周边地区传播。当文化中心区的传统受到新兴文化的冲击而渐渐消失时，那些已经传播到周边地区的中心区文化，反而会因地处偏远，不再受到外来文化的冲击而得以保存或延续。从这个角度说，周边地区传统文化的总量，往往总会高出其原有的中心区域。这也是我们一直主张将申报重心偏向偏远地区的一个重要理由。

除偏远地区外，封闭地区也常常会成为非物质文化遗产的重要遗留地。一种传统能否完整保存下来，往往与遗产地的封闭程度有关。封闭程度越高，交通、通讯越不通畅，所受冲击越小，传统就越容易被保存下来；反之，封闭程度越低，交通、通讯越通畅，所受外来冲击越大，传统就越不容易被保存下来。因此，封闭地区的非物质文化遗产存世量往往会比我们想象中的多得多，故应该成为我们普查工作的重点。在以往的非物质文化遗产的保护实践中，我们也经常发现，许多非常有历史认识价值的非物质文化遗产项目——如钻木取火技术、鱼皮衣制作技术、绵染术等，都是在非常封闭的少数民族地区发掘出来的。我们也有理由相信，那些在我们看来或许已经消失了的非物质文化遗产事项，很可能正深藏于这样一些地区，并等待着我们的发掘。

八二　与偏远地区相比，大城市的
　　　非物质文化遗产有哪些特征？

我们说，非物质文化遗产主要集中分布在偏远地区或是相对封闭的少数民族地区。按此逻辑，是不是等于说在北京、上海这样的大城市中，就没有非物质文化遗产了呢？答案自然是否定的。因为历史上随着这些文化中心区传统文化的流出和外来文化的流入，势必会有更新的文化类型和文化事项生发出来，并与保存在这些文化中心区的原有传统一道，共同构建出新的"文化传统"。特别是当这些文化中心区发展成为大都市后，这种新"传统"又会在市场经济的感召下蓬蓬勃勃发展起来。如北京地区食品行业中的全聚德，中医药行业中的同仁堂，鞋帽行业中的内联升，绸缎行业中的瑞蚨祥等，都是从北京"新传统"慢慢发展成为"老传统"的。

在文化发展过程中，都市一直发挥着先导作用。一首民谣这样唱到："乡下妞要学上海样，学来学去学不像。等到学到七分像，上海已经变了样"。社会的发展不可能以固守传统为前提，要想发展，就必须创造新文化，解决新问题。而都市化的作用，就在于推动文化的不断创新，并在不断创新的过程中展现出自己的价值，体现出自己的作用。当然，我们所说的"创新"之"新"，在时间上必须具有百年以上的历史，当它成为不折不扣的"百年老号"后，也就有了申报非物质文化遗产代表作的资格。所以，大都市同样会为人类保留下各种各样的非物质文化遗产。所不同的是，这里的遗产更具娱乐性、更具商业性，也更具档次。但城市中的非物质文化遗产在时间上会比偏远地区的非物质文化遗产短暂得多。

八三　在非物质文化遗产普查中，
　　　　如何才能避免伪遗产的流入？

　　普查与认定需要做许多工作，但对于非物质文化遗产而言，辨伪显然是问题的关键。如果辨伪失误，就会造成伪遗产的流入，这不但会影响到整个非物质文化遗产保护工程的声誉，同时也会挫伤非物质文化遗产传承人的积极性，甚至影响到保护工作的进程。那么，在普查认定过程中，我们如何才能判断出一个文化事项究竟是来自当代的捏造，还是来自历史上的真传呢？

　　一个最简单的办法就是深入实地，辨别真伪。要想知道一个遗产项目是真是假，仅凭看资料、听汇报远远不够，还必须通过实地观察判断真伪。我们所说的"观察"，不是将艺人邀到城里演示，这种远离原有生态的作秀式表演很容易掩盖问题，使伪遗产蒙混过关。譬如我们邀请一个进香的音乐会到音乐厅演出，即或他们使用了扬琴，我们都不会感觉到有什么不妥。但如果我们深入庙会，就会发现进香的音乐会使用的应该是边走边打、边走边奏的打击乐器、吹奏乐器，笨拙的扬琴放入其中就会觉得非常别扭——就凭借使用扬琴这么一个小小的破绽，我们就能断定这个音乐会所传承的已经不再是原汁原味的传统。如不深入实地，这样的问题怎么可能被发现呢？

　　在深入民间的过程中，不但要了解艺人们的真实技艺，同时还要了解他们的真实想法、他们的德行以及他们所传技艺的具体功能、文化背景。在技术层面的考察中，除让他们完成比较拿手的"自选动作"外，抽查难度较大的行业性"规定动作"也是十分必要的。此外，我们还应对非物质文化遗产传承人的职业操守与做人品德进行更为广泛的民意测验。目前，在申报过程中，出于利益考量，撇开一流传承人而将二流乃至三流传承人申报上来的情况并不少见。所以，在传承人选拔过程中，跨越人际网络，进行横向比较，也是十分必要的。在水平参差，难分高下，且人际关系错综复杂的情况下，通过对歌、比赛、老艺人投票等方式，让当地民众公选出自己心目中的非物质文化遗产传承人，亦不失为一种既可回避矛盾，避免暗箱操作，又可找出真正传承人的好办法。

八四　为什么说态度、功能、环境
是考察遗产真伪的三块试金石？

在验证非物质文化遗产真伪的过程中，考察对方的态度、传承项目的功能以及传承项目的周边环境，对于验证遗产项目的真伪，将有重要帮助。

（1）透过身份辨真伪。

非物质文化遗产是需要传承人来传承的。传承人的"真"与"假"直接决定着传承项目的"真"与"假"。我们对传承人的要求是必须要有这方面的传承"血统"，并直接参与着非物质文化遗产的活态传承。换句话说，他应该是这个行业中靠手艺吃饭的一线职工。而这个行业的领导者，或是非遗领域的管理者，尽管他们在管理上述遗产的过程中付出了很多辛苦，做出了重要贡献，在技术上亦对上述技艺熟知一二，但说到底，他们的技术与技艺仍无法与真正工作在生产劳动第一线上的老艺人相比。因此，无权以非物质文化遗产传承人的身份申报非物质文化遗产。

（2）透过态度辨真伪。

要想辨别申报项目的真伪，传承人的态度也是一块非常重要的试金石。如果该项目是当地民众千百年传承下来的，当地民众会表现出发自内心的热爱。即或没有经费，没有扶持，也会尽心尽力地将这些老祖宗流传下来的好东西保护起来，传承下去。而那些只有政府一方积极申报，而当地百姓却无动于衷的"遗产项目"，肯定与真遗产无关。近年来，许多地方政府举行的各种大型祭典活动虽不乏正面意义，但从其所承载的"传统文化"含量来看，几乎没有任何历史认识价值可言，应成为普查认定工作筛除的重点。

（3）透过功能辨真伪。

凡文化，皆有功能。但对于非物质文化遗产而言，我们更看重它的原始功能。如广西壮族歌圩的原始功能是男女通过对歌，谈情说爱，选配择偶。如果考察对象这一原始功能已经丧失，变成了单纯的舞台表演，则该文化事项已经不再有资格申报非物质文化遗产，除非当事人愿意对该项目的改编部分进行必要的文化修复。事实上，许多遗产项目申报资格的丧失，都与政府部门的人为改编有关。对此应引起我们的足够警惕。

（4）透过环境辨真伪。

任何遗产都有其自身的生存环境，不需要特定文化空间的非物质文化遗产，事实上是不存在的。在遗产普查工作中，我们要时时刻刻注意申报项目与周边环境的联系，并从"是否具备生长条件"这个角度出发，判断申报项目的真伪。遗产环境包括多方面内容：如传统手工技艺类遗产是否有足够的生产材料？是否有特定的加工场所？是否有稳定的营销渠道？如果上述环节无法形成一个缜密的生产网络与营销网络，那么，这个项目的真实性就值得怀疑了。

八五　民间文学类遗产普查时需要注意哪些问题？

民间文学类遗产从内容到形式都十分丰富，但是，由于这类遗产专业性不强，且篇幅短小，故并不是凭借某个民间文学作品就能申报非物质文化遗产的。在民间文学类遗产普查过程中，应重点从以下三个视角对当地遗产实施有效发掘：

（1）重点发掘独具特色的民间文学表现体裁。从体裁上说，民间文学又分传说、故事、神话、谚语、歌谣等多种形式。考察时，我们应该有意识地观察一下当地什么样的体裁最有名？是风物传说，还是人物传说？是谚语，还是歌谣？将最具特色的民间文学体裁发掘出来，就会使认定工作事半功倍。因为真正的民间文学类遗产肯定蕴藏其中。

（2）重点发掘独具特色的民间文学表现题材。所谓"表现题材"，是指民间文学的表现内容。由于各地历史背景不同，自然环境不同，所以，各地民间文学所表现出的内容也会呈现出很大差异。如在新疆维吾尔族人中，《阿凡提的故事》非常多；在内蒙蒙古族人中，《巴拉根仓的故事》非常多；在福建沿海地区闽南人中，《妈祖的传说》非常多。这些传说故事已经成为当地地域标志性文化，也是我们普查与申报的重点。需要特别指出的是，我们所说的普查与申报的重点，并不是某个单一的传说或故事，而是已经形成群落状态的"故事群"、"笑话群"或"传说群"。一个传说、一个故事，因过于单薄，是没有资格申报非物质文化遗产的。

（3）重点发掘优秀传承人所传承的民间文学类遗产。传承人是民间文学的重要载体，也是民间文学的活态载体。遗产项目品质的高低，取决于传承人讲述水平的高低。因此，寻找好项目的重要途径之一，就是深入民间，寻找到真正能讲故事、会讲故事的人。经验告诉我们，许多民间文学类遗产的发现，基本上都是从发现"故事篓子"（故事家的绰号）开始的。

八六　普查传统工艺美术类遗产有哪些诀窍？

在当代社会中，许多研究成果都是通过申请专利的方式来获取最大经济价值的。而在没有专利制度的传统社会中，凭借"绝技"过活的艺人们，只能通过保密"绝技"使自己所获利益最大化。可以说，这祖传"绝技"或是祖传"秘方"，便是这类遗产的核心价值之所在，也是我们今天发掘传统手工技艺类遗产的重中之重。

要想挖到金子，首先应该探明金矿的"矿脉"。那么，传统手工技艺这座"金矿"的"矿脉"又有什么样的分布规律呢？为避免技术，特别是核心技术的外流，历史上，这些传统技艺多在家庭内部，特别是父子间传承。其中最重要的核心技术，通常只传长子，不传次子，更不会传给外人，甚至是待字闺中的女儿。如果家中只有女儿没有儿子，手艺只能由女儿继承时，女儿的出路只有两条：一是永不嫁人，二是招倒插门女婿。相反，娶过门来的儿媳则有权继承公公的一切手艺，因为她虽在血统上与夫家无关，但在社会关系上，她已然成为这个家族的一员。如果人手实在不够，必须要招徒，师傅也一定会反复掂量徒弟的人品，以防技术外流。总之，在行业技艺传承过程中，血缘关系发挥着最核心的作用。究其原因，就是家族既是技艺的创造者、传承者，也应该成为该项技艺的唯一受惠者。他们凭借着这些秘不传人的祖传技艺，在服务社会的同时，也巩固了本家族的社会地位。

正因如此，我们在调查这类遗产时，要重点关注血亲传承这条主线。抓住了这条主线，也就抓住了这类项目的关键人物、关键技术。有的放矢的调查，可以使我们事半功倍。那些面面俱到的撒网式普查，在行业技能普查中没有太大价值。这是由传统工艺技术类遗产的传承特点决定的。

八七　为什么说传统生产知识
　　也应纳入非物质文化遗产普查范畴？

　　所谓"传统生产知识"，是指人类为维持生命，在长期的生产实践中积累起来的各种生产知识与技能。它既包括农业生产、牧业生产、渔猎生产知识，也包括与各种生产实践息息相关的其他生产知识与技能。保护好这笔遗产，不但可以使我们更好地了解祖先所创造的各种生产经验，同时还可以借助这些生产知识与经验，克服现代文明所带来的种种问题。这对于我们在新的历史条件下发展农林牧副渔各业，具有十分重要的现实意义。

　　在联合国教科文组织颁布的《人类口头及非物质文化遗产保护名录》中，所涉传统生产知识类遗产项目并不多。这种情况在后来颁布的《非物质文化遗产举例》中有所改变，出现了大量与传统生产知识有关的内容，并认为人类生产知识与技能至少应包括以下几个方面："有关大自然（如时空）的观念"，"农业生产活动及相关知识"，"生态知识与实践"，"航海知识"，"有关大自然、海洋、火山、环境的保护要点与实践"、"天文及气象学方面的具有神秘色彩的、精神层面的、预言式的、宏观宇宙及宗教方面的信仰和实践"，"冶金知识"，"计数与计算方法"，"畜牧业"，"水产"等等。此外，"打猎、捕鱼以及收获习俗"等，也在申报与保护范畴之列。可以说，生产知识与技能是一个开放体系，只要是人类在生产实践过程中总结出来的传统生产知识与经验，都可列入非物质文化遗产名录。随着非物质文化遗产保护工作的不断深入，这方面内容还会不断增加，并成为各国非物质文化遗产申报工作的热点。目前，中国农业文化遗产保护工程已经启动，中国的遗产保护又增加了一个新的品种。但农业文化遗产保护与非物质文化遗产保护在保护模式上又有不同，农业文化遗产保护所强调的是对农业文化遗产地实施整体的、综合性的区域性保护，这一点与文化生态保护区比较类似，但非物质文化遗产保护所强调的则是某遗产项目——如"南海航道更路经"、"柯尔克孜族驯鹰习俗"——的单体保护。

八八　在生产知识类遗产普查中
要重点关注哪些人群？

　　与专业性很强的传统工艺美术类遗产不同，许多传统生产知识类遗产本身并不具备太多的专业性特点。如稻田养鱼技术、坎儿井挖掘技术、砂石田改造技术、淤地坝利用技术等，本身就具有明显的全民性特征。但即或如此，就算同住一村，在技艺的掌握上也会有好坏之分、优劣之别；就算同住一村，也会各有各的强项——有的善耕，有的善渔，有的善猎。这形形色色的分工模式，无形中也就决定了这些传统生产知识在传承过程中所特有的指向性。正因如此，调查中，我们就应该特别注意到不同的社会分工对传统生产知识传承的影响，并将那些经验丰富的老把式、老山爷、老渔户等作为我们的普查重点。只有这样我们才能花最小的气力将那些最优秀的传统生产知识钩沉出来。

八九　在传统生活知识类遗产
普查中应重点关注哪些遗产类型？

传统生活知识类遗产涉猎广泛，内容庞杂。在传统工艺技艺类遗产中，只要尚未达到传统工艺美术类遗产专业水准，又不是传统生产知识类遗产项目，多半都可纳入这类遗产。

在传统生活知识类遗产普查中，我们应重点关注两大遗产类型：

（1）极具遗产价值与地域特色的传统生活知识类遗产项目。传统生活知识外延广泛，它既包括衣食住行等方面的知识，也包括与日常生活有关的各种知识。但是，我们作为非物质文化遗产加以保护的并不是所有传统生活知识，而是其中最精华、最具有代表性的部分——如徽派建筑技术、苗族服饰制作技术、洛阳水席制作技术等等。

（2）濒临失传的传统生活知识类遗产项目。我们祖先在历史上创造过很多非常富有想象力的传统生活知识——如我国西部地区历史上常见的传统旱井挖掘技术、窑洞开凿技术、赫哲族鱼皮衣制作技艺、黎族树皮布制作技艺、鄂伦春族狍皮制作技艺等等。随着时光的流逝，一些传统生活知识已经面临灭绝的边缘。保护好这些传统生活知识，特别是其中濒临灭绝的遗产项目，应该成为非物质文化遗产保护工作的重要组成部分。

申报篇

非物质文化遗产申报过程，本身就是一个对非物质文化遗产再认识、再筛选、再评估的过程。筛选尺度的建立非常重要。这其中，是非尺度判真假，价值尺度定好坏，条件尺度断缓急。三者缺一不可。

九〇　在非物质文化遗产评审中，
　　　　哪几种理念容易使我们产生误判？

在非物质文化遗产评审过程中，我们会经常看到这样一些怪现象：在一些地方政府申报上来的非物质文化遗产文本中，原本被许多人看好的项目被顶替下去，而那些本无任何遗产价值的所谓遗产项目却被堂而皇之地作为重要遗产被推举上来。这一"弃"一"留"，如果纯属偶发倒也无妨——人非圣贤，谁都有"走眼"的时候。但如果反复出现，变成常态，则我们就不能不反思一下，是不是我们的评选标准出了问题？如果真是如此，不但无法对伪遗产实现有效阻挡，就是真遗产也会因伪遗产鸠占鹊巢而永无出头之日。因此，指出遴选标准错在何处，对于确保非物质文化遗产名录的纯洁性，对于确保中国文化的安全性来说，无论如何都是十分重要的。那么，导致我们屡屡失误的错误标准又是什么呢？在我看来，这错误标准主要体现在以下四个方面：

（1）以规模大小作为评审非物质文化遗产的重要尺度。

在有些人看来，能否成为一国或一地遗产，首先要看规模如何，政府关注力度如何。政府投入越多，规模越大，便越容易进入非物质文化遗产名录。于是，一些从遗产角度看并不优秀，甚至干脆就不是非物质文化遗产的"遗产"项目，特别是一些地方政府刻意打造出来的所谓"遗产项目"——如某某祭祀大典一类的创意活动，由于规模足够宏大而被堂而皇之地列入非物质文化遗产名录。其实，历史上由官方传承的大型仪式并非不能进入非物质文化遗产名录，韩国李氏王朝宫廷祭祀列入联合国教科文组织《人类非物质文化遗产名录》，就是最典型的一例。但关键要看你是否真的传承有序，是否真的原汁原味。因为只有这样，所传仪式才有可能保留下充盈的古代信息，才真的能够像重要物质文化遗产一样具有重要的历史认识价值。如果仪式上的所有音乐都是当代乐人所创，所有舞蹈都是当代舞人所编，所有参祭人员的服装都是当代服装大师所制，祭坛上所有的祭品都是布景师精心制作的赝品，这官办仪式还有什么历史认识价值可言？！可见，规模大小与非物质文化评选并无必然联系，也不应成为非物质文化评审过程中的重要尺度。

（2）以当代审美标准作为评审非物质文化遗产的重要尺度。

是否具有审美价值，确实是遴选非物质文化遗产的一个重要尺度。但这里所说的"审美价值"，不是指当代审美价值——当代人的审美喜好，而是指传承了千百年之久的传统审美价值。它不但是我们了解历史上不同时代审美特性的重要参考，同时也是我们了解不同地域审美特性的重要参考。如果我们偷换了评审尺度，用当代审美取代传统审美，那些根本就不属于非物质文化遗产的当代创作，就会因非常符合当代审美主流而顺势流入非物质文化遗产名录，我们的非物质文化遗产名录，就会变成非物质文化遗产转基因项目名录，我们的保护就会因保护对象的误判而失去其应有的价值。目前，一些已经被艺术家改编过的，已经不再具有原生性质的遗产项目，之所以能取代"土里土气"的民间艺术，并堂而皇之地进入非物质文化遗产保护名录，显然与我们错把当代审美价值当成非物质文化遗产评审尺度有关。其实，这种误判不仅会影响到非物质文化遗产的申报，同时也会影响到非物质文化遗产的保护与传承。一些地方之所以将苗族舞蹈改成霹雳舞，将侗族大歌改成美声唱法，将传统剪纸改成剪纸画，将五音山歌改成七音山歌，实际上都是当代审美这个错误的评审标准惹的祸！

（3）以经济价值即收益多少作为评审非物质文化遗产的重要尺度。

非物质文化遗产具有经济价值。但与其他价值相比，经济价值已显微不足道。因此，经济价值永远不会，也不应该成为遴选非物质文化遗产的基本尺度。但在 GDP 至上的现实生活中，经济利益常常会成为各地政府申报非物质文化遗产项目的关键尺度。在这种错误标准的引导下，名茶、名酒、名吃纷纷成为申报重点，而那些远离市场、但确确实实又需要保护的濒危遗产项目并没有被很认真地保护起来。为避免类似情况发生，我们建议在今后的传承项目与传承单位的选择上，目标直指掌握着这些独门绝技与祖传秘方的老艺人、老匠人或是那些百年老店，而不是那些利用民间秘方进行产业化开发的大企业。

（4）以政治价值作为评估非物质文化遗产的重要尺度。

有人认为一个遗产项目能否进入非物质文化遗产名录，关键要看该项目是否具有重要的现实意义，其实这种观点并不足取。非物质文化遗产是全人类的共同财富，而不是某一阶级、某一阶层的奴婢。如果政治势力介入过多，非物质文化遗产就会因政治取向的不同而失去其应有的普世价值。这对非物质文化遗产保护来说反倒不利。

九一 为什么说在非物质文化遗产申报时，
民间的认同更为重要？

在非物质文化遗产申报过程中，政府的认同与学界的认同是十分重要的。只有政府认同，遗产才能申报，成功之后才会有人管理，非物质文化遗产保护才能落到实处；只有学界认同，才能使申报项目的文化价值得到最为深入的发掘。但这些还不是最重要的，最重要的乃是当地民间社会是否认同。因为非物质文化遗产说到底是由当地的民间社会来传承的，当地民间社会认为该项目是自己的传统，也愿意继承，这个项目的传承才会获得永续的动力，发展起来才会更有后劲儿。

几年前，某地申报了一个传说类项目。申报的理由是：学术界认为，该传说历史上就发生在这个地区。当地政府听了，自然愿意申报——天上掉下来的馅饼谁会不要呢？但申报成功之后，一直不见当地政府围绕着这个项目开展过什么活动。后来我们在田野调查时才知道，当地百姓对这个说法并不认同。拿他们的话来说，就是我们虽然听说过这个"神神"，但她并不是本地人。同时，他们更不愿意让这个外来的"神神"取代本地的另一位他们心中的"大神"。后来的事实也表明，当地政府同意申报的真正动机只是想利用这张"超级王牌"来提升一下本地形象，但由于无法获得当地民间社会的认可，根本无法实现预期的目的，最后只好将其束之高阁，搁置起来。这件事告诉我们：真的就是真的，假的就是假的。你的就是你的，人家的就是人家的。如果丝毫不考虑当地民间社会的感受，不考虑当代民间社会是否认同，就糊里糊涂地将人家的遗产当成自己的遗产，到头来，难受的只能是申报者自己。

九二　过分看重"传承谱系"会带来怎样的问题？

　　在各国非物质文化遗产申报材料中，都会涉及传承谱系问题。填写传承谱系的真实目的，就是要将清该遗产项目的来龙去脉，并为今后更深一步的研究提供参考。但如果我们一定要将"必须具有百年以上传承谱系"作为申报非物质文化遗产的准入门槛，就会给遗产申报及其日后管理带来许多麻烦。这是因为以血缘传承、业缘传承为主传渠道的非物质文化遗产，其传承谱系通常都是比较清晰的，上溯百年当不存在太大问题。但以地缘传承、江湖传承为基本模式的非物质文化遗产项目，其传承谱系则可能非常模糊，追根溯源会非常困难。这是非物质文化遗产传承的一般规律。如果我们无视这一规律，一定要以传承谱系必须可上溯百年作为入选非物质文化遗产名录的硬性标准，则势必会影响到许多地缘传承、江湖传承类遗产项目的申报进程，甚至会引发申报项目"履历"造假行为的发生。

九三　浙江申报了龙舞，福建能否再报？

　　非物质文化遗产申报是有严格的规定性的——对于同一地区的同类项目来说，是不能重复申报的。故申报之前，必须反复认证，反复挑选，并择优申报。但对于不同地区的同类事项而言，只要它们各具特色，则再报无妨。这个不成文的规矩的提出，与保护非物质文化遗产的目的有关：非物质文化遗产保护的最终目的是保护人类文化的多样性，而对于人类文化多样性的保护，又是从保护地域文化的独特性开始的。我们只有保护好各地文化的独特性，人类文化的多样性才能得到最终的保护。所以，即或浙江已经申报了龙舞，但只要福建的龙舞独具特色，也仍有资格继续申报。

九四 "打包申报"是个值得推荐的
好方法吗？

在现实生活中，我们常常会因为想多报些项目，而将几个同类事项组合在一起打包申报。对于这种想法我们不难理解，但老实说，这种做法对于遗产保护只有百害而无一利。为什么这样说呢？我们先来讲一个小故事。有一个盛产海盐的地方想申报传统晒盐技术。但当地有两个盐场，且各具特色，不报哪一方对方都不高兴。当地政府为缓解矛盾，并让这两个地方同时"受益"，最后决定打包申报。

那么，"打包申报"会给非遗保护给带来哪些结果呢？

（1）"打包申报"这种申报模式非常容易给非物质文化遗产的独特性带来致命伤害。所谓"打包申报"，多半是对两地并不完全相同的同类遗产实施联合申报。一旦申报成功，这两个项目便会像是两道各具特色的炒菜——"鱼香肉丝"和"西湖醋鱼"被混装到了一个食盒里，非但没有调出更好的味道，反倒变成了毫无特色的"乱炖"。这对于保护地域文化的独特性是相当不利的。

（2）"打包申报"这种申报模式也会给今后的非物质文化遗产管理与统计，带来意想不到的困难与烦恼。譬如某地在申报国家级项目时，对当地四县的毛古斯舞实施了打包申报。打包申报的结果是什么呢？从《国家级非物质文化遗产名录》看，"毛古斯舞"只是诸多项目中的一个；但在地方版非物质文化遗产名录中，这一项目突然分身变成了四个国家级非物质文化遗产项目。那么，当地到底有多少个国家级的"毛古斯舞"呢？说四个，文化部不买账；说一个，当地政府不买账。不仅如此，打包申报还会牵涉到传承人的选定、保护经费的划拨等一系列问题。每遇统计，都会令当地政府头痛不已。

针对"打包申报"出现的问题，我们提出如下建议：

（1）对已经实施"打包申报"的遗产项目尽快实施科学拆解，以避免更大的麻烦；

（2）在实施科学拆解之前，尽量对"打包申报"项目中的各遗产项目实施"各自为政"的个性化管理，尽量保持好各项目的独特性；

（3）对于尚未申请的遗产项目，今后不再实施"打包申报"。

九五　为什么说遗产申报时应充分考虑到对于人类文化多样性的保护？

在申报非物质文化遗产项目之前，我们一定要弄清楚保护非物质文化遗产的基本目标是什么，最终目的又是什么。

我们以为，保护非物质文化遗产的基本目标，就是保护各个地方地域文化的独特性。而保护非物质文化遗产的最终目标，就是通过对地域文化独特性的保护，最终实现对人类文化多样性的保护。

那么，我们为什么要保护地域文化的独特性和人类文化的多样性呢？为什么在传统农耕社会没人提及这个问题，而在工业文明高速发展的今天，各国政府纷纷通过对本国遗产的保护来保护人类文化的多样性呢？

在传统农耕社会中，即或有所谓的"三百六十行"，这些行业基本上也都是以传统手工技艺为主要生产模式的。因为是手工操作，所以，即或生产同一种产品——如生产木制杯碗，其成品也必然会因每个杯子材质、花色以及匠人下刀力度、熟练程度的不同而有所差别。这在客观上就决定了传统农耕社会所创文化本身就会带有明显的多样性特征。因此，在这个时候自然也就没有必要特意提出对于人类文化多样性的保护问题。但在进入大工业生产之后，机械取代了手工。这一取代所带来的一个不可避免的后果，便是产品严重的同质化。打个比方：在工业社会中，一台机器即或每天生产 10000 个水杯，这 10000 个水杯也都会完全相同。退一步说，即使其中有 10 个不同，那也一定是不合格的、必须要淘汰的残次品。因为大机械化生产的一个基本特征就是产品的严重雷同。按着这种势头发展下去，用不了几百年，就是再有几十年，人类社会在历史上创造出来的丰富多彩的多元文化，也都会因大机械生产的到来而在我们面前迅速消失。而保护地域文化独特性与人类文化多样性口号的提出，正是在这样一种历史背景下出现的。这个历史赋予给当代人的重任，已经历史性地落在了每位非物质文化遗产保护工作者的肩上，并成为他们必须为之奋斗一生的目标。

当然，我们强调"传统"并非否认"创新"。而是说脱离传统的"创新"成本过于高昂，有时甚至会付出惨痛代价。想想看，往牛奶中添加三聚氰胺不是"创新"吗？往鸭饲料中添加苏丹红不是"创新"吗？往猪饲料中添加瘦肉精不是"创新"吗？制作腐竹时使用吊白块不是"创新"吗？都是。但事实上都失败了。因为这些"创新"没有任何传统做参照，所以败得很惨。相反，如果我们在借鉴前人经验的基础上进行创新，就会在节省大量时间成本、人力物力成本的同时，使风险降至最低，从而实现人类社会更快更好的发展。继承与创新不但不矛盾，保护传统还会反过来促进创新，为创新提供更多的参考。

九六　为什么在评审非物质文化遗产时更应看重项目的原生状态？

　　我们在遴选非物质文化遗产项目时，首先要查看该项目是否还处于原生状态。如果该项目已经被人为改造——无论改造者是传承人，还是政府、学术界，只要不再是原汁原味原生态的东西，无论其艺术水平有多高，都无权申报非物质文化遗产。我们这样说是不是意味着只有原生态才好，而次生态就不好呢？完全不是。在我们看来，"原生文化"与"次生文化"并没有高下之分、优劣之别。我们之所以强调非物质文化遗产项目的原生性，是因为我们启动非物质文化遗产保护工程的最终目的，就是要将我们这个民族千百年传承下来的最为优秀的民族文化遗产，作为最优秀的传统文化基因保存下来。由于这种代表一个民族最优秀传统的传统文化基因多存在于底层文化之中，所以我们在挖掘这种传统文化基因时，只能重点关注那些未经改造过的传统。反之，如果我们背离原真性保护原则，置传统于不顾，将那些已被人为改造过的所谓"非物质文化遗产"申报上来，我们就会因理念的错误而错过保护身边真遗产的最佳时机。到头来，富含民族文化基因的非物质文化遗产就会因我们的无知而在我们手中消失。从某种角度来说，保护好具有原生性质的非物质文化遗产，保护好这些传统文化基因，是确保国家文化安全与可持续发展的根本保证。

九七　为什么说非物质文化遗产
　　信息含量越高就越值得申报？

　　判断一个传统文化事项是不是非物质文化遗产，有一套严格标准；而评判该遗产具有多大价值，则有另外一套标准——这便是非物质文化遗产价值评估的量化标准。在量化标准中，有一个非常重要的指标——就是看该遗产在信息含量上的承载度如何。

　　非物质文化遗产的最大价值就是它的历史认识价值。一个遗产项目所含历史信息越多，也就越有认识价值、参考价值和借鉴价值。所以，信息含量的多寡一直是衡量非物质文化遗产价值的重要尺度。

　　信息承载度决定文物价值，这一点大家是清楚的。譬如当我们判断一件春秋战国时期青铜文物的文物价值时，当然是有花纹比没有花纹的更有价值，有铭文的比没有铭文的更有价值。之所以如此，是因为这些花纹图案、金字铭文可以为我们了解春秋战国时期的历史与文化、文学与艺术提供重要参考。同理，非物质文化遗产价值的高低也与其信息含量上的承载度有关。譬如一个传统舞蹈项目，如果它原汁原味地保持了数百年前的跳法，显然就已经很有价值，如果它还保留了舞前古老的祭祀仪式，或是还保留着古老的舞蹈服装、舞蹈伴乐，其历史认识价值显然又有了一个大的提升。也就是说，非物质文化遗产价值是高是低，与它所包含之历史信息的多寡成正比。历史信息越多，价值也就越高；历史信息越少，价值也就越低。只有人们都意识到了这一点，人们就会在保护非物质文化遗产的过程中，有意识地保护好各种各样的历史信息，而不是将其随意抹去。

九八 神话、仪式、庙会
能不能申报非物质文化遗产？

提起神话、仪式、庙会，很多人都会将它们与封建迷信联系在一起。也许正是因为这个缘故，在非物质文化遗产评审过程中，神话、仪式、庙会能否进入非物质文化遗产名录，一直成为人们争论的焦点和话题。

神话、仪式、庙会真的是迷信吗？当然不是。它们非但不是迷信，还是我们中华民族传统文化中的精华，完全有资格入选《非物质文化遗产名录》。

什么是神话？所谓神话，就是远古人类在历史上创造并各种形式传承至今的、用于解释各种自然现象与社会现象的、具有神圣性质的散文体民间故事。它是一个民族对其史前历史的集体追忆，也是研究上古历史的一份珍贵资料。只有保护好这笔遗产，我们才有可能从这些看似荒诞不经的古老故事中，搜寻到祖先们的足迹，探索到中华民族的发展历程，并提取出各种各样的我们所需要的远古文化信息。因此我们说，神话是我们了解远古文明的重要窗口。

仪式以及由此演绎出来的庙会，实际上也是人类社会对于过去历史的集体追忆。人们通过这种方式去重构历史，重塑自己心目中的英雄。而这年复一年的仪式与庙会，对于传统道德的维系，对于正确价值观、人生观的树立，都曾发挥过非常重要的作用。有些人一直将仪式、庙会视为封建迷信，笔者不知这些朋友是否想过这样一个问题：历史上有哪个地方的老百姓，会成群结队、车水马龙去朝拜一个民族罪人？或是去瞻仰一个恶贯满盈的恶棍？不会的。老百姓的眼睛是雪亮的。他们所朝拜的不是英雄，就是功臣。这世上有岳飞庙，有关公庙，有扁鹊庙，有谁见过国民百姓为奸人佞臣、贪官贼子树碑立传、建庙盖寺？反过来说，难道精忠报国的岳飞不该祭拜吗？忠厚仁义的关羽不该祭拜吗？悬壶济世、治病救人的扁鹊不该祭拜吗？我们这个社会的传统道德难道不应该通过这一年一度的祭拜活动来强化、来维系吗？诚然，在许多传统庙会中，人们所供神灵有时也并非出自某位历史真人，但这些神灵不论是送子观音，还是碧霞元君在百姓心目中哪个不是真善美的化身？其实，仪式、庙会的功能远不止于此，传统庙会在促进族群团结、社会和谐、文化交流、物资交换等方面，都发挥过重要作用。对于这类传统文化，我们的任务不是将其一棒子打死，而是大力弘扬。

九九　为什么说在同等情况下，
　　　上了年纪的老艺人更应优先申报？

在非物质文化遗产遴选过程中，有时候有些原则会与常理相悖。譬如传承人的选拔问题，就是其中最典型的一例。从"优胜劣汰"、"弱肉强食"等自然法则看，我们似乎更应该去保护那些年轻的传承人及其传承项目，因为他们今后可能还会有"更大的发展空间"。但从非物质文化遗产保护原则来看，情形可能恰恰相反。因为在非物质文化遗产保护基本原则中，有这样一条原则——濒危遗产优先保护原则。它的意思是说：在同等情况下，我们应该择其最濒危者并实施优先保护。从年龄看，上面所说的那些年逾古稀之老者所传项目，显然更具濒危特征。

那么，濒危遗产优先保护原则提出的理论依据又是什么呢？我们知道，人类保护非物质文化遗产的真实目的，就是要保护好一个民族最古老的文化基因。而这些极具历史认识价值与借鉴价值的传统文化基因，更多地保留在那些老艺人、老匠人头脑中。有时候，一个老艺人或是老匠人的离世，会带走他的全部技艺。这就是我们常说的"人亡艺绝"。因此，如果让我们在两者之间加以选择的话，我们显然更应该选择老者而不是年轻人。

记得有人给笔者讲过这样一个故事：解放前，有个名叫"阿炳"（华彦钧）的艺人，其二胡演奏水平十分了得。1950年，当阿炳儿时伙伴儿、著名音乐家杨荫浏先生得知阿炳还健在人世的消息后，立刻领了几个人利用暑假前往无锡去看望阿炳。寒暄之余，他们开始为阿炳录音。当录下《二泉映月》等 6 首曲子后，发现带来的钢丝录音带已经用完。他们只好话别阿炳并相约寒假再录。可没有想到的是，就在杨荫浏先生回去不久，阿炳便故去了。阿炳能演奏多少首曲子？200 多首。他留给我们多少首？只有短短的 6 首。而余下的那 200 多首曲子，只是因为阿炳的故去而彻底失传。这个故事告诉我们：在遗产保护过程中，我们所选择并加以优先保护的也许不是"最好的"，但一定是最"濒危的"。我们所做的工作，就是集中一个民族的人力、物力、财力，将那些即将消失的非物质文化遗产，在第一时间里，从生死线上抢救下来，并传承下去。

为从事非物质文化遗产传承规律研究，笔者常年在外。听到、看到过太多太多的"阿炳"。一次笔者和朋友去湖南某县从事侗戏调查。当地一个老艺人和我讲，他会 72 出侗戏，但现在能演出来给我们看的只有 17 出。剩下的 50 多出由于没有面具而无法呈现（侗戏不化妆，但演出时必须戴面具）。他说："我真的希望能弄点儿钱，把这些面具置办齐全，给你们从头到尾演一场。如果那样，侗戏就断不了根了"。笔者采访老人那年，他 92 岁。一晃八年过去了，不知当年的那位老人是否仍然健在？

为强调对濒危遗产的优先保护，2006 年，我们提出了"濒危遗产优先保护原则"。2008 年，我们又提出了尽早建立非物质文化遗产"临时性指定制度"的设想。它的大意是说：在传承人病危或因环境改变而有可能导致非物质文化遗产失传时，当地政府有权对这些遗产项目实施"临时性指定"（国外也叫"假指定"）。通过这种临时性指定，让更多的濒危遗产，至少在其濒临消失之前，能够得到最科学的记录和最精心的保护，而不至因申报周期过长和申报制度缺失，使这些濒危遗产失去最佳的抢救时机。

一〇〇 申报民间文学类遗产时，应重点关注哪些项目？

在申报民间文学类遗产时，以下两种情况可优先申报：

（1）以群落状态分布的民间传说故事等可优先申报。

民间文学通常体量短小，这与专业或准专业状态的传统曲艺——如评书、史诗等已有很大不同。但民间文学常常会围绕着某一历史人物、历史事件、地域风俗洋洋洒洒拓展开去，最后变成一个个故事丛、笑话群。如维吾尔族的《阿凡提故事》，蒙古族的《巴拉根仓故事》，汉族的《徐文长故事》，北京的《颐和园传说》，天津的《义和团传说》，都是以"故事群"的形态出现的，与单个故事相比，这种复合型、丛生型故事群当然更具竞争力。

（2）依附于著名故事家的民间文学可优先申报。

民间文学能否获得有序传承，传承人的传承力是问题的关键。事实已经证明，只要找到了杰出的故事家，就等于找到了最杰出的民间文学作品。因此，在民间文学类遗产的发掘过程中，我们要重点关注那些杰出的民间故事家，并通过他找到更有价值的民间文学作品。

一〇一 申报表演艺术类遗产时，应重点关注哪些项目？

在申报表演艺术类遗产时，以下四种情况可优先考虑：

（1）从体裁看，独具本土特色者优先。

在表演艺术申报过程中，那些传入时间太短，尚未融入本国表演艺术之中的外来表演艺术，或是已经被外来文化浸染过的不那么纯正的本土表演艺术，都不在申报之列。而那些乡土特色浓郁、地域特色分明，且极具地方特色的表演艺术——如东北的二人转，山东的快书，蒙古族的子弟书等，由于代表了一个民族或一个地方的最优秀的文化传统，又会影响到这个民族或这个地方未来的文化走向，应该受到特别关注。这就要求我们在普查时，首先从当地表演艺术的体裁样式入手，看看当地表演艺术究竟有哪些比较重要的表现形式。是小戏，曲艺？还是舞蹈，音乐？通常，当地最具特色的表演艺术品种是人所共知的事实，推荐起来并非是什么难事。但如果艺术品种太多，则有必要通过横向比较进行选拔。

（2）从体量看，篇幅宏大者优先。

表演艺术所含范围极为广泛，这其中既包括长篇巨制的史诗，也包括篇幅短小的相声段子。在申报过程中，我们更应重点考虑那些篇幅宏大的少数民族史诗、满族说部一类的鸿篇巨制。这些人类巨献往往从一个民族开天辟地、铸造日月，一直讲到兄妹结婚，再造人类，最后以举族迁徙、部族战争作结。完整地展示了一个民族从原始社会步入农耕社会的整个历史进程，具有非常重要的历史认识价值。由于篇幅宏大，卷帙浩繁，又是以活态形式传承至今，非常难得，应该成为申报重点。

（3）从生存状态看，品种濒危者优先。

随着现代传媒技术的不断冲击和老艺人们的相继离世，许多传统表演艺术已经成为急需抢救的重灾区。从保护文化多样性与地域文化独特性的角度来说，保护、选拔那些已经步入濒危遗产名录的表演艺术，已经成为摆在非物质文化遗产保护工作者面前的一项重要任务。

（4）从功能上看，尚处原生状态者优先。

所谓"尚处原生状态的表演艺术"，又被称为"功能型表演艺术"，是指那些与传统仪式、传统劳动等息息相关的、未经改变的传统表演艺术——如婚礼上的仪式歌，劳动号子中的夯歌等等。由于这类表演艺术所依附的文化载体非常容易受到外来文化的冲击，应该成为我们保护与申报的重点。

一〇二　申报传统工艺美术类遗产时，
应重点关注哪些项目？

传统手工技艺涉猎广泛，但并不是哪一种传统手工技艺都能申报非物质文化遗产。申报这类遗产项目时，我们应重点关注以下几类项目：

（1）极具地方特色与民族特色的项目。

传统手工技艺是一个地区或是一个民族传统手艺的集中代表，也是一个地区或是一个民族传统审美习惯的集中体现。由于出类拔萃、精美绝伦，所以常常以地域标志性文化的身份呈现在世人面前。如天津的泥人、无锡的阿福、杨柳青的年画、蔚县的剪纸、环县的皮影、东阳的木雕、维吾尔族的英吉沙、土家族的西兰卡普、藏族的唐卡等，都是这些地区或是这些民族的地域标志性文化。但由于传承时间不一，精致程度不同，各种传统手工技艺所承载的技术含量也各有差异。这就要求我们在申报过程中，将真正能够代表当地手工技艺最高水平，最具当地审美情趣与最能代表当地文化传统的传统手工技艺钩沉出来。而那些已经被普及化或是已经被同化了的、缺乏民族个性与地方特色的传统手工技艺，不应成为我们的申报重点。

（2）属独门绝技、一脉单传的项目。

非物质文化遗产保护工程所要保护的是一个民族、一个地区最具基因性质的传统文化精华。而这些传统文化精华多半是通过家族传承的方式，保存在具有手工技艺大传统的大家族或是老字号、老作坊中。故而，在遗产申报过程中，当地著名的老作坊、老字号，特别是这些老作坊、老字号的掌门人（通常是该家族的长子），应该成为我们的调查重点与申报重点。

（3）濒临灭绝的遗产项目。

随着近代大工业的崛起，特别是近20年来乡镇企业的崛起，许多历史上非常著名的老字号、老作坊都遭受到不同程度的冲击。一项统计结果表明：目前，"中华老字号"已经陷入生死攸关的边缘。在全国老字号里，勉强维持现状者占70％左右；长期亏损、面临倒闭者占20％左右，而效益良好且已形成规模效应者仅占10％左右。我们建议在非物质文化遗产申报过程中，濒危型传统手工技艺应受到我们的特别关注。不要因为经济效益低下而将它们拒之门外。

一〇三　申报传统生产知识类遗产时，
应重点考察什么内容？

要想申报传统生产知识类遗产，至少应重点考察该项目是否已经具备了以下五项条件：

（1）该传统生产知识是否具备较高的技术含量且这些技术是否符合可持续发展理念？

与农林牧副渔相关的传统生产知识是个非常宽泛的概念，但作为非物质文化遗产申报对象，我们所要关注的显然不是人人都会的传统农活儿，而是那些独具地方特色与民族特色，具有相当技术含量、且符合可持续发展理念的传统生产知识与经验。如产生于 2000 年前，堪与万里长城、大运河齐名的我国古代三大工程之一的新疆坎儿井挖掘技术，砂石田、淤地坝、垛田的整治技术等等，应成为我们关注与申报的重点。

（2）该项目中传统生产工具制作知识是否具备较高技术含量且符合低碳环保理念？

生产工具是一个地方生产力发展水平的基本标志。作为历史悠久的农业大国，中国传统农具制造技术在历史上一直走在世界的前列。有许多非常优秀的遗产需要我们继承。在考察这类项目时，应重点关注那些独具地方特色的传统农业生产工具。如各地各不相同的风车、水车制作技术，榨油轧糖机制作技术等等。

（3）该项目中的传统生产制度是否可以确保这些传统生产活动的低成本运行，并在维护生产秩序方面发挥积极作用？

为维护社会各业的生产秩序，人类社会会在生产过程中根据生产的需要，制定出一系列道德规范、民间习惯法、生产制度以及各种各样的民间禁忌。如在干旱少雨的西北地区，为确保水资源的有效利用，人们不但要学会修渠、建坝，同时还会制定出一系列十分完善的保渠用水制度。在这些保水、用水制度中，谁用水，什么时候用水，用多少水，都会根据各家田亩的面积、农作物品种需水量的多寡，以及修渠时投入人力物力的程度做出严格限定。一旦有人破坏规矩偷水盗水，就会受到民间习惯法的严厉制裁，从而在制度层面确保水资源的合理利用。人类数千年的生产实践已经证明，只依凭生产技术、良种资源而缺乏统一完善的生产制度，农业生产不可能顺利进行。同理，牧业生产、狩猎生产、渔业生产等等，也同样需要有与之相适应的行业管理制度作支撑。因此，在生产知识类遗产评估过程中，应充分注意到生产制度在当地生产过程中所发挥的重要作用。

（4）该项目中的传统节日或仪式，在促进人际和谐，以及促进人与自然之和谐方面是否一直发挥着重要作用？

由于各种生产活动劳作方式不同，面对问题不同，它们所信奉的神灵也会呈现出明显差异。神是人类根据自己的需要创造出来的，当人类无法战胜自然，无法说服同类时，都会根据自己的需要，创造出自己所需要的神灵，并让他们替自己说话、办事，维系自己所需要的社会秩序。这些看似迷信的东西，实际上在维系传统社会秩序与道德秩序，在保护自然环境与人文环境的过程中，都曾发挥过重要作用。历史上，神山、神林、庙产、农田以及重要水源地等的保护，几乎都与上述信仰息息相关。

为强化这些信仰的教化作用，人们还会定期举行各种仪式。这些传统仪式一旦被固定下来且形成规模，便会逐渐演化成节日。这些传统节日与传统仪式在弘扬一个民族传统信仰，维系生产秩序的同时，也传承了一个民族最优秀的饮食文化、服饰文化、演艺文化，特别是一个民族最优秀的道德精神。所以，是否具有原汁原味的传统节日与仪式，应该成为我们评判一个传统生产知识类遗产能否进入《非物质文化遗产名录》的重要标准。

（5）该项目中的当地良种是否足够丰富且品质优良？

优良品种是农林牧副渔各业文明发展的一个重要载体。一个优良品种的养成，通常需要几百年乃至上千年的时间。保护好这些优良品种，特别是保护好与之相关的选种、育种技术，对于一个国家农林牧副渔各业的发展来说，也是十分重要的。故在生产知识类遗产评估过程中，应将当地良种的丰富度与优良度，作为评估生产知识类遗产的重要尺度。

一〇四　申报传统生活知识类遗产时，哪些项目更容易获得通过？

传统生活知识类遗产的最大价值就是它的科学认识价值与借鉴价值。我们对这类遗产实施申报的目的之一，就是将那些具有重要科学价值的传统生活知识与技能，从众多传统生活知识中钩沉出来。在这类遗产的申报过程中，以下项目比较容易获得优先申报的权力：

（1）具有重要科学价值者优先。

传统生活知识与技能的最大看点是它的科学价值。因此，能否入选《非物质文化遗产名录》，首先要看申报项目是否具有重要的科学认识价值与借鉴价值。非物质文化遗产的科学价值有时是显性的，如同仁堂中药炮制技术，贵州茅台酒厂茅台酒酿制技术，安徽宣纸制作技术等等，这些传统技术即使在今天，也仍具有重要的难以企及的科学价值。而有些遗产项目的科学价值则呈现出明显的隐性特征。如水运过程中使用的帆船，粮食加工过程中使用的水碓，无论在行驶速度，还是在加工能力上，都已远远不及现代化设备。从这个角度来说，它们似乎已经没有太高的科技含量。但从另一方面看，它们在环保以及巧借自然伟力等方面所呈现出的环保精神、低熵式生活态度以及与大自然和谐共处的理念等方面，对于当代文明来说，仍具非常重要的启迪意义。而与之相关的传统制作技术，也就获得了新的生命力。特别是在面对现代化大工业生产给人类社会带来种种弊端，而人类社会又急于走出这样一个现代化怪圈之时，向传统科技学习，并在此基础上创建起当代科技文明，很可能是一种更加睿智的选择。

（2）具有普世价值者优先。

所谓"普世价值"，是指遗产本身所具有的推广价值。我们保护非物质文化遗产，除认识历史的需要外，还有一个更为重要的目的，这就是将那些历史上创造的传统手工技艺继承下来并传承下去。但是，正如大家都知道的那样，并不是所有的经验都能继承，都能借鉴，都能推广。譬如，某地豆腐特别好吃，但好吃的原因不在工艺，而在于使用了当地一口井中的水。就是因为这口井的水的特别而使当地人酿造出好的豆腐。那么，这里的豆腐制作工艺还能申报非物质文化遗产吗？我想显然存在一定难度。因为决定这里豆腐好吃与否的关键，不是当地人掌握了什么"独门绝技"，而是因为这里的井水非常特别。既然与传统手工技艺——非物质文化遗产无关，又无法推而广之，显然不适合申报《非物质文化遗产名录》。当然，如果当某种产品的产量非常之高，影响面又非常之广，则申报非物质文化遗产还是有可能的。因为尽管其制作工艺受到某些条件的限制而无法获得推广，但其产品事实上已经走出狭小空间，并获得广泛认同。这种情况同样可以视为该申报项目已经具备了普世价值。如茅台、泸州老窖、杏花村汾酒、绍兴黄酒等中国名酒的成功申报，都属于这一类型。

（3）独具地方特色者优先。

在遗产申报过程中，与那些影响广泛的项目相比，我们更应看重申报项目的独特性，甚至是唯一性。因为具有共同性的项目不存在濒危问题，不保护也不会消失，而那些独具地方特色的项目，特别是那些具有唯一性的遗产项目，如果不去保护，就很可能会因为数量稀少而在我们手中消失。因此，这类数量稀少特别是近于濒危的生活知识类遗产，应该成为我们的申报重点。饮食制作技术如此，服饰制作技术、建筑营造技术等亦莫不如此。

一〇五　申报传统仪式类遗产时，应重点考察哪些内容？

　　首先，我们应从表现内容入手，看该仪式是否具有重要的历史认识价值，对于人类社会的发展，是否还发挥着重要的推动作用。传统仪式通常与信仰息息相关，有时甚至与"封建迷信"有着某种说不清的干系。譬如我们司空见惯的奠基仪式，就是在远古用人牲祭奠房基神仪式的基础上发展出来的。对于这样一些"根不红"、"苗不正"的传统仪式，我们究竟应该秉持怎样一种态度？是全盘继承？通盘否定？还是具体问题具体分析？我们认为，既然传统仪式是历史的产物，我们就应该像正视历史一样来正视遗产。不论它来历如何，只要具有重要的历史认识价值、艺术价值、文化价值、科学价值和社会价值，只要对人类社会发展具有重要的借鉴意义与推动作用，就应该成为我们的申报重点。

　　其次，我们还应从表现形式入手，看看该仪式是否承载有丰富的传统文化表现形式（如歌舞、戏曲、曲艺）？是否传承有大量的与仪式有关的传说故事？出于娱神敬神的需要，许多传统仪式都承载有丰富多彩的文艺表演活动。这些演出多是基于娱神的需要而产生并传承至今的，这对于我们研究人类社会文学艺术发展史、演变史，具有重要的参考价值。除歌舞等狭义的表演艺术外，许多仪式还伴有雅乐以及内容丰富的史诗、古歌演唱。这些史诗或古歌从开天辟地讲起，内容往往会涉及民族起源、迁徙、战争及生产、生活等多方面内容，是研究少数民族，特别是那些无文字民族历史与文化的重要资料。

其三，我们还应从传统工艺技术的角度入手，看该仪式在传承一个民族传统手工技艺方面，是否还发挥着重要作用。从有关文献中可以得知，古代有许多饮食品种在漫长的历史发展过程中都渐渐消失了，但这些饮食文化却依然完好地保存在传统仪式中。如果能通过各种祭祀仪式将这些传统佳肴制作技术、祭服制作技术、神祠建筑技术等完好地保存或传承下来，对于我们更好地认识中华饮食文化、服饰文化、神庙建筑技术等的起源与发展，都将会起到重要的帮助作用。

一〇六 申报传统节日类遗产时，
应重点考察哪些内容？

一年有 365 天，但这 365 天并不是每一天都同等的重要。一年之中总有那么几天，在传承一个民族物质文明与精神文明的过程中，发挥着非常非常重要的作用，而这几天就是我们的"传统节日"。那么，作为一个民族物质文明与精神文明的重要载体，传统节日到底传承了怎样的文明？这是节日遗产普查过程中，必须要重点关注、重点考察的核心问题。我们的考察重点也应落实在以下几个方面：

（1）重点考察传统节日食品及其制作技术的传承情况。

传统节日食品大体可分为两类：一类是娱神食品，一类是娱人食品。先谈娱神食品。中国传统节日 90% 以上都是从古老仪式的基础上发展起来的。出于对神灵的敬畏，每当节日来临，人们都会根据神灵们的"口味"与"嗜好"，为他们准备好各种各样的美味佳肴。这类食品——更确切地说应该叫"祭品"——的最大特点，就是它不是根据当代人的口味而是根据所祭神灵的口味烹制而成的。例如祭祀远古祖先，他的祭品很可能就是三牲，甚至是连皮带血的生肉。这类祭品的最大价值就是它的历史认识价值。它可以为我们了解远古人类的饮食，提供一个绝佳的窗口。传统节日也是娱人的重要时段。在传统节日中，除需要准备各种娱神祭品外，还会想方设法为自己准备一份少有的节日大餐。且每个节日大餐的内涵，都会根据祭祀对象的不同而有所区别。如除夕吃饺子，正月十五吃元宵，五月端午吃粽子，八月中秋吃月饼，腊月初八喝腊八粥等等。这些美食在今天可以说想吃就吃，但在缺吃少穿的年代，只有节日，人们才会享用到这些芳香四溢的美食。因此，在传统社会中，传统节日也是传承一个民族最优秀饮食文化的重要时段，甚至是唯一时段。没有上述节日，中华民族的饮食文明就不可能如此顺畅地传承至今，中国也不可能成为世界上少有的美食大国。在传统节日类遗产申报过程中，要重点考察节日饮食文化，特别是那些独具特色的传统节日饮食的传承情况。

（2）重点考察传统节日盛装及其制作技艺的传承情况。

中华民族在漫长的历史岁月中，创造了丰富多彩的服饰文化。这些服饰文化的诸多元素有些是通过壁画、国画、石刻、木雕等实物载体间接地保存下来的，有些则是通过家庭妇女，特别是那些民间巧手娘子之手，以活态的形式传承至今的。这些独具特色的传统服饰，既是我们研究传统服饰的重要佐证，也是我们开发新产品的重要参考。

服饰有盛装、便装之分。所谓盛装，是指在传统节日中穿戴的节日正装；而所谓便装，则是指在日常劳作中穿戴的常服。从功能上讲，简洁、明快，利落、素朴的常服便于劳作，而雍容、华贵，繁复、讲究的节日盛装更注重传统内涵的表达与展示，凝聚有更多的历史信息、文化信息、审美信息与科技信息。它既是一个民族、一个地域民间社会历史、文化与民族记忆的率真表达，也是一个民族、一个地域传统工艺技术与审美追求的真实写照。

但是，作为一种传统文化，节日盛装的存在，需要特定的人文环境作支撑。这个环境便是传统节日。如果没有了传统节日，传统节日盛装便会失去其赖以生存的环境。因此，要保护好传统节日，就必须从保护传统服饰文化这样的小事做起。

（3）重点考察传统节日装饰装潢艺术及其工艺的传承情况。

每当节日到来，人们都会张灯结彩，营造节日气氛。节日空间的营造范围往往与节日仪式的"圣域"有关。有时，所谓的"节日空间"就是一孔山洞，一片山坡，而有时可能会大至方圆几十里。但无论这空间是大是小，节日装潢工作都会为民间社会的彩扎业、搭棚业、油漆业、描金业、镌碑业、鞭炮业、香烛业、印染业等行业的技艺传承，提供一个非常广阔的施展空间。

传统节日是中国民间技艺、艺能的重要载体，传统节日为以假日经济为主轴的民间手工技艺的传承提供了无限可能。而传统节日一旦消失，那些与传统节日息息相关、唇齿相依的传统手工技艺，就会因功能的丧失而彻底消亡。因此，保护传统节日对于保护传统手工技艺来说，显然是十分必要的。

（4）重点考察传统节日中民间表演艺术的传承情况。

节日源于祭仪，今天我们所看到的传统节日庆典，实际上都是在古老祭仪的基础上发展起来的。既然是祭祀，就必然会祭神、娱神，而愉悦神灵的通常做法，除供品、香火外，便是歌舞大戏。人们通过载歌载舞，使神灵大饱眼福，并在获得快感之后，满足祭祀者的请求。大量史料告诉我们，今天在我们看来完全是出于娱人需要而出现在祭坛上的戏剧、歌舞，在古代几乎都是娱神的产物。正是因为这个缘故，历史上绝大多数戏台都建在庙宇的对面。只是随着人们信仰观念的淡化，戏台才渐渐远离庙堂，步入闹市，并最终成为娱人的场所。

从现有资料看，历史上最早的娱神形式是歌舞。宋元以来，随着大城市的崛起，戏剧艺术开始登上历史舞台并一直传承至今。如当下中原地区祈雨仪式中的唱雨戏习俗、祭祀关老爷仪式中的唱神戏习俗，都是这些古老祭仪的残留。而这些具有特定功能的戏曲表演艺术是否还在，也应成为评估一个传统节日是否原汁原味的重要标准。

（5）重点考察传统节日是否还保留有足够的道德影响力。

传统节日起源于传统仪式。它们在解决人与人之关系、人与自然之关系的过程中所发挥的作用大体相同。从这个角度来说，传统节日自然又可分为以协调人与人之关系为己任的传统节日，和以协调人与自然之关系为己任的传统节日这样两个大类。无数田野实践告诉我们：在构建人类社会伦理观与人类自然伦理观的过程中，这两类传统节日均发挥了重要作用。当我们在遴选传统节日类遗产项目时，很重要的一点，就是要重点考察这些传统节日在协调人与人之关系，以及在协调人与自然之关系的过程中，到底发挥了怎样的作用。

（6）要重点考察传统节日是否还保留有古老的宗教仪式。

传统仪式是传统节日核心价值观的集中体现。一个民族，一个地区最优秀的饮食文化、服饰文化、表演艺术、传统工艺技术、传统道德，也主要是通过传统节日仪式这样一个特殊载体传承下来的。如果端午节没有了划龙舟，正月十五没有了社火，就等于说这些传统节日已经失去了其应有的灵魂，这样的传统节日是无论如何都不应进入《非物质文化遗产名录》的。

一〇七　申报传统节日类遗产时，
　　　　应重点关注哪些节日？

中国是个节日遗产大国，据不完全统计，仅各民族的各种传统节日，全国就有数千种之多。但由于我们的国力还很弱，要想举全国之力保护好所有的传统节日，还不现实。更何况即使经济实力允许，我们也不可能将所有的传统节日都以政府保护的形式保护起来。所以，遗产申报时，选择怎样的传统节日便成了大家都十分关注的问题。那么，在申报时，我们应重点关注哪些节日呢？

（1）重点关注极具原生态特点的传统节日。

传统节日类遗产的最大价值就是它的历史认识价值。而区分其历史认识价值的基本标志，就是看它原生程度如何。而衡量其原生程度高低的重要尺度之一，就是看它是否还完好地保留有古老的祭祀仪式。那些已经被政府改造过的，或是已经没有了核心仪式的所谓"传统节日"，通常是不能申报非物质文化遗产的。与其他遗产项目相比，中原汉族地区遗产级传统节日已经所剩不多，故我们的工作重心应该向边远地区，特别是少数民族地区偏移。这些地区由于较少受到外来文化冲击，故传统节日遗产基本上都还保留有原有风貌，具有很重要的历史认识价值，应该成为我们的申报重点。

（2）重点关注极具民族个性与地域个性的传统节日。

保护传统节日就是保护民族文化与地域文化的独特性，那些已经受到外来文化冲击、已经失去固有本色的传统节日，通常是不能申报非物质文化遗产的。故我们的工作重心应该向那些独具民族特色与地域特色的传统节日偏移。

（3）重点关注极具文化内涵与丰富表现形式的传统节日。

在我国，能流传至今的传统节日固然不少，但具有深厚的文化内涵和丰富多彩的表现形式者并不多。传统节日由于所源仪式不同，其文化内涵也会呈现出较大差别。我们选拔传统节日类遗产的一个重要尺度，就是看其文化底蕴是否丰厚，对人类社会的可持续发展，是否还能起到积极的推动作用。此外，传统节日表现形式的丰富程度也应该成为我们遴选传统节日类遗产的重要标准。传统节日表现形式越丰富，所传承的传统表演艺术、传统工艺技术就会越多，也就越值得保护。

一〇八 申报文化生态保护区至少应满足哪些条件？

为使非物质文化遗产有一个更适合自己成长的生态环境，从 2007 年起，文化部启动文化生态保护区建设。那么，申报文化生态保护区需要具备怎样的条件呢？对此，2010 年文化部下发《文化部关于加强国家级文化生态保护区建设的指导意见》，明确地提出了设立国家级文化生态保护区的基本条件：

——传统文化历史积淀丰厚、存续状态良好，并为社会广泛认同；

——非物质文化遗产资源丰富，分布较为集中，且具有较高的历史、文化、科学价值和鲜明的区域特色、民族特色；

——非物质文化遗产所依存的自然生态环境和人文生态环境良好；

——当地群众的文化认同与参与保护的自觉性较高；

——当地人民政府重视文化生态保护区建设工作，保护措施有力。

从上述文件中，我们可以看出，申报文化生态保护区应具备这样几个条件：

（1）地域文化特征明显。

文化生态保护区设置的第一个准入条件，就是该保护区必须具有鲜明而独特的文化个性。如安徽（含江西婺源地区）的徽文化生态保护区，广东梅州的客家文化生态保护区等，都是因为代表了这些地域文化的独特性而被纳入文化生态保护区名录的。

（2）非物质文化遗产资源丰厚。

文化生态保护区尽管以整体保护为己任，但保护重点仍然是存活在当下的非物质文化遗产。所以，非物质文化遗产品种多寡，品相如何，往往会成为能否获得相关部门批复的先决条件。那些非物质文化遗产品种多、品相好，或是干脆就是某种或数种非物质文化遗产原生地或是重要集散地的地区，当然更有资格入选文化生态保护区名录。而对于非物质文化遗产品相上的要求，主要看这些非物质文化遗产及其传承人是否具有较高的知名度，是否已经成为国家级非物质文化遗产项目以及是否存续状态良好。没有国家级项目的地区通常是无权申报国家级文化生态保护区的。

（3）非物质文化遗产与物质文化遗产和自然遗产必须具有明显的共生关系。

如以保护徽派建筑营造技术、宣纸制作技术、徽墨制作技术为己任的徽文化生态保护区，除要保护好徽派建筑技术、宣纸制作技术、徽墨制作技术等外，还要同时保护好与上述传统技艺有关的徽派古建筑群落和宣纸制作原料产地、徽墨制作原料基地等文化遗产与自然遗产（环境）。否则，这些技艺就会因为生态环境的缺失而过早夭折。

（4）当地政府与民间社会鼎力支持与广泛认同。

文化生态保护区以系统保护非物质文化遗产为己任。对于非物质文化遗产而言，广大人民群众是这一财富的天然"主人"。没有他们的努力，非物质文化遗产难以传承。文化生态保护区内的各级政府则是这笔遗产的天然"管家"。没有各级政府的支持，非物质文化遗产保护就会失去起码的保障，"举全国之力"就会变成一句空话。因此，在文化生态保护区建设这个问题上，各级政府与民间社会的广泛认同与鼎力支持缺一不可。

管理篇

作为非物质文化遗产管理者，政府应充分利用自己的行政优势、学术优势、财政优势来引导、推动、扶持、协调、监督非物质文化遗产的有序传承，不是利用自己的优势去取代传承人，干预非物质文化遗产的正常传承。历史告诉我们，对于非物质文化遗产而言，政府至多只是「管家」，而不是非物质文化遗产的「真正主人」。在非物质文化遗产管理过程中，加强制度建设是实施低成本管理的最佳模式。

非物质文化遗产保护干部必读·管理篇

一〇九　在非物质文化遗产保护过程中，政府需要注意哪些问题？

　　在非物质文化遗产保护过程中，政府、学术界、商界以及新闻媒体确实发挥了重要作用，没有它们的参与，特别是没有各级政府的积极参与与引导，非物质文化遗产保护将很难进行。但必须强调的是，非物质文化遗产的传承主体不是政府、商界、学界以及新闻媒体，而是那些深深根植于民间社会的非物质文化遗产传承人。如果我们忽视了这一点，并以自己的强势地位取代非物质文化遗产传承人，非物质文化遗产就很容易因外行的介入而变色、走味，"真民俗"就会变成"伪民俗"，"真遗产"就会变成"伪遗产"。这种事例在我国历史上并不少见。这种现象，也许正应了鲁迅对姚克所说的那两句话："歌、诗、词、曲，我以为原是民间物，文人取为己有，越做越难懂，弄得变成了僵石，他们又去取一样，又来慢慢绞死它"；"士大夫是常要夺取民间东西的，将竹枝词改为文言，将'小家碧玉'作为姨太太，但一沾他们的手，这东西也就跟着他们灭亡"。上面所言，似乎只是阐述中国历史上文人士大夫破坏民间文化的一般规律，但实际上他也说出了中国文人文化蚕食民间文化的一般规律。所不同的是，当下对民间歌舞、民间文学等非物质文化遗产施以改造的，已不再是历史上的文人士大夫，而是今天的政府、商人以及他们所聘请来的导演、画家或是什么文人。由于自身专业和文化视野所限，这些人并不清楚民间艺术的真正价值。但是，他们还是在政府的督促下，将上述"民间物"一样一样地拿来，又一样一样地"绞死"。

221

正是由于政府的错位干预，最终导致了一些地方"大保护大破坏，小保护小破坏，不保护不破坏"这样一种令人十分尴尬之局面的发生。

残酷的现实再一次告诉我们，政府、学界、商界以及新闻媒体等非物质文化遗产保护主体的工作不是越俎代庖，亲自参与到非物质文化遗产传承工作中来，而是要通过利用自己的行政优势、学术优势、财力优势、传播优势，去帮助、鼓励、推动民间社会对非物质文化遗产的自主传承。能够认识到这一点，对于一个非物质文化遗产保护工作者来说可能是"一小步"，但对于中国的非物质文化遗产保护运动来说，却是历史性的"一大步"。

一一〇　在遗产传承这个问题上，
　　　　怎样才能做到"民间事民间办"？

　　纵观我国非物质文化遗产流变过程我们会注意到，除少数官祭外，绝大多数非物质文化遗产项目都是在民间自主传承的。所以，强调"民间事民间办"，符合非物质文化遗产传承的一般规律。那么，我们如何才能利用好这个规律来保护我们的遗产呢？这是每位非物质文化遗产保护工作者都必须要认真思考的问题。

　　下面，就让我们先来了解一下传统农村社会中，非物质文化遗产是如何传承的。这或许对我们利用传统民间组织来传承非物质文化遗产会有一定帮助。

　　在中国传统农业社会中，历来存在有两套组织系统：一套是以村长、保长为代表的"民事管理"系统（即传统村落中的"行政管理"系统）。这套系统主要负责村落的行政管理，抓壮丁、派劳役、催公粮、缴杂税主要由这套系统来完成；另一套是以社长或社首为代表的村落"神事管理"系统。这套系统主要负责村落的神事活动，祭神、娱神、迎神、赛会主要由这套系统来完成。通常，这两套管理系统各行其是，虽有配合，但从不干预。通观中国民间文化发展史我们可以发现，历史上无论是陕北秧歌、安塞腰鼓，还是乐亭皮影、凤阳花鼓，基本上都是通过民间的力量，利用民间的各种组织形式来自主传承的。这种行政干预最小化的做法，却在最大限度上调动了民间社会的积极性，不但节省了政府部门的行政开支，同时也最大限度地保护了民间文化的固有本色。我们考察一个地方非物质文化遗产保护工作做得如何，首先要看当地政府对传统民间组织利用得如何。如果放着现成的传统民间组织不用，一心想通过政府组建的什么组织来保护非物质文化遗产，我们基本上可以肯定，这里的非物质文化遗产保护工作已经出现问题。

———— 为什么说政府的首要任务
是保护好非物质文化遗产传承人？

从表现形式看，非物质文化遗产的最大特点就是它的"非物质"性。在成品形成之前，它们通常只是作为一种知识、技艺或是技能存在于非物质文化遗产传承人的头脑中。只有这些匠人、艺人或是普通百姓在以不同方式将它们复述、表演或是制作出来时，人们才会感受到它的存在。因此，与物质文化遗产相比，这类遗产保护难度更大。然而，倘若我们换一种思维方式，其中的许多难题也许就会迎刃而解——既然非物质文化遗产保护难度很大，我们何不舍弃这"看不见"、"摸不着"的非物质文化遗产，而对这些遗产的传承人实施特别保护呢？事实证明，只要保护好这些传承人，非物质文化遗产就不会消失；只要激活这些传承人的积极性，他们就会不断进取，精益求精；只要鼓励这些传承人继续招徒授业，非物质文化遗产就会后继有人，绵延不绝。

强调对非物质文化遗产传承人实施重点保护，还有一个十分重要的原因——非物质文化遗产与物质文化遗产不同，物质文化遗产通常都具有不可再生的特点，破坏一个少一个。所以，无论是大型不可移动文物，还是小型可移动文物，我们的保护重点都只有一个——这就是文物本身。非物质文化遗产与此不同。它的出现打破了相关产品不可再生的神话，不但可以复制，同时还可以越做越好，越做越精。无数事实告诉我们，有了人便有了一切，失去人便失去一切。那种只见"物"不见"人"的做法，至少在非物质文化遗产保护这个问题上是舍本逐末的。

　　作为非物质文化遗产主管部门的领导，各级政府部门也应从管理型政府向服务型政府转化，在做好监管工作的同时，切实做好对传承人的服务工作。

——二 为什么非物质文化遗产项目
一定要和传承人同步指定？

按国际惯例，在非物质文化遗产代表作评选过程中，传承人与传承项目都是同时申报、同时指定的。这种联动式双指定模式，既避免了不够资格者的恶意"搭车"，确保了非物质文化遗产项目的唯一性，同时也避免了有遗产名号而无传承主体（传承人）之"空壳"项目的出现，从而确保了指定项目传承的可持续性和监管的可操作性。

当然，这种遗产项目与传承人联动机制的建立，也会影响到日后遗产项目的前途和命运。如当某传承人因故无法传承而又无后续人才，或是传承人无心传承，该项目都很有可能因此而惨遭除名。与这种以个体方式传承的遗产项目相比，群体传承型项目情形则要好得多。在指定群体传承型项目时，尽管也需要同时指定一名联系人，但由于这类遗产是由人数众多的社会团体或社会群体共同传承，所以，因传承人原因而导致濒危的几率自然要小得多，更不会出现因某个传承个体无法履职而使整个遗产项目惨遭除名的问题。

一一三 为什么必须对传承人实施分类管理？

根据项目传承人的多寡，我们可以将非物质文化遗产分为个体传承型、团体传承型和群体传承型三种类型。

非物质文化遗产三分法的提出，首先是对非物质文化遗产传承规律的高度概括与总结。它告诉人们，非物质文化遗产传承是有规律的。这个规律就是由于非遗项目难易程度不同，用工多少不同，保密程度不同，传承人的人数也会呈现出明显差别。有的项目只需要一个人就可以传承，如石雕、玉雕；有的项目则需要几个人或几十个人这样的小团体传承，如皮影戏，昆曲；而有的项目则必须通过一个更大的群体才能传承，如传统节日与庙会等等。我们指出这样一个基本事实的目的是想告诉人们：

第一，要想保护好非物质文化遗产，首先应该知道谁在传承这一遗产。只有这样，我们才会知道去调查谁，督促谁，照顾谁、监督谁。否则，我们就会将由很多人传承的遗产项目，统统放到一个代表性传承人的名下。这样一来，不但否定了其他传承人的贡献，破坏了传承人之间的和谐关系，也直接影响到了非遗项目的有序传承。

第二，非遗传承主体三分法的提出，也是完善非遗传承人福利待遇的需要。按劳取酬是公平分配的一个重要原则。如果将这一原则贯穿到非物质文化遗产保护领域，那么，针对传承人的补贴模式至少应分为以下三种：

首先，由个体传承的非遗项目，如果有了补贴，补助金显然应该归该传承人所有。

其次，由数人或数十人传承的团体传承型项目，如皮影、木偶、京剧、昆曲等，如果实施补助，则该补贴理应归该团体所有成员所有。这是因为这类项目的传承是由该团体所有人共同完成的。由于以上两种传承模式需要不间断传承，故补助金的发放也应以月度的形式按月发放。

最后，有些非遗项目，有时会有数千人、数万人甚至更多的参加者（如大型庙会或是大型祭祀活动）。如果有了补贴，理应发放给相关的民间社火组织，而不是其中的某位个人。至于这笔钱是用于庙会期间的粥棚，还是用于会场的装饰，完全由这些民间组织自己决定。通常，民间组织都具有良好的自律性，账目往来也都有着良好的公示传统，不必担心这笔经费的滥用。需要指出的是，由于这类庙会型非物质文化遗产项目通常一年只举办一次，因此，没有必要月月补贴，一年中只在庙会期间补贴一次似乎更符合这类遗产的传承规律。

总之，对非物质文化遗产传承人实施经济补贴，必须严格遵守按劳取酬的原则，谁传承谁受益。如果我们忽略了这一原则，将所有的好处都给到一个人的头上，我们就会失去起码的公平，这样做不但无法促进传承活动的正常展开，反会因分配不公而破坏掉非物质文化遗产的有序传承。这就要求我们必须弄清各类遗产的传承规律，并按规律实施分类保护。那种否认非物质文化遗产传承规律，不加区别地管理所有遗产的想法与做法都不值得提倡。那样做只能是越管越乱。

一一四　传承人的断档通常是由什么原因造成的？如何解决这个问题？

非物质文化遗产需要活态传承，而活态传承的最大瓶颈就是传承人的断档问题。造成断档原因有五：

（1）因制度缺陷而造成的断档。

中国非物质文化遗产在传承过程中出现的断档，有时是因为制度的原因造成的。如某国家级项目，原本是有真正能拿得起放得下的传承人的。他们掌握着全部技术流程，特别是其中的核心技术，而且身体健康状况也非常好。但退休在即，单位担心技术外流，项目申报时，便将他们排斥在外，一切传承活动均由弟子代行。但弟子阅历有限，所学技艺尚未达到炉火纯青的地步，所以这些项目的核心技术一直没有很好地传承下来。这种因制度缺陷造成的传承断档在某些国有企业并不少见。

（2）因适龄人群出走而出现的断档。

作为传统民俗的一部分，有些非物质文化遗产传承是有着明确的年龄限定的。如在以歌为媒的少数民族地区，情歌的传承主要在刚刚步入青春期的年轻男女中进行。但在种地无法满足一家温饱的情况下，这一群体往往会成为当地外出打工的主力。而本应由他们来传承的侗族大歌、壮族情歌，也因这一传承主体的出走而陷入空前危机。针对这种情况，一些地区采取"抓两头，带中间"——即跳过这一年龄段，直接让留守老人教授孩童，通过跨代教育解决这类断档问题。他们采取的第二种方式是让当地懂得民歌、民乐、民艺的老师教授学童。这种将传统教育逐渐融入当代主流教育的做法，在侗族大歌的传承过程中发挥了很好的作用。当然，跨代教育与主流教育直接融入非物质文化遗产传承也有它的问题：在少数民族地区，情歌的演练通常都在同辈之间进行，而真正用于谈情说爱的情歌教育，是不可能通过跨代教育或主流教育的方式来完成的。这在某种程度上已经违背了非物质文化遗产传承的一般规律，以后肯定会滋生出一些后续问题。但有传承总比没传承好。对此，我们持谨慎的乐观态度。

（3）因缺乏市场而出现的断档。

对于"走市场"的非物质文化遗产项目而言，市场是技艺传承的基础。如果原有市场已经消失，非物质文化遗产项目就很容易因传承人的改行而出现技术性断档。如竹编草帽制作技艺、葡萄常琉璃葡萄制作技艺等，都是因市场的缺失而步入传承窘境的。因此，如何重建市场，乃是解决这类遗产断档问题的关键。

（4）因传承人自身问题而造成的断档。

传承人是非物质文化遗产的活态载体。非物质文化遗产的濒危说到底是传承人的濒危。因传承人濒危而出现的传承断档主要表现在以下几个方面：一是因传承人故去而造成的断档；二是因传承人年事已高，不再从事该项技艺传承而出现的断档；三是因生活所迫无力传承而出现的断档。除第一种情况外，其他濒危类型均可通过改善传承人生活环境、让传承人带徒授艺等方式，加以解决。

（5）因环境改变而出现的断档。

任何非物质文化遗产，都是在特定环境下产生、传承和发展起来的。无论自然环境，还是人文环境，都会对非物质文化遗产产生这样或是那样的影响。如文房四宝中笔墨纸砚的制作，就离不开特定物产等自然环境的支撑。如果自然环境发生变异，无法提供相关原料，这些制作笔墨纸砚的传统技艺就会因外部自然环境的改变而彻底断流。而许多民俗类非物质文化遗产，有时也需要更多的人文环境为其提供支撑。如民间的戏班子、狮子会、挎鼓会、高跷会、旱船会，都需要有特定的传统庙会为其提供人文环境方面的支撑。庙会一旦解体，相应的民间表演艺术也会因人文环境的改变而渐渐消亡。

一一五 保护非物质文化遗产最简单的方式，就是将它们放进博物馆吗？

有人说，既然非物质文化遗产迟早有一天要消亡，那么，保护它的最好办法当然是将它们放进博物馆。于是，很多地方开始筹建非物质文化遗产博物馆，而且，在许多地方这似乎已经成为非物质文化遗产保护手段的首选。那么，非物质文化遗产博物馆到底该不该建？这种馆藏式的保护又会给非物质文化遗产保护带来怎样的影响呢？

其实，我们并不反对建设非物质文化遗产博物馆，也不否认博物馆是保存传统技术和技艺的重要手段。早在2002年10月"中国非物质文化遗产保护工程"启动之前，我们在为这一工程制订总体规划时，就已经提出非物质文化遗产博物馆的建设问题。认为建立非物质文化遗产博物馆"一来可以解决我们这个投资数十亿，持续20年之重大工程的成果存放问题，同时也可为展示中华民族丰富多彩的民族文化提供一个重要窗口"。因为从理论上说，非物质文化遗产尽管重在保护那些"看不见"、"摸不着"，甚至是很难展示的传统知识、经验、技术、技能，但是，由于"物质文化遗产"与"非物质文化遗产"并不是截然不同的两种事物，而是一个事物的两个方面，因此，我们完全可以通过展示传统技艺"制成品"的方式，来保护、展示这些"看不见"、"摸不着"的非物质文化遗产。从理论上来说，这种做法是可行的。

但是，博物馆馆藏式保护，也会给非物质文化遗产保护与传承带来很多问题。

首先，博物馆展示的只是非物质文化遗产的"制成品"，而不是非物质文化遗产——传统技艺的本身，更不是它的所有技术与流程。这对于急于保护传统技艺的我们来说，肯定是不全面，甚至是不准确的。譬如皮影这种综合性很强的非物质文化遗产项目，其传统技艺既包括皮影的刻制、着色，也包括皮影的表演、独白、演唱以及乐器伴奏等等。如果我们将皮影都搜集到博物馆，除一幅幅皮影的影人还有机会让后人一睹芳容外，皮影的表演艺术还有吗？皮影的说唱艺术还有吗？皮影的独白艺术还有吗？皮影的伴奏艺术还有吗？都没有了。这还是保护吗？显然不是。皮影艺术是这样，木偶表演艺术、民间说唱艺术、民间戏曲艺术，只要进了博物馆的大门，又何尝不是如此呢？以上事例告诉我们，我们在筹建博物馆，搜集民俗文物时，一定要慎之又慎，绝不能因为我们的收藏而断送了非物质文化遗产的鲜活生命。搜集、展示也不能以破坏非物质文化遗产的正常传承为前提。

其次，博物馆是传承非物质文化遗产的重要手段，但不是最重要的手段，更不是唯一手段。如果对这种传承模式评价过高，或是干脆将其视为保护非物质文化遗产的唯一手段，以活态传承为基本特征的非物质文化遗产，就会因为我们的博物馆式保护而加速消亡。所以，博物馆式保护尽管可行，但一定要行之有度。千万不能因为我们保护理念的滞后，而将"活遗产"变成"死文物"。

一一六　保护精美工艺品是保护非物质文化遗产的首选方式吗？

作为非物质文化遗产的传统工艺美术通常有两个载体：其一是物质载体，即传承人制作出来的各种实物、制成品——如传承人制作出来的各种香包、剪纸、石雕、布艺等等；其二是活态载体——也就是我们所说的传承人。许多传统手工技艺正是通过他们的手一代接一代地传承下来的。

作为两种完全不同的载体，物质载体的最大价值是它的历史认识价值和借鉴价值。任何一种制成品都是特定时代、特定地域、特定艺人在特定历史条件下制作出来的。它在帮助我们认识特定时代、特定地域、特定传承人的审美风格方面，具有重要的参考价值。而作为活态载体的传承人，他的最大价值是他的信息传递价值——他们总能以活态传承的方式，将一种又一种的传统技艺，原原本本、原汁原味地继承下来，传承下去。这一点是物质载体所无法取代的。而这也恰恰是人类所急需的。衡量一个民族传统是否已经断流的基本尺度，不是保存至今的文物，而是传承人传承下来的传统技艺。为确保非物质文化遗产这一人类瑰宝有序相传，我们的保护重点就不应该是那些已经做好了的"实物"、"制成品"，而是制作这些制成品的鲜活技艺。传统技艺"看不见"、"摸不着"，只存在于传承人的头脑中，所以，要想保护好这些传统技艺，就必须从保护传承人做起。保护好传承人才是保护好非物质文化遗产的最佳切入点。有了这个切入点，保护工作才有"抓手"，我们才知道心往哪里想，劲儿往哪里用。也许正是在这样一种理念的支配下，日韩等国一直将保护传承人当成保护非物质文化遗产的头等大事。

一一七　为什么说让某种传统艺术"走进全国大中小学课堂"的提法值得商榷？

　　能够想到非物质文化遗产进课堂，是时代的进步。它充分显示出国人前所未有的文化自觉，这种做法也会给各种非物质文化遗产项目的普及带来更多的帮助。但是，即或如此，在具体的操作上我们仍需谨慎从事，否则很容易好心办坏事。为什么这么说呢？我们设想一下：如果只号召"昆曲进课堂"或是"京剧进课堂"，即使全国大中小学共同努力，最终保留下来的也只有"昆曲"或是"京剧"一种表演艺术。如果我们号召每个省都来保护一种本土表演艺术，全国加起来就会有几十种。如果我们号召各个县都来保护一种当地的本土艺术，全国加到一起就会数千种。如果真的能通过我们的努力，为自己的国家保留下成百上千种传统表演艺术，与只保护一种传统表演艺术相比，不是更有利于人类文化多样性的保护吗？作为遗产的守望者，我们应时时提醒自己：我们为什么保护非物质文化遗产？其实，保护非物质文化遗产的最终目的，不是只保护某种文化，而是要保护好各种各样的、丰富多彩的地域文化，并通过对地域文化独特性的保护进而实现对人类文化多样性的保护。只有一个个独具民族特色、地域特色的文化遗产都得到精心保护，人类文化的多样性才能得到最终保护。所以，号召全体国民保护好自己身边的每一种地域文化，特别是自己身边的优秀的草根文化、弱势文化，才是最最重要的。

　　此外，保护地域文化独特性，既是保护人类文化多样性的需要，也是建设和谐社会的需要。我们尊重一地文化，就是在尊重创造这种文化的人。只有大家彼此尊重，我们这个社会才会和谐，才会健康发展。如果这个也看不惯，那个也不顺眼，觉得只有自己的才是最好的，别人的都是不好的，你还会有那么多的朋友吗？费孝通先生曾经说过这样一句话："各美其美，美人之美，美美与共，天下大同"。尊重别人，尊重别人所创文化，才是人生之大美。

一一八　为什么说应尽快为
那些"无主"项目找到"婆家"？

在 2006 年颁布的《国家级非物质文化遗产名录》中，春节、清明、端午、中秋、重阳以及二十四节气等传统文化事项，多半都是在尚未找到合适的非物质文化遗产传承人的情况下暂以中央政府的名义申报的。这无疑反映出中国政府对正在迅速消失的传统节日的强烈关注。但这类项目如果长期无法落实到人，不但不利于这类项目的有序传承，同时也很容易被人们误读为各级政府有权取代民间社会，并成为非物质文化遗产传承人。而这样做的一个必然结果，便是在政策层面为非物质文化遗产"官俗化"打开方便之门。所以，作为各级政府，我们有责任为这些在特定历史条件下匆忙上马的"空壳"项目，找到真正优秀的非物质文化遗产传承人，让他们早日承担起非物质文化遗产传承重任，使那些已经进入官俗化程序的非物质文化遗产项目尽快回归民间。

一一九　为什么说非物质文化遗产
　　　需要"就地保护"？

就地保护原则最初出现在物质文化遗产保护领域。1968 年联合国教科文组织大会第十五届会议通过的《关于保护受到公共或私人工程危害的文化财产的建议案》指出："为保持历史的连续性和延续性，各成员国应对受到公共及私人工程危害的文化遗产实行'就地保护'原则，并给予优先考虑"。1990 年国际古迹遗址理事会全体大会通过的《考古遗产保护与管理宪章》也强调了"就地保护原则"的重要性。并认为在现有条件下，就地保护对文物可能更有好处。《宪章》认为："考古遗产管理的总体目标应该是古迹与遗址的就地保护，包括对一切相关记录与藏品的长期保管。将遗产的任何组成部分转移至新的地点的行为，都有悖就地保存原则"。"在某些情况下，把保护和管理古迹与遗址的责任委托给当地人民也许更为合适"。近年来，广为传播的生态博物馆理论所强调的也是就地保护原则。它告诉我们，将文物搬进博物馆进行标本式展示固然可以沿用，而对传统民俗采取就地保护的方法显然更有借鉴价值。目前中国政府所进行的文化生态保护区建设所体现的也正是这样一条思路。近年来，就地保护原则也被移植到了农业遗产保护中。中国科学院地理科学与资源研究所闵庆文研究员认为，对农业文化遗产所实施的原地保护原则，所强调的也是"农业文化遗产地不能在空间上发生大的迁移，农业遗产系统不能脱离其形成的原生自然环境和人文环境"。

与上述具有浓重物质文化遗产色彩的诸遗产相比，非物质文化遗产显然具有更多的"流动性",许多非物质文化遗产事项也都是随着人口的流动而完成其传承的。如历史上用于乞讨的凤阳花鼓、太平歌词,目前仍存活于韩国、越南等周边国家的传统节日——春节、端午等等,这都是随着人口的流动而传播四方的。但是,现在我们想强调的是,这些非物质文化遗产一旦固定下来,就要像移植过来且已与当地水土融为一体的花卉一样,尽量避免大的迁移,更不能以利益为诱饵去诱惑那些民间艺人,并让他们背离故土,远走他乡。任何一种非物质文化遗产都是环境的产物,一旦离开它们已经熟悉的环境,这些非物质文化遗产很可能就会因环境的改变而使其原有功能发生变异。如以择偶为目的的对歌,以协调动作为目的的川江号子,一旦离开它们固有的生活环境,变成巡演四方的民歌,其社会价值肯定会因环境的改变而改变。

当前,迫使传承人背井离乡的原因很多。其中最重要的一个,便是一些地方政府出于旅游开发与文化创意产业的需要而对传承人进行的"人事调动"。这种应景式的展演尽管不乏政府帮助,但拘束的空间,熙攘的人流、频繁的骚扰,不可能为传承人的传承提供一个他们所熟悉的、安安静静的劳作空间,在客观上也势必会影响到非物质文化遗产传承人的正常工作与传承。

我们强调就地保护,并不意味着非物质文化遗产不能推广至其他地区。相反,我们保护非物质文化遗产的最终目的,就是要让更多的人因此受益。但仅就非物质文化遗产本身而言,坚持就地保护,显然更适合于非物质文化遗产的传承规律。

一二〇 为什么说"传习所"、"大讲堂"很难培养出真正的遗产传承人？

非物质文化遗产既是非物质文化遗产传承人及其弟子掌握的一笔文化财富，也是一个民族共有的文化瑰宝。传承非物质文化遗产既可看成是每位传承人及其弟子们的共同责任，也应理解为一个国家每位公民的共同义务。但是，非物质文化遗产具有很强的专业性特点，所以，非遗知识与技艺的传承通常主要是靠师徒口耳相传、手手相授的方式在作坊里进行的。也就是说非物质文化遗产的传承需要很强的专业性——包括传承方式，也包括传承地点。这是非物质文化遗产传承的固有生态，也是非物质文化遗产传承的基本规律，它是经过千百年来无数代艺人、匠人反复验证并得到最终确认的传承模式。只要我们按此规律办事，非物质文化遗产就会风雨无阻，薪火相传。

但是，近年来我们也经常会看到这样一种情况：为扩大遗产教育的受众面，某些地方政府常常会通过开办传习所、大讲堂等大众化教育方式来扩大非物质文化遗产的传承范围。这种"广种薄收"式的遗产教育，对于遗产知识的普及来说当然没有问题。但是，试图通过这种大众化教育的方式培养出更多的响当当的专业型非物质文化遗产传承人，显然不够现实。因为这种普及型教育缺乏具有针对性的专业型辅导，缺乏生产经验与技能之外的行业知识的学习，更无法解决非物质文化遗产专业化传承这一根本性问题。再加之这种大众化教育很难提供实际操作的机会（绝大多数传统手工技艺都需要特定的工作场地，非常专业化的机械设备，而这些都是大讲堂所无法提供的），无法培养学员的动手能力，所以很难获得传承人的真传。现实将告诉我们，凭借"传习所"、"大讲堂"这种普及化教育可以促进非物质文化遗产知识的普及与传播，但不可能培养出真正的非物质文化遗产传承人。

一二一　在遗产传承中，"传习所"、"大讲堂"式的普及化教育意义何在？

　　"传习所"或"大讲堂"式的大众化教育虽然培养不出真正的非物质文化遗产传承人，但在遗产知识的普及与推广上，仍不乏重要的现实意义。

　　首先，各地方政府可以通过这种普及化教育，提高整个中华民族的非物质文化遗产保护意识。中国是非物质文化遗产极为丰富的国家之一，但人们的非物质文化遗产保护意识并不高，遗产教育亟待加强。而"传习所"、"大讲堂"这种普及化教育恰好填补了遗产教育方面的不足，前景十分看好。

　　其次，这种大讲堂式的遗产教育虽然培养不出真正的非物质文化遗产传承人，但完全可以为非物质文化遗产的传承，培养出更多的可资挑选的后继人才。据笔者所知，热贡唐卡艺人在挑选自己的弟子时，就会经常到这类学校挑选自己喜欢的后备人才。大众化教育是专业化教育的基础，就像金字塔越高就越需要夯实、拓宽基础一样，非物质文化遗产高端人才的培养，也需要一个庞大的后继梯队做支撑。而这个梯队恰恰是这类普及化教育基地培养出来的。

　　第三，"传习所"、"大讲堂"式的大众化教育，也可为遗产传承作重要补充。从理论上说，我们当然愿意看到所有的非遗项目都能以固有的方式，在民间社会有序传承。但许多事情并不一定会依我们的主观意愿而转移。如侗族大歌的传承主体本是20来岁谈婚论嫁的年轻人。这一群体应该是侗族大歌的天然传承者。但由于生计的需要，目前这一群体多出走他乡，成为到外地打工的主力军，因此，仅靠这一年龄段的年轻人来传承侗族大歌显然困难重重。在这样一种社会背景下，跨过这一年龄段，让老艺人或是熟知侗族大歌的当地老师，通过"传习所"或"大讲堂"传授侗族大歌，进行跨代传习，显然也是一种无奈的选择。

一二二　如何才能将兴建传习所、传承基地与保护老作坊、老字号统一起来?

在许多地方的非物质文化遗产保护规划中，都明确标明要建立多少个非物质文化遗产传习所，或是多少个非物质文化遗产传承基地，而很少提及保护多少个老字号、老作坊。

非物质文化遗产传承是有规律的。政府的任务不是用创造出来的"规律"去保护非物质文化遗产，而是按照非物质文化遗产固有的规律来保护非物质文化遗产。什么是非物质文化遗产的固有规律？举例来说，唱大歌到鼓楼，行歌坐月到寡妇家，琢玉雕石在作坊，说相声评书到茶楼，这就是这些非遗项目的传统，这就是这些非遗项目的固有的传承规律。如果政府有意提升传承人的生活品质，改善传承人的劳作空间，将作坊加大，将茶座升级，这都无可厚非。但如果抛弃了传承数百年的老作坊、老字号，将玉雕、石雕、相声、评书统统搬进军营一般的传习所、传承基地，或是把老艺人、老匠人统统请到政府新建起来的"非物质文化遗产一条街"，非物质文化遗产就很难有什么原生状态可言。而这些人文环境的改变，又会起到"牵一发动全身"的作用，并使非物质文化遗产发生质的改变。所以在非物质文化遗产保护过程中，我们更希望将传习所、传承基地的建设，与老字号、老作坊等传统文化空间的保护结合起来，而不是置老字号、老作坊于不顾，另搞一套带有明显官方色彩的传习空间，甚至用它来取代老字号、老作坊这样一类民间传统。

一二三　在大学开办侗族大歌、苗族舞蹈专业，是培养传承人的最佳方式吗？

　　在大学开办非物质文化遗产讲座，或是教授与非物质文化遗产有关的课程，不但无可厚非，还应积极鼓励，大力推动。因为作为一名学生，他们应该知道本民族或是本地区最优秀的传统是什么。但试图通过在大学开设诸如侗族大歌、苗族舞蹈一类的专业来培养正宗的非物质文化遗产传承人，至少在某些遗产领域是不现实的。这种想当然的做法，除能解决几名学员的农村户口、学业文凭问题外，对于非物质文化遗产传承人的培养未必能起到多少实质性的作用，搞不好还会适得其反，弄巧成拙，反而淡化了非物质文化遗产的原有本色。从侗族大歌、苗族舞蹈的传承规律看，真正优秀的、原汁原味的东西主要产生并存活于民间，最优秀的歌师也活跃于民间。民间是侗族大歌、苗族舞蹈最适于生存的天然沃土。让学员们离开这片沃土，来到一个被称之为"大学校园"的陌生环境，向那些并不十分熟悉侗族大歌或苗族舞蹈的洋教授们学习侗歌苗舞，这和送一群中国孩子去英国学汉语没有什么本质上区别。这种"怪异"的遗产教育不但培养不出真正的非物质文化遗产传承人，"美声唱法"一类外来文化的介入，还会改变这些孩子们的原有唱法与风格，使他们彻彻底底失去了作为非物质文化遗产传承人的资格，对于侗歌苗舞的传承来说真的只有百害而无一利。

一二四 让四大名绣传承人相互学习，
彼此借鉴，是推动遗产传承的最好方式吗？

在同一传承圈内，传承人之间互帮互学、彼此借鉴是不难理解的。只有相互学习，才能把真正好的技艺继承下来。但在不同传承圈之间，让他们相互学习，有时会衍生出很多问题，甚至会毁掉传承人所传项目。道理很简单：非物质文化遗产的可贵之处在于它的独特性。只有苏绣像苏绣，蜀绣像蜀绣，湘绣像湘绣，顾绣像顾绣，粤绣像粤绣，中国刺绣文化的多样性才能体现出来，中国的绣坛上才会呈现出"百花齐放，百家争鸣"的盛世奇观。如果我们将苏绣、蜀绣、湘绣、顾绣、粤绣等各种绣法的传承人组织到一起，让他们相互学习，或是诱导他们将其他绣种的技法融入到自己的绣种中来，其结果必然是"画虎不成反类犬"，不但人家的东西没学到，自己的风格也会因其他技法的融入而消失殆尽。也就是说，这种相互学习、彼此借鉴的学习方式，很容易加速各绣种的同化进程，并从根本上摒弃了保护人类文化多样性的初衷。其实，不仅是刺绣，其他表演艺术、传统工艺技术在传承过程中也存在同样问题。如某遗产项目本是一出地方小戏，但当地政府为"提高"小戏档次，不惜巨资，聘请著名京剧演员对该剧种的表演技艺进行全面"提升"。其结果是随着外来京剧元素的大量引入，民间小戏的地方特色荡然无存。到最后，不但没有使自己的艺术品位得到提升，反倒使自己被外来文化吞没并早早地退出了本属于自己的历史舞台。这样的教训不能不记取。

一二五　聘请大学教授向传承人传授某种技艺，是促进遗产传承的最佳模式吗？

　　非物质文化遗产项目中包含很多传统技艺，但持有这种技艺的并不是大学教授，而是那些普普通通的民间艺人或匠人。所以，即或我们的教授才高八斗，对于这些传统技艺来说，恐怕也是个十足的门外汉。从这个角度来说，让教授们给非物质文化遗产传承人当老师不能不说是一种非常奇怪的做法。退一万步说，就算是这些教授们是研究中国剪纸或是什么传统技艺的专家，实际上，由于他们接受过太多的不同风格的影响，已经谈不上代表哪一个地方的地域文化，让传承人们跟他们学习剪纸或是其他什么技艺，其结果必然是传承人被教授们杂乱无章的风格所同化。这对于以保护地域文化独特性为己任的非物质文化遗产保护工程来说，无疑是南辕北辙。

　　这种"高档次"的遗产教育应该休矣！

一二六　将传承人聚在一起常年展演，
　　　　会更有利于非物质文化遗产的良性传承吗？

　　如果建立传统工艺品一条街，用于非物质文化遗产产品的展示与营销，我们会十分赞同。与国外相比，这种旅游观光步行街不是太多，而是太少，现有设施根本满足不了日益发展的旅游市场的需求。但如果让各种各样的传承人都汇集到这里，五米一个五米一个，进行各种各样的表演与展示，我们则会坚决反对。非物质文化遗产传承是有规律的。这个规律就是任何一种工艺品的制作，都是在相对安静的作坊里进行。如果违反这一规律，将牙雕艺人、玉雕艺人、民间歌手、史诗艺人都弄到一条拥挤不堪的大街上"作秀"，我们的传承人还怎么制作？我们的非物质文化遗产还怎么传承？笔者曾在一条被称为"非物质文化遗产一条街"的人造景区，看到过这样一个场景——一个玉雕艺人正在雕刻，一个学生模样的人走了过来，低头问："大爷，你这块玉值多少钱？""五万"，老人答道。一会儿又过来位胖妇人，问道："您一天能雕出他的眉眼儿吗？""不能"，老人答道。……整整一个钟头，老人的嘴就没停过。各位看官，当你看到这儿，你还相信这样的地方能雕出好的作品，能培养出真正的传承人吗？如果是"文化遗产日"，或是什么特别的节日，让传承人牺牲点儿时间进行公益展示，是能够理解的。但如果天天如此，我们真的会为中国的非物质文化遗产担忧了。

　　那么，国外是怎么解决这个问题的呢？

　　近年来，一些国外学者在遗产保护与旅游开发过程中，摸索出了一条既能促进旅游发展，又不影响遗产传承的更为折中的路径，这便是所谓的"前台"、"后台"理论。所谓"前台"，就是每天必须面对顾客的店铺门面，一般性产品的生产、销售主要在这里进行。由于这里的主要功能是销售与演示，真正的艺人、匠人是不会在这里工作的。这里的销售、演示，主要由二流甚至三流的工匠进行。而所谓"后台"，则是指店铺门面后面的作坊。由于这里安静，所以，老艺人、老匠人的工作主要在这里进行。其实，这种"前台"、"后台"模式与历史上的前店后厂模式如出一辙。可见，只要继承传统，我们的保护就不会出现太大问题。

一二七　为什么说应该对已经被破坏了的
　　　　非物质文化遗产项目进行必要的文化修复？

　　非物质文化遗产就其本质而言就是"文物"。与文物不同的是，它是活着的"文物"。只要我们原汁原味的传承，原汁原味的保护，非物质文化遗产就一定具有难得的历史认识价值。但是，遗憾的是由于非物质文化遗产就活在当下，很少有人意识到它是"文物"，经常从当代审美观的角度出发，对它们进行随心所欲的改造。这种改造对于非物质文化遗产来说是致命性的。为确保非物质文化遗产的固有价值，一经发现某遗产项目已经被人为加工、改造，就应该在第一时间对其进行必要的文化修复。

　　所谓"文化修复"，就是将已经被人为改造或破坏过的非物质文化遗产，还原到被人为改造、破坏之前那个状态的一系列复原工作。

　　文化修复的第一步是聘请专家全面会诊，并在深入调查、详细分析的基础上，弄清哪些是非物质文化遗产的原有部分？哪些是后来附会上去的部分？附会的原因是什么？然后制订出详细的修复计划。作为一项制度，当地的非遗保护工作者虽有提出文化修复的义务，但绝无决定是否修复及怎样修复的权力。修复计划的制订，应该首先获得当地见过此种技艺或技能的民众的认可，然后才能向上级主管部门提出修复申请。待上级主管部门组织专家认定之后，修复计划方可实施。

　　当然，由于所处位置不同，看待问题的角度不同，人们对非物质文化遗产"原貌"的理解也会见仁见智。但我们认为所谓的"原貌"，必须以看到过"原貌"的历史见证人尚活在人世为前提。仅凭文献或想象恢复到理想中"原貌"的做法，对以追求百分百真实为己任的我们来说，显然不够合适。考虑到中国的具体国情，我们至少可以为我们所要恢复出的"原貌"，设置出以下三个节点：

第一个节点是改革开放前或旅游开发前（1978年以前）的样子；

第二个节点是文化大革命前（1966年以前）的样子；

第三个节点是解放前（1949年以前）的样子。

之所以要恢复到上述三大历史关节点之前的状态，主要是因为这三大历史事件对中国传统造成过太大冲击，而冲击之前的非物质文化遗产应该是处于一个相对理想的"原生状态"。至于能恢复到哪种状态，主要还是要看哪个时段的非物质文化遗产保存信息最多，哪个时段的非物质文化遗产更真实、更可靠。出于慎重，我们认为将已经发生过变形的非物质文化遗产恢复到30年前，即恢复到改革开放前或旅游开发前的状态就已经很好。文化的发展是个过程，将这些已经变了形的非物质文化遗产，恢复到大家都还熟悉的30年前的状态，不但真实可靠，而且还能比较真实地反映出该文化的演变过程，更容易获得当地民众的认同。

还有一种残缺程度更高的非物质文化遗产——如老艺人突然故去后留下的遗产。对于这类遗产我们究竟应该采取怎样一种态度呢？

通常，我们所说的非物质文化遗产，都是指那些祖先在历史上创造并以活态形式传承至今的、具有重要历史认识价值的传统文化事项。因此，普查中，我们所关注的申报项目，也必须以传承人在世，其传统手工技艺仍以活态方式传承至今为前提。如果身怀绝技的传承人突然离世，而当地又确有人可以将其技艺中的绝大部分内容传承下去，我们仍鼓励当地政府将这部分濒危遗产及时保护下来，并适时申报。在申报过程中，尽管这类遗产因现状残缺而不占优势，但其濒危程度仍可为申报加分，因为这类濒危遗产正是我们抢救工作的重点。

一二八　传承补助金的发放应注意哪些问题？

补助金的发放，犹如治病投药——投多了适得其反，投少了难达目的，投错了伤及性命。所以，开出一份既治病又不伤身的好药，才称得上是记"良方"。

一个好的补助金发放制度，应达成这样一个目标：既能帮助传承人解决生活之忧、传承之忧，又不会对非物质文化遗产及其原有生态造成"保护性"破坏。

那么，补助金的发放究竟会引发哪些问题并需要我们提早防范呢？

（1）因补助金发放带来的利益之争，很容易导致伪传承人的出现。

一年一万元的补助，对于一个城里人来说，也许算不上是一个什么特别大的诱惑。但对于一个生活在贫困地区的农民来说，这很可能就是他们三四年的收入。面对如此之大的诱惑，不让人动心是很难的。在我们的调查中，伪传承人出现的几率，农村远远高于城市，就是一个最直接的佐证。调查结果表明，传承人的造假率往往与当地人的生活水平呈负相关：地方越穷，造假率越高；地方越富，造假率越低。当然，这并不意味着发达地区就不存在造假问题。发达地区的造假同样受制于经济利益的驱动——一个人一旦评为国家级非物质文化遗产传承人，其作品就会身价倍增，并给他带来优厚的经济回报。因此，如何解决传承人的造假问题，已经成为非物质文化遗产申报过程中必须要重点关注的一个问题。

（2）容易关注个体，忽略群体，从而造成事实上的不公。

在非物质文化遗产传承过程中，团体传承与群体传承项目，几乎可占到传承总量的近70%。这些传承群体在传承一国文明的过程中，发挥了重要作用。但长期以来，我们似乎只注意到了个体传承，而忽略了团体传承与群体传承的作用。无论这个项目传承者多寡，都会从中指定出一名"代表性传承人"，并让他独享众人所创成果。这样做不但有碍公平公正，同时，分配的不公也很容易影响到原有的人际关系。"没事"变成了"有事"，"好事"变成了"坏事"。那么，补助金的发放究竟应该怎样运作呢？当然是谁作贡献给谁。具体来说就是个体传承型项目给个人，团体传承型项目给团体，群体传承型项目给群体，至于这笔资金怎么使用，我们将作专题讨论。

（3）补助金的截留会严重影响到传承人的积极性。

传承补助金的发放，既可视为政府对传承人传承工作的补贴，也可视为政府对传承人传承工作的肯定。但是，如果传承人明知政府的补助金已经到位而又迟迟转不到自己手中，自然会心生怨气。其实，作为地方政府也并非没有自己的苦衷——普查需要经费，申报需要经费，接待来访官员还需要经费，而这些费用又很难纳入地方财政预算。最后只能动用补助金这笔意外之"财"来填补上述经费的不足。据笔者所知，经费不足确实是困扰许多省市非物质文化遗产保护工作的难题之一，但无论有多大困难，我们都不能动用传承补助金这块专门分给传承人的"奶酪"，否则，后续工作很难进行。

一二九　传承补助金应该如何发放？

　　为鼓励传承，许多国家都制定了专门针对传承人的补助金发放制度。这样做不但可以缓解传承人的生活压力，同时还可以补充传承人传承经费的不足。但从现有各国所实施的补贴制度看，他们多犯下了一个同样的错误——在补助金发放过程中，很少注意到团体传承、群体传承与个体传承的差异，特别是常常把许多团体传承、群体传承项目等同于个体传承。一旦有了好处——如发放补助金的时候——就会把大家共同传承所取得的成果，拱手奉献给某个人——所谓的"代表性传承人"。其结果不但没有给当事人带来任何愉悦，反而激化了矛盾，使好事变成了坏事。这种情况如果只发生在一地，可能是地方政府在政策的执行上出了问题；但如果发生在许多地区，我们就不能不考虑是否是我们在政策制定上出了问题。

　　那么，传承补贴到底应该怎样发放才算科学呢？很简单——按劳取酬。譬如说，个体性传承项目——如宫廷弓箭制作技艺是由杨福喜一个人传承的，一旦有了补贴，将这笔钱发放给杨福喜，别人不会有任何意见。但作为团体传承型项目——如皮影、京剧，仅凭一己之力是不可能传承的，这类项目必须依靠该团体所有成员的共同努力方能实现有序传承。以皮影为例。在一个剧团中，即或每个人身兼数职（如板胡兼小唢呐，二胡兼大唢呐，司鼓兼三弦，司锣兼笛子，司钹兼碰铃等等），演艺人员通常也不能少于6位。缺少其中的任何一位，皮影都不能正常演出，正常传承。同样，荣宝斋木版水印也是个集体合作的产物。这其中，无论是缺了描图，少了雕版，没了印制，还是亏了装裱，都无法印制出一幅合格的木版水印作品。正因为这类遗产的传承是以小团体的形式出现的，所以，在补助金发放过程中，就应遵守利益共沾原则，让为该遗产传承做出贡献的所有人都能得到"好处"。否则，该遗产的传承就会因奖励制度设计上的缺失而引发更大问题。

传统节日仪式类遗产规模更大，这类遗产的参与者少则数百，多则上万甚至数十万。那么，这类遗产一旦有了"好处"，这个"好处"应该给谁呢？有人认为这类遗产没有传承人，根本不存在补助金发放问题。有人则认为应该给代表性传承人。其实这些想法与做法都存在问题。明眼人都明白，这么大的仪式，不可能没有传承人。我们只能说这类遗产传承人太多，不深入调查，我们很难确定。认为应该将这笔"好处"分发给代表性传承人也有问题。因为这么大的项目是不可能由一个"代表性传承人"就能独立完成的。

我们认为：这类遗产项目一旦有了"好处"，应该将这"好处"发放给所有的仪式参与者。事实上民间也正是这样做的。譬如河北省范庄的龙牌会，他们一旦筹得经费，必须如数上交"会上"，任何个人都不得挤占挪用。而且所有款项都必须张榜公布，对经费实施民主化管理。哪怕是一元钱，哪怕是老奶奶捐出的两颗白菜，都必须白纸黑字落在明处。至于这些善款到底是用于庙会期间的租车，还是解决上会期间信众的吃食，完全由大会主席团集体决定。这也从根本上杜绝了贪污腐败行为的发生。所以，从理论上说，将补贴经费直接拨到"会上"是可行的。需要注意的是，由于这类节日仪式类遗产一年只有一次，拨付经费也没有必要月月拨付，只要节日仪式举办之前拨付到位既可。

一三〇 为什么说变"输血"为"造血"，才是治疗传承人"贫血症"的最佳模式？

在非物质文化遗产保护工作中，资金的投入必不可少。比如在资料的搜集、整理、出版，各种拍摄设备的置办，各种公益性活动的举行，场地、交通条件的改善，传承人的传承补贴等方面，都需要国家的经费投入。在这方面，我们尽管也做了种种努力，但与发达国家相比，仍有相当差距，需要进一步加强。但是，金钱本身也是一柄双刃剑，投入过滥，一味"输血"，也会使传承人因富足而不思进取，甚至失去最起码的传承动力。所以，"输血"虽然是个办法，但绝不是包治百病的好办法，更不是治疗非物质文化遗产传承经费不足的唯一办法。历史需要我们从更深的一个层次上，去寻找非物质文化遗产传承的核心驱动力，化"输血"为"造血"，通过各种激励机制的建立，让更多的传承人"动"起来，这才是解决传承人传承原动力不足的关键。打个比方：一个葫芦丝艺人，以前一天做一个葫芦丝只能挣50元，但国家一旦赋予他国家级非物质文化遗产传承人称号，他的葫芦丝可能一件就能卖500元。当他每天只能挣50元时，他会考虑外出打工。但当他一天能挣到500元，他还会外出打工吗？肯定不会了。他不但会继续他的葫芦丝制作，还会越做越精，越做越好。年轻人看他挣这么多钱，自然会拜师学艺。这项手艺还会失传吗？显然不会。大家看看，国家没花一分钱，给他的只是一个政策，就已经使他身价倍增。从传承动力学的角度看问题，他的传承动力是什么？显然国家以及各级政府赋予给他的荣誉。这就是政府的力量，这就是行政资源的力量。政府什么最多？不是金钱，是政策。一个好的政策，足抵万金。来自政府的命名，不但可使这些杰出的艺人、匠人获取不菲的经济回报，同时也会在无形之中激发起他们保住各种祖传手艺的自信心和责任感，而这是只给传承人几个屈指可数的"小钱"所无法比拟的。

一三一 如何才能建立起
专门针对传承人的激励机制?

从调查中我们得知,非物质文化遗产传承中的最大问题,并不是传承人缺吃少穿、急需生活补贴,也不是传承经费严重缺失。要想通过生活补助金或传承补助金的发放来解决非物质文化遗产传承难,很难说是从根本上解决了问题。此外,"十取其一"的专门针对代表性传承人个人的传承补助金发放制度,还会影响到传承人之间的和谐与传承秩序的稳定。因此,要想真正调动起非物质文化遗产传承人的积极性,恐怕最终还是要变"输血"为"造血",通过政策扶持从根本上解决传承难的问题。我们的初步设想是:

(1)通过表彰、命名、授牌以提高非物质文化遗产传承人知名度的方式,增加其产品的可信度与附加值。

(2)通过减免税收,增强非物质文化遗产传承人的市场竞争力。即使是国家级遗产项目也应该参与竞争。因为只有市场优胜劣汰法则,才可催生出更多更好的文化产品。但在高端市场尚未形成之前,各级政府有必要通过减免税收等方式,为国家级遗产项目生产标杆式产品提供更多的政策上的扶持,这对于提升整个行业技术水平和市场竞争力都至关重要。减免对象既包括传统手工技艺类遗产,也包括表演艺术类遗产。

(3)通过由政府帮助传承人注册商标、办理专利等方式,保护非物质文化遗产传承人的合法权利。为传承人祖传技艺的保护,提供法律方面的支持。

（4）通过提供更加宽敞的工作场所、展示场所与演出场所，为传承人搭建一个更加舒适的传承平台。在这方面，中国政府已经有了非常多的成功经验，值得其他国家参考借鉴。当然，在扶持过程中，既要考虑到传承人方面的需求，也要考虑政府方面的需要。只要设计巧妙，实现政府与传承人的"双赢"并不存在太大问题。

（5）政府可通过收购艺人产品的方式增加艺人收入，鼓励他们传承非物质文化遗产的积极性。非物质文化遗产是一个民族传统文化的精华，也是各地都应大力宣传、弘扬的地域标志性文化。可考虑通过政府采购或包场等方式，"回购"传承人"产品"，并作为政府礼物赠送来访友人或回报当地社会。产品回购不但可以增加传承人的收入，增强传承人传承本国、本地遗产的积极性，同时还可以通过这种方式宣传本土文化。在国外，这种做法已经非常流行，值得我们学习和借鉴。

（6）传承人的主要任务是原汁原味传承好祖先留给我们的非物质文化遗产，但考虑到非物质文化遗产产业化需要，我们同样希望政府能从政策层面鼓励传承人，让他们将手中可以进行大规模开发的非物质文化遗产项目（如中成药中的"祖传秘方"等）贡献出来，并实施产业化经营。这类遗产具有非常高的经济附加值，它的加入必将为中国传统文化产业化发展注入强劲动力。

（7）改善传承人生活环境，为传承人的传承提供一个相对宽松的经济环境。从调查中我们不难发现，绝大多数传承人并无经济上的后顾之忧。由于有一技之长，他们的生活通常还要比周边人群稍好一些。但我们并不排除特例。如在某些地区，确有因病致贫情况发生，有些甚至已经影响到了遗产传承。对于这部分人群我们能否通过个人申请、地方政府审核、传承群体监管、中央财政补贴的方式，由国家出资解决。这样做的好处有三：一是可以最大限度地扶持确有困难的传承人，让他们安心传承；二是可以最大限度地避免在传承人遴选过程中因利益驱动而出现的造假问题；三是可以最大限度地维系好传承人之间的人际关系。

（8）可以考虑由中央政府统一为国家级传承人办理高等级的大病统筹医疗保险，彻底解决传承人因病致贫的后顾之忧。

一三二 "一切向钱看" 会给
非物质文化遗产保护带来怎样的问题?

在商业社会中,非物质文化遗产保护既无法回避也没有必要回避商界的介入。顺应规律的商业介入,不但会提高传承人的收入水平,同时也会有效促进非物质文化遗产的良性发展与有序传承。只是有一点我们必须清楚:商业介入是柄双刃剑,我们在巧用市场这只"看不见的手"以刺激非物质文化遗产自主传承的同时,也应充分地考虑到失当的商业介入,同样会给非物质文化遗产带来负面影响。商业介入对非物质文化遗产所造成的负面影响,主要集中在以下两个方面:一是追求商业利润最大化给非物质文化遗产原真性造成的负面影响,二是追求及时回报给非物质文化遗产原真性造成的负面影响。

那么,追求商业利润最大化会给非物质文化遗产原真性带来怎样的影响呢?

从价值取向看,商业投资追求的是商业利润的最大化。一旦进入这一评估体系,人们就会以商业利润的最大化为基本目标,并要求非物质文化遗产传承必须符合"商业规律"而不是非物质文化遗产"传承规律",从而破坏了非物质文化遗产的原有真实。以民间表演艺术为例,传统表演艺术如祁阳小调、八角鼓、北京琴书、安徽琴书等都是一人伴奏,一人演唱的。作为非物质文化遗产项目,即使赔钱,也应该如此。但这些项目一旦进入商业化运作,追求商业利润最大化的商家很容易为节省成本,增加利润,而将一人演唱、一人伴奏的二元传承模式改造成一人演唱、录音机伴奏的一元传承模式。这样做虽然省下了一个演员的份儿钱，但也使民间艺术失去了原有韵味儿，变成了"半拉子"传承。由此可见，商业介入与有序传承有时确实是一对很难调和的矛盾。而在这个过程中，一旦追求利益最大化的念头占了上风，科学保护也就成了一句空话。

商业社会强调及时回报又会给非物质文化遗产原真性造成怎样的影响呢？

商业经营强调及时回报。今天投入最好明天就能产出，甚至"回本"。这种做法在以盈利为目的的商业社会几乎不会受到任何指责。但是，带着这种念头的商家一旦进入非物质文化遗产保护领域，就很容易为获取短期利益而干出杀鸡取卵、竭泽而渔的勾当。据我们研究，在少数民族村落游中，与原生态作品展示相比，改编作品在改编之初更容易挣到钱。但经长期跟踪我们又发现，一旦游客们知道这里上演的都是导演们改编过的"伪民俗"，马上又都会心生厌倦并永远不再光顾。许多以"改编"起家的旅游地之所以创办之初门庭若市，一段时间后又门可罗雀，都与因改编而导致的原生资源丧失有关。事实最终将会证明，由于原生作品可以让游客大开眼界，并从眼前的表演中领略到数百乃至数千年前的远古风情，所以，与"伪民俗"游相比，这种原生态旅游更持续，也更有后劲儿。而且，虽然有时原生态旅游"看点"本身并不挣钱，但只要游客踏至，当地人完全可以通过当地土特产、工艺品的营销，小旅馆、小卖部、小饭店的经营而挣到更多的钱。可见，在利益这块"蛋糕"的分配上，是"钱"字当先，还是"保"字当先，结果全然不同。

一三三　某地端午节入选国家名录，是否意味着全国各地的端午节也都成了国家级遗产？

在日常生活中我们常常会看到这样一种情形：一旦某地某传统节日入选了《国家级非物质文化遗产名录》，其他地区的人们都会不约而同地认为本地的这个节日也成了国家级项目。其实，这是种误解。以端午节为例，我国有 2000 多个县市，每个县市几乎都有过端午节的传统。但这并不意味着一旦某地端午节入选《国家级非物质文化遗产名录》，就意味着全国所有地方的端午节也都一下子升格为国家级非物质文化遗产。为防止这种"乱搭车"行为的发生，在遗产申报过程中，各级政府都会在《申报书》中明确标明该遗产项目的传承人或传承单位。这种将传承项目与特定传承人、传承单位捆绑在一起的"捆绑式"申报方式的实施，目的就是告诉人们：尽管全国各地都有端午节，但我们指定的并不是全国各地所有的端午节，而是《申报书》中明确指定的"这一个"，其他地区的端午节与该非物质文化遗产项目无关。因为由于历史、地域等诸多条件的限定，有些地方的端午节还保持着相对完整的传统风貌，而有些地方的端午节已经出现明显蜕变，有些地方的端午节甚至只剩下了一个"吃"。面对这些已经大不相同的端午节，以保护传统文化基因为己任的我们，不可能不加选择地对这些传统节日类遗产实施无差别保护或无差别申报。我们唯一能做的，就是在非物质文化遗产项目评审过程中，将那些最能代表中国端午文化传统的一地或几地的端午节，根据它们所含传统文化基因的不同，将它们遴选出来，并纳入《国家级非物质文化遗产名录》。

　　出现"乱搭车"现象还有一个很重要的原因，就是在评审第一批《国家级非物质文化遗产名录》时正赶上中韩端午祭之争。为表明中国政府有能力保护好自身传统的鲜明态度，文化部对一些尚未寻找到合适传承人或传承单位的节日遗产项目，也实施了申报（申报书由文化部代为填写）。在当时这无疑只是个权宜之计，并不意味着只要是文化部申报，全国各地的同类节日都可以搭车进入《国家级非物质文化遗产名录》。

一三四　濒危型遗产主要包括哪些类型？　一旦发现如何实施抢救？

　　保护精品是非物质文化遗产保护永远追求的目标。但依目前国力，我们还不可能将所有非物质文化遗产都一股脑儿地保护起来。我们必须分清轻重缓急，集中人力、物力、财力，将那些已经处于濒危状态的非物质文化遗产，特别是那些因人为干预而导致濒危的非物质文化遗产项目及时抢救下来，为今后人类新文化的创造保留下更多的参考与资源。

　　据不完全统计，中国的濒危遗产大约占遗产总量的近1/3。这些濒危型遗产主要包括以下几种类型：

　　（1）学习周期长，见效慢，效益差，无法养家糊口的遗产项目。

　　（2）以家族传承为主，而家族中又缺少后继人才的一脉单传型遗产项目。

　　（3）首席传承人年龄老化（80岁以上）或身体欠佳（有严重疾病）而后继人才尚未培养起来的遗产项目。

　　（4）传统经济来源已经中断而传承者又不思进取的"公有制"遗产项目。

　　（5）市场严重萎缩而导致濒危的遗产项目。

　　（6）因传承群体外出打工、搬迁而引发的难以为继的集体传承型遗产项目。

　　（7）因体制约束而难以正常发挥的遗产项目。

　　（8）旅游开发过程中被过度开发利用的遗产项目。

（9）被政府、专业人士及专业团体指导、改编、改造过，已经失去原有味道、原有文化基因的遗产项目。

（10）技术断层非常严重近期又很难恢复的遗产项目。

（11）传承人隶属各政府机关，申批后又无法正常传承的空壳型遗产项目。

（12）已立项，但真正的标志性传承人并未被举荐上来的待补型遗产项目。

（13）因规模过大，不具有可操作性而尚未得到有效传承的遗产项目。

（14）已进行过产业化开发，并被机械化生产所取代的传统手工技艺类遗产项目。

（15）因外部环境改变而无法继续原汁原味传承的遗产项目。

从上述统计中我们不难看出，遗产濒危通常主要来自三个方面：一是因传承人而导致的濒危；二是因外力介入，特别是政府强力介入而导致的濒危；三是因外部环境改变而导致的濒危。

那么，发现濒危遗产之后我们应该如何抢救呢？

（1）通过深入调研，找出濒危原因。

（2）根据濒危原因制定出明确的保护计划。

通常的做法是：

首先，要大致判断出濒危遗产的存活时间。

其次是根据存活时间，制定出明确的阶段性保护计划，以确保在计划时间内最大限度地抢救下这些遗产。

第三，抢救计划应实行"双人双岗"制，传承学艺与记录整理同时进行——确保传承时传承方有专人学艺，保护方有专人记录（录音录像）。

第四，抢救过程中，学艺者、记录者都可适当增加人数，以确保遗产项目的全息记录与全息传承。

第五，抢救过程中，政府应对传承人、学艺者给予一定的经济补贴和充足的经费支持。

第六，如果是因传承人年龄或身体状况而出现濒危，政府可通过财政拨款实施积极抢救；因客观原因造成的濒危，政府可根据抢救进度，适当推迟外力的侵彻速度。

一三五　中国的非物质文化遗产保护主要采用了哪几种模式？

从 2003 年算起，中国政府启动的非物质文化遗产保护工程已经走过了整整十个年头，在这十年中，中国政府对非物质文化遗产的保护，主要采取了以下几种保护模式：

（1）开展全国性的非物质文化遗产大普查。

为贯彻落实《国务院办公厅关于加强我国非物质文化遗产保护工作的意见》的精神，推进我国非物质文化遗产保护工作的进一步深入，文化部决定从 2005 年起，在全国范围内开展非物质文化遗产大普查。全面开展非物质文化遗产大普查，是我国非物质文化遗产保护的基础性工作，是全面了解和掌握各地各民族非物质文化遗产资源的种类、数量、分布状况、生存环境、保护现状及存在问题的需要，是制订非物质文化遗产保护规划的需要。做好这项工作，对于建立非物质文化遗产保护工作制度，建设社会主义先进文化，落实科学发展观，实现经济社会的全面、协调、可持续发展，都具有重要的现实意义和深远的历史意义。文化部要求各地运用文字、录音、录像、数字化多媒体等方式，对非物质文化遗产进行真实、系统和全面的记录，认定和抢救一批具有历史、文化和科学价值的、处于濒危状态的非物质文化遗产项目。通过深入调查，做好国内非物质文化遗产资源的摸底工作。

（2）建立《国家级非物质文化遗产名录》体系。

2006 年 5 月 20 日，国务院批准公布了第一批《国家级非物质文化遗

产名录》（共 518 项）；2008 年 6 月 14 日，公布了第二批《国家级非物质
文化遗产名录》（共计 510 项）和第一批《国家级非物质文化遗产扩展项
目名录》（共计 147 项）；2011 年国务院公布第三批《国家级非物质文化
遗产名录》（共 191 项）和《国家级非物质文化遗产名录扩展项目名录》
（共计 164 项）。名录的公布，标志着中国国家级非物质文化遗产代表作
名录体系开始建立，体现了中国非物质文化遗产保护工作已经进入体系
化、科学化保护阶段。中国的《国家级非物质文化遗产名录》每两年申
报一次。

（3）选定国家级非物质文化遗产传承人。

为了有效传承和保护国家级非物质文化遗产，鼓励和支持代表性传
承人开展传习活动，2007 年文化部公布了第一批《国家级非物质文化遗
产名录项目代表性传承人》226 名；2008 年公布了第二批《国家级非物
质文化遗产名录项目代表性传承人》551 名；2009 年公布了第三批《国
家级非物质文化遗产名录项目代表性传承人》711 名；2012 年公布了第
四批《国家级非物质文化遗产名录项目代表性传承人》498 名。目前，
我国共有《国家级非物质文化遗产名录项目代表性传承人》1986 名。作
为非物质文化遗产保护工作的重要组成部分，文化部将不定期评选，并
对他们的传承予以一定的经费支持。

（4）建立国家级文化生态保护区。

建立文化生态保护区，对于推动非物质文化遗产的整体保护与有序
传承，对于维护当地文化生态系统的平衡和完整，对于提高当地人民的
文化自觉，增强他们的自信心与凝聚力，对于增进当地的民族团结与社
会稳定，对于促进当地和谐文明的建设和经济社会的全面协调与可持续
发展，都具有重要的战略意义。2007 年 6 月，文化部宣布建立中国第一
个文化生态保护实验区——闽南文化生态保护试验区。目前，已批准建
立的文化生态保护区共有：闽南文化生态保护实验区（福建省，2007 年 6

月）；徽州文化生态保护实验区（安徽省、江西省，2008 年 1 月）；热贡文化生态保护实验区（青海省，2008 年 8 月）；羌族文化生态保护实验区（四川省、陕西省，2008 年 11 月）；客家文化（梅州）生态保护实验区（广东省，2010 年 5 月）；武陵山区（湘西）土家族苗族文化生态保护实验区（湖南省，2010 年 5 月）海洋渔文化（象山）生态保护实验区（浙江省，2010 年 6 月）；晋中文化生态保护实验区（山西省，2010 年 6 月）；潍水文化生态保护实验区（山东省，2010 年 11 月）；大理文化生态保护实验保护区（云南省，2011 年 1 月 17 日）；迪庆文化生态保护实验区（云南省，2010 年）；陕北文化生态实验保护区（陕西省，2012 年 5 月 25 日）；客家文化（赣南）生态保护实验区（江西省，2013 年 1 月 6 日）；黔东南民族文化生态保护实验区（贵州省，2012 年 12 月 31 日）。

（5）设立"文化遗产日"。

国务院决定从 2006 年起，每年 6 月的第二个星期六为中国的"文化遗产日"。文化遗产日的设立，对于提高全民文化遗产保护意识具有重要意义。在遗产日期间，全国各地都会举行各种宣传活动。这些活动包括：非物质文化遗产展；物质文化遗产展；各电视台的大型直播活动；中国文化遗产日专场晚会；国际非物质文化遗产节；学术论坛等。当然，每年的主题会各有不同。2006 年的主题是"保护文化遗产，守护精神家园"；2007 年的主题是"保护文化遗产，构建和谐社会"；2008 年的主题是"文化遗产人人保护，保护成果人人共享"；2009 年的主题是"保护文化遗产，促进科学发展"；2010 年的主题是"文化遗产，在我身边"；2011 年的主题是"文化遗产与美好生活"；2012 年的主题是"文化遗产与文化繁荣"；2013 年的主题是"文化遗产与全面小康"。

（6）开展非物质文化遗产教育。

在 2008 年文化部向社会公布的中国非物质文化遗产保护工作重点中，将"非物质文化遗产"纳入国民教育体系，已经纳入并成为 2008

年非物质文化遗产保护工作的重中之重。加强非物质文化遗产进课堂、进教材、进校园工作。文化部与教育部等部门协商，计划将非物质文化遗产纳入国民教育体系，把非物质文化遗产纳入中小学课程，组织非物质文化遗产进大学等，使青少年近距离感受和了解我国的优秀文化传统。

（7）有计划地鼓励各地建设非物质文化遗产博物馆、展示中心或传习所。

有计划地鼓励各地建设非物质文化遗产博物馆、展示中心或传习所，特别是鼓励发展民营博物馆，抢救征集具有历史、文化和科学价值的非物质文化遗产珍贵实物和资料，建立并完善保管制度。

（8）颁布《非物质文化遗产法》。

2011年第十一届全国人大常委员第十九次会议通过了《中国非物质文化遗产法》。它的颁布标志着中国的非物质文化遗产保护已经步入法治时代。

一三六 为什么说应建立专门针对
非物质文化遗产人为干预的提前申报制度？

以活态财富著称的非物质文化遗产，是很容易受到人为干预的。而且，这种干预频度之高、力度之大，有时又是我们很难想象的。

人为干预大体可分为内部干预与外部干预两种。所谓"内部干预"，是指在非物质文化遗产传承过程中，由于传承人对非物质文化遗产原生价值认识不足，而对非物质文化遗产所实施的人为干预；而所谓"外部干预"，则是指外部人，特别是政府职能部门、商界、学术界对非物质文化遗产所实施的人为干预。由于前者是在传承人内部进行，这种改动相对较小，对非物质文化遗产造成的伤害也比较小；但后者由于他们本身就不是非物质文化遗产传承人，不知道非物质文化遗产的原生价值，而同时又掌握有大量行政资源、学术资源与财力资源，所以，这部分群体如果想要改造非物质文化遗产，实际上是一件非常容易的事。近年来，中国非物质文化遗产所受冲击，主要来自于这一群体的改编和改造。为确保非物质文化遗产原有本色，我们应建立一套专门针对非物质文化遗产项目人为干预的提前申报制度，以规避各种可能出现的人为干预。

一三七　为什么说应建立专门针对
非物质文化遗产人为干预的可行性报告制度？

如果非物质文化遗产尚处原生状态，内部传承又井然有序，政府只要做好非物质文化遗产的日常监管与服务工作，通常都不会出现太大问题。但如果非物质文化遗产面临诸如经济开发、利用或是文化修复等人为干预行为，政府有关部门就应该组织专家学者，对这些开发、利用与修复行为进行可行性分析，并提交相应报告。可行性分析大体可分为两种形式：

一种是专门针对实施项目的可行性分析。详细分析该开发、利用与修复工作的可行性与必要性。同时对项目实施后果，做出明确的价值判断——项目实施是"利"大于"弊"，还是"弊"大于"利"？

一种是专门针对实施项目的不可行性分析。该评估团队应由可行性评估团队之外的另一批专家组成。他们的责任是专门针对项目本身存在的问题，进行风险评估，并从根本上杜绝非物质文化遗产因开发、利用或是人为修复而造成的保护性破坏。这是为避免开发性破坏而在非物质文化遗产保护制度上建起的最后一道屏障。有些不合理的开发与利用会在这个环节上被彻底否决。但更多的情况是提出自己的意见和建议，让方案更加合理、更加完美。

一三八　为什么说应建立专门针对
非物质文化遗产人为干预的零冲击报告制度？

在正确的非物质文化遗产保护理念尚未深入人心之前，人为干预时有发生。我们确有必要建立一套以年度或月度为单位的、专门避免非物质文化遗产遭受人为冲击的零冲击报告制度，以强化对非物质文化遗产的安全监管。

所谓"零冲击报告制度"，是指即或当地的非物质文化遗产没有受到冲击，当地政府也必须在规定时间内向上级主管部门报告当地非物质文化遗产的存续情况。这种零冲击报告制度的建立，对于提升各级政府非物质文化遗产保护意识，将会起到积极的推进作用，对于某些动辄随意改编、改造非物质文化遗产项目的行为，也会起到某种震慑作用。这种通过制度建设来保护当地遗产的低成本运作模式，非常适合发展中国家的非物质文化遗产保护。

一三九　为什么说应建立专门针对

濒危遗产的临时性指定制度？

　　近年来，我国非物质文化遗产保护工作已经取得了前所未有的成就，它标志着中华民族又一次迎来了伟大的文化复兴。但与各地丰厚的文化遗产相比，真正能受到国家级保护的非物质文化遗产项目仍是九牛一毛。还有相当多的遗产项目，在进入《名录》之前，就已经因传承人的病危或周边环境的改变由濒危步入死亡。故此，我国有必要借鉴国外经验，尽早建立起一套科学而有效的非物质文化遗产"临时性指定制度"。并通过该制度，将那些已经濒危但又暂未列入遗产名录的准遗产项目，在彻底消失之前得到科学的记录和有效的保护，不致因申报周期过长而失去最佳抢救时机，同时这种临时性指定制度也可为上级主管部门的进一步甄别与保护提供时间上的保障。

　　临时性指定不是乱指定。被临时性指定的准遗产项目至少要具备这样两个条件：一是因传承人病危而有可能导致非物质文化遗产失传时；二是因环境改变而有可能导致非物质文化遗产失传时。如果这些身处濒危的传统文化得不到及时抢救，像阿炳（华彦钧）那样的杰出艺人，像川江号子那样的活态遗产，就很可能会因为医治不及时或抢救不及时而彻底消失。

　　"临时性指定制度"的提出，源于日本的文物保护制度。最早为濒危型文化遗产设立"临时性指定制度"并对其实施专项保护的是我们的邻国日本。在1919年日本政府颁布的《古迹名胜天然纪念物保护法》中明文规定：如情况紧急，地方政府可在没有获得上级主管部门正式批复的情况下，对面临破坏威胁的文化遗产实施临时性指定，并施以必要保护。历史上，正是因为有了这样一项"临时性指定制度"，不但使众多日本古迹文物成功躲过一劫，同时也为上级主管部门的进一步甄别提供了时间上的保障。在日本遗产保护实践中，发挥了重要作用。

为确保国家级遗产项目的严肃性，同时也为避免"乱指定"行为的发生，临时性指定制度需要以科学论证为前提。只有通过科学认证，确认某亟需指定之遗产项目确有保护价值，才可以通过"临时性指定"的方式，将其指定为"临时性非物质文化遗产"。然后通过对病危传承人的治疗或传承环境的改善，控制遗产项目的进一步恶化。同时利用录音、录像或口述史等方式，将这些濒危遗产完完整整地记录下来。历史将会证明，临时性指定制度的建立，将会对我国濒危型非物质文化遗产保护，起到积极的推动作用。

一四〇　为什么说应建立专门针对
非物质文化遗产保护工作者的行业准入制度？

　　非物质文化遗产保护是一项专业性极强的工作，但由于工作刚刚起步，再加之人们对非物质文化遗产保护难度认识不足，各地在人员选配上存在着一定的随意性，从而导致保护队伍良莠不齐，整体水平偏低，并直接影响到各地申报工作和保护工作的科学性与严肃性。

　　对非物质文化遗产实施专业化管理，首先应从从业人员准入制度建设抓起。可以模仿国外特别是日韩等非物质文化遗产保护发起国的做法，制定出一套严格的人才准入制度，并将那些非专业人士拒之门外，从根本上解决遗产保护队伍建设的非专业化问题。面对已经有非专业人士流入保护队伍的现实，我们应通过业务进修或终身教育等形式，弥补这些不足。必要时，还可以通过严格的考试制度，对非物质文化遗产保护队伍进行重新洗牌。

一四一　在保护理念上，文化生态保护区与以往的非物质文化遗产保护有何不同？

　　从保护理念看，文化生态保护区建设与以往的非物质文化遗产个案保护有很大的不同。如果说后者强调的是对非物质文化遗产实行个案保护的话，文化生态保护区更强调对非物质文化遗产原生环境实施整体保护。如果把非物质文化遗产比喻成一只"小虫子"，那么，以前我们保护非物质文化遗产时，焦点主要集中在"小虫子"本身，一门心思地考虑怎样才能让小虫子不死，怎样才能让它活得更好。我们或是将它装到玻璃瓶儿里，或是将它装到蛐蛐罐中，后来发现不管我们如何"照顾"，最后它还是死掉了。这是为什么呢？因为我们过多考虑的只是小虫子本身，而没有考虑到小虫子们的切身感受——它需要怎样的生存环境。

　　现在我们的理念变了。历史的教训渐渐使我们意识到，两眼仅仅盯着小虫子是不行的，我们应该设身处地地想想怎么才能让小虫子们生活得更舒服——一个最简单、最经济的办法，就是为它们划出一块"草坪"——一个更适合于它们生长的原生环境，让它们在这个原生环境中自由自在的成长。可以这样说，有关文化生态保护区的所有构想，都是围绕着如何给非物质文化遗产创建一个更加舒适的文化生态环境展开的。这也是文化生态保护区建设与以往非遗项目的个案保护，在理念上的最大的不同。

一四二　为什么应该把文化生态保护区做成一个相对"封闭"的系统？

　　"保护"一词的本义，是指通过尽全力的照顾，使自身或他人的权益不受损害。如"保护眼睛"、"保护妇女儿童合法权益"等等都是这个意思。由此推及"文化生态保护区"，其本义当然也是通过文化生态保护区的建设，使区内非物质文化遗产及其赖以生存的文化生态环境得到更好的保护，从而避免因过多外来文化的"入侵"而受到更多伤害。从这个角度来说，"文化生态保护区"本身就应该做成一个相对"封闭"的系统——通过政府的努力，对外为当地非物质文化遗产构建起一道有效阻挡或减缓外来文化冲击的制度性屏障；对内通过对原生环境的恢复，为当地非物质文化遗产营造出一个更适合其生长的文化空间。在这个问题上，文化生态保护区与用"封山育林"之法来保护自然遗产的自然生态保护区，在理念上非常相似。如果说今天的文化生态保护区建设与以往的非物质文化遗产保护有什么不同的话，其最大的不同，就是此前的非物质文化遗产保护更关注非物质文化遗产自身，而文化生态保护区建设则更关注保护区内各种非物质文化遗产赖以生存的自然环境与人文环境的养成。

　　自然环境与人文环境对许多非物质文化遗产来说是十分重要的。没有提供上好松烟、桐油烟、漆烟的原始林地，即使有再好的技术也做不出品质优良的徽墨；没有出生礼、成年礼、婚礼、丧礼等传统人生礼仪，即或有再好的花馍制作技术也会因需求的缺失而终结。要想全方位保护好非物质文化遗产，就必须从环境抓起，在摸清各种非物质文化遗产"生活习性"的基础上，为它们营造出一个个更适合其生长的文化空间。这就是建立文化生态保护区的初衷。

与自然遗产、农业遗产保护理念相近，文化生态保护区保护模式最忌讳的一点就是"外来物种"的人为引进。在美国黄石国家公园，外来物种的引进已经给狼獾、鼠兔、割喉鳟鱼等本土动物带来巨大的生存压力。近年来红河梯田农业遗产项目也因外来物种小龙虾的泛滥而险象环生。作为刚刚起步的文化生态保护区建设，尽管这类问题尚不突出，但因霹雳舞、美声唱法的引入而使侗歌苗舞遭遇生存危机的事例也应引起我们的足够警醒。

当然，给非物质文化遗产造成生存危机的不仅仅是"美声唱法"、"霹雳舞"一类的外来"物种"。"外部环境"的不当引入同样会给非物质文化遗产区域性保护带来重重问题。俗话说"一方水土养一方人"，一种非物质文化遗产能够历经千百年而延续至今，肯定与生它养它的原生环境息息相关，而这些生存环境就是散布在城乡各地的"老作坊"、"老字号"等等，等等。如果我们忽略了这一点，一定要用各地政府打造出来的所谓"非物质文化遗产传习所"或是"非物质文化遗产传承基地"等"外来生态"去取代非物质文化遗产的原有生态，非物质文化遗产这只可爱的"小虫子"，就很可能会因为外来生态的整体植入而过早夭折。

当然，如果"传习所"或"传承基地"一类的名词术语仅用于学术研究或数据统计，这套话语体系并非不能使用。传承过程中如果确实缺少传承场所，增建或补建一些类似场所也不是问题。事实上，作为一项政府扶持政策，这种扶持不是多了，而是远远不足。但在此我们想要强调的是在场地建设上，我们首先应该考虑的，是如何将这些有限的经费，尽可能多地用于"老作坊"、"老字号"的修缮与增建中来，让这些传统载体在我们的手中得到延续，而不是放弃它们，另起炉灶，去打造与当地传统无任何干系的外来生态系统。

从表面看，无论是打造"传习所"、"传承基地"，还是增建、补建"老作坊"、"老字号"，两者的结果都是在"盖房子"。但结果却会完全不同——如果把这种扶持理解成为传承人"开小灶"，"吃羊肉"，"大补特补"的话，那么，增建、补建"老作坊"、"老字号"的结果是使传承人因此变得更加强壮；而新建"传习所"或"传承基地"的结果只会使传承人因此而失去自我，并变成一头不折不扣的"羊"。

在是否应将保护区建成一个封闭系统这个问题上，中国学术界的意见并未达成一致。有人认为，将保护区建成一个封闭系统，无疑意味着将当地人隔离开来，让他们远离现代，过着"原始人"般的生活。其实，这是个误解。事实上，我们百里挑一，将某地列为文化生态保护区，是因为这里尚保留有完整而系统的特色鲜明且品质优异的传统地域文化。为避免外来文化对这些优秀传统的冲击，才将这里以"文化生态保护区"的名义保护起来。而我们所要阻隔的，也不是所有的现代化生活，而是有可能成为当地遗产"天敌"的外来文化。如在传统刺绣文化之乡，我们要阻隔的只是大机械化生产对当地传统手工技艺的冲击；在民歌之乡，我们要阻隔的只是外来唱法对当地民歌的冲击；在戏曲文化之乡，我们要阻隔的只是外来剧种对当地民间戏曲的冲击。而这种阻隔并不妨碍当地人对于现代生活的任何追求。恰恰相反，只要继承好传统，保护好生态，这里的人们就能利用自己所长，在现代化的发展进程中获得更快更好的发展。

一四三　对非物质文化遗产实施活态保护是从哪个国家开始的？

　　人类对非物质文化遗产实施活态保护是从日本开始的。1950 年，日本颁布《文化财保护法》。在这部法律中，首次提出"无形文化财"（后来译作"非物质文化遗产"）保护问题。这一概念的提出，标志着人类对自身遗产的保护，已经从原有的物质层面，延展到了非物质层面；已经从固态保护，延展到了活态保护；已经从对遗产的本体保护，延展到了对遗产所有者——非物质文化遗产传承人的保护。对非物质文化遗产的保护与发掘，不但为人类认识自身历史寻找到了一条全新途径，同时也为人类新文学、新艺术、新科学、新技术的创新，保留下了更多的种源。所以，在人类遗产保护史上，非物质文化遗产保护理念的提出，具有划时代意义。

一四四　日本是如何管理
非物质文化遗产及其传承人的?

　　日本在审批非物质文化遗产项目时，按传承方式大致将非物质文化遗产分为个体传承型、团体传承型和群体（社会）传承型三个种类。在对非物质文化遗产项目认定时也分为个体认定项目、团体认定项目和综合认定项目三个种类，并实施差别化管理。

　　所谓"个体认定项目"，是指由一个人或主要由一个人传承的非物质文化遗产项目。为扶持这类项目，日本政府每年都要拿出一些钱，对这些国宝级传承人以一定资助。这些措施在保护能乐、木偶净琉璃戏、宫廷音乐等国家级非物质文化遗产，培养后继人才等方面，发挥了一定的作用。

　　所谓"团体认定项目"，是指那些由一个以上的传承人——通常是以团体的形式出现的非物质文化遗产项目。

　　所谓"综合认定项目"，是指那些由许多传承人或众多传承团体共同传承的传统节日仪式类项目。这类活动由于多是一年一次，传承者也相当多，所以在管理模式上也会呈现出明显差别。

　　日本十分重视传承人及传承群体的保护。他们不但在经济上对那些技艺超群的艺人、匠人给予必要的经济补贴（通常，一个国家级非物质文化遗产传承人，每年可从国家领到一定数量的传承补助，用以培养弟子及传授技艺），同时还赋予他们以相当高的社会地位，以激励传承人在表演技艺、传统工艺方面的传承。除国家资助外，社会团体、地方政府也会拿出一定的经费给予必要的扶持。

一四五　日本是怎么保护传承人的？

　　日本既是非物质文化遗产理论的最早提出者，也是非物质文化遗产保护工作的最早实践者。在日本《文化财保护法》颁布的半个多世纪中，日本在非物质文化遗产保护这个问题上已经取得了非常丰富的经验，值得我们学习和借鉴。其中一个非常重要的经验，便是通过对遗产传承人的保护来保护本国最优秀的非物质文化遗产。

　　在日本，非物质文化遗产传承人又被赋予"人间国宝"称号。在表演界，国家级非物质文化遗产传承人是指那些在艺术表演领域具有突出的表演才能、精湛的表演技艺，并愿意将自己的技艺传诸后人的杰出的表演艺术家。而在工艺制作领域则特指那些身怀绝技并愿意通过带徒方式将自己的技艺传诸后人的著名艺人、匠人。对于这些杰出的艺术传人，国家每年都要拿出一定的经费予以补贴，以鼓励他们再接再厉、精益求精。但实际上更多的人看中的并不是来自政府的津贴，而是"人间国宝"这块金字招牌。因为他们的才艺一旦得到社会和政府的承认，他们的作品便会价值陡增。他们也会从这种良性循环中获得更多的经济回报，并实现自我价值。

　　在日本，国家级非物质文化遗产传承人的认定方式有两种。一种是"个体认定"，一种是"团体认定"。"个体认定"是指对持有某种技能的个人实施的个人资格认定。如某些著名的人形艺人、制陶艺人，他们本身就可以独立完成某种民间工艺品的制作，类似这种情况，就可以通过个人申请的方式，获得来自政府的"个体认定"。但像能乐、木偶净琉璃戏、宫廷音乐或是民间舞蹈这类需要通过很多人的参与才能共同完成的民间演艺活动，由于其技艺传承已不属于某些个体，而是属于某一团体，所以，只能通过"团体认定"的方式，来完成对这类非物质文化遗产传承人的最终认定。传统节日仪式类遗产由于不属于个体或团体传承范畴，所以不能入选国家级非物质文化遗产传承人名录。截至 2002 年 7 月，日本已认定国家级非物质文化遗产传承人 114 名。该制度对日本传统技艺与传统工艺的传承和保护发挥了重要作用，并产生了积极影响。

日本对国家级非物质文化遗产传承人的认定程序是：先由日本文部科学省下属之文化厅在咨询文化财专门调查会成员提名的基础上筛选出认定名单，然后提交文化审议会审议，审议通过后，再由文部科学大臣最终批准并颁发认定书。

目前，在健在的国家级非物质文化遗产传承人中，艺能表演类国家级非物质文化遗产传承人共 55 人，其中又以能乐、文乐、狂言、歌舞伎等所谓高雅艺术者居多，而其余的则是陶艺业、手工织染业、铁工锻造业等方面的著名匠人。国家级非物质文化遗产传承人认定制度的出现，增强了日本社会保护非物质文化遗产的意识，成功地解决了日本传统艺术与传统工艺后继乏人的问题，使传统歌舞伎、能乐、文乐、狂言等重焕生机，一些传统民间工艺也由此重获新生。

当然，人间国宝的认定是有条件限制的。那些虽身怀绝技但却不愿意将技艺传授给别人的人，是不能被授予国家级非物质文化遗产传承人这一光荣称号的。同时，由于体力、智力或是其他方面的原因而无法传承非物质文化遗产时，国家级非物质文化遗产传承人资格也将被政府有关部门予以撤销。

一四六　日本非物质文化遗产传承人的
　　　　保护现状是个什么样子？

在日本，非物质文化遗产传承人又叫"无形文化财保持者"，但在民间，人们更喜欢用"人间国宝"来称呼这一特殊群体。从这个响当当的名号不难看出，在我们的邻国日本，非物质文化遗产传承人的社会地位是相当高的。

在世界范围内，日本是第一个意识到非物质文化遗产与传承人具有互动关系的国家。所以，在项目指定过程中，日本人首先采取了非物质文化遗产必须与传承人挂钩，同步申报、同步指定的双同步模式，从而确保了非物质文化遗产项目的唯一性，也避免了此后"乱搭车"现象的发生。

日本对国家级非物质文化遗产及其传承人的指定是从 1955 年开始的。截至 2004 年，日本已认定国家级个体传承项目（日本叫"重要个人无形文化财"）78 项，传承人 270 名（除逝世等原因被撤销者外，实际持有人数为 107 名）；国家级团体传承项目（日本叫"重要团体无形文化财"）11 项，传承团体 11 个；国家级群体传承项目（日本叫"重要综合无形文化财"）13 项，传承团体 13 个。国家级民俗类非物质文化遗产项目（日本叫"重要无形民俗文化财"）202 项。国家级文物修复技术（日本叫"文化财保存技术"）个人保有者 46 名，保有团体 16 个。国家对国家级非物质文化遗产（日本叫"重要无形文化财"）实施保护的特别援助金额分别是：个体项目约 2.16 亿日元，平均每人每年的补助金额是 200 万日元；团体及综合认定项目约 1.26 亿日元。每年国家用于无形文化财调查的经费是 5000 万日元，用于民俗文化财传承及活用方面的经费是 1.8 亿日元（资料来源：日本文化厅文化财保护部传统文化科，2004 年）。

经营篇

非物质文化遗产究竟能否进入市场进行商业化经营，决定权不在我们的主观意志，而在非物质文化遗产的传承规律。只要遵循非物质文化遗产传承规律——历史上「走市场」的继续「走市场」，历史上不「走市场」的尽量不要「走市场」，而介乎两者之间者要谨慎走市场——通常都不会出现太大问题。在非物质文化遗产产业化开发这个问题上，只要遵循异人、异地、异品三原则，产业化开发同样不会给非物质文化遗产带来负面影响。

一四七　为什么说非物质文化遗产的"商业性经营"与"产业化开发"是完全不同的两码事儿？

以前，人们一提到非物质文化遗产的"商业性经营"或"产业化开发"都会自然不自然地理解为一码事儿——都是通过让非物质文化遗产走市场而获得经济效益。在通过市场而获利这一点上，非物质文化遗产的"商业性经营"与"产业化开发"确有相同之处，但从作用模式与作用力度上看，两者又是完全不同的两码事儿。

那么，它们的区别究竟在什么地方呢？

通常，我们所说的非物质文化遗产"商业性经营"，是指将某种非物质文化遗产制成品当成商品，通过市场营销获得利润。如传承人制作的泥人、泥老虎、泥泥狗的销售，昆曲、京剧的商演，都属于非物质文化遗产的商业化经营。由于很多非物质文化遗产项目历史上就是通过商业性经营来维系传承的，因此，即或再走"老路"，也不会出现太大问题。

现在争论最多的，是非物质文化遗产到底能不能进行产业化开发。那么，什么是非物质文化遗产的产业化开发呢？所谓非物质文化遗产"产业化开发"，特指用大机械化生产和现代企业管理的方式，对非物质文化遗产制成品所进行的批量化生产。由于这种全新的生产模式与以往的商业性经营完全不同，如果直接作用于非物质文化遗产自身，肯定会对非物质文化遗产及其原有生态造成灾难性破坏——首先，这种大机械化生产一旦上马，首当其冲的就是对传承人所传传统技艺造成直面冲击；

其次，现代化管理模式，也会对传统技艺的原有生态环境——传统行会组织、行业信仰、行业规矩、行业道德等造成致命冲击。从这个角度来说，我们是非常反对传承人对所传技艺进行产业化开发的。我们反对传承人开发，但这并不意味着我们反对开发商利用非物质文化遗产中的某些元素，创作出更多更好的文化产品——如我们完全可以在传统昆曲《牡丹亭》的基础上，开发出更符合当代人审美情趣的青春版《牡丹亭》；可以在传统民间文学的基础上，开发出更符合当代人审美习惯的动漫产品。实践已经证明，只要开发商的开发不直接作用于非物质文化遗产自身，再多的开发，也不会对其"上游产品"——非物质文化遗产造成破坏。

一四八　什么样的项目能"走市场"？
　　　什么样的项目不能"走市场"？

与保护文物一样，要想通过纯而又纯的"保护"来维系非物质文化遗产的生命，事实上是很难的。单纯的保护不但会因资金的匮乏举步维艰，刻板僵死的保护也很难将非物质文化遗产所蕴藏的价值充分展现出来。因此，多数国家都会在不影响非物质文化遗产正常传承的前提下，对可进行商业化经营的项目实行商业性经营，从而实现拉动一方经济，促进遗产传承的目的。

但这并不等于说无论什么样的非物质文化遗产都可以进行商业化经营。那么，什么样的项目可以"走市场"进行商业化经营？什么样的项目不能"走市场"进行商业化经营呢？

如果以能否"走市场"作为分类标准，非物质文化遗产大体可分为两类：一类是可以"走市场"的项目——如传统戏曲、曲艺、杂耍以及形形色色的传统手工技艺。这类遗产历史上就是"走市场"的。而另一类遗产项目——如神话故事、宗教仪式以及某些生产知识与生活知识历史上是"不走市场"的。

历史上就"走市场"的非物质文化遗产项目，由于其本身就是市场经济的一部分，让这类遗产"走市场"，不但不会给其传承带来负面影响，反倒会在经济利益的驱动下，使项目本身获得更大的发展空间；而对于那些历史上就不"走市场"的遗产项目，"走市场"不符合这类遗产的传承规律，倘若一定要将它们推向市场，只能促其过早夭折。说得更直白些，对于那些比较严肃的祭祀仪式以及短小的传说故事一类的非物质文化遗产项目，我们还是应遵循这类遗产的传承规律，尽量避免过分的商业化炒作，以确保这类遗产的严肃性与原真性。

一四九　民间文学类遗产能不能进行商业化经营？

从理论上说，原本处于民间文学与表演艺术临界状态，但现在已经明确划入表演艺术类的史诗、叙事诗，是可以进行商业化经营的。因为历史上内蒙古、新疆等地的史诗艺人就有通过卖唱来维系生计的传统。卖唱就是这类遗产的原有生态，对此我们不要进行过多人为干预，原来"走市场"的可以让它继续"走市场"。但作为非专业性的传说故事、谚语童谣，历史上是不走市场的。这类遗产的传承人历史上也没有通过讲故事、说笑话来挣钱维生的传统。如果我们一定要为他们建故事厅，让他们凭借门票养家糊口，到头来只能是竹篮打水一场空。因为故事只是一种民间社会自娱自乐的娱乐形式，凭借着这种尚未达到专业水准的传统故事讲述，是很难在市场经济中占有一席之地的。

一五〇　表演艺术类遗产
　　　　能不能进行商业化经营？

　　表演艺术通常可分为两种：一种是用于商演的舞台型表演艺术。如传统戏剧、曲艺等都属于这一类。历史上，这类表演艺术一直都是通过"走市场"的方式来进行商业化经营的。让这类表演艺术继续"走市场"通常都不会出现太大问题。另一类是用于自娱自乐的广场型表演艺术。如东北大秧歌、侗歌苗舞等都属于这一类。历史上，这类群众性表演艺术多用于迎神赛会和民间自娱，并无商业传统。所以，这类遗产能不"走市场"的尽量不要"走市场"。但这也不是绝对的。这是因为虽然1949年之前这类表演艺术不"走市场"，但1949年之后，中国舞蹈已经开始"走市场"，并形成了登台演出的"新传统"。那么，为什么汉族歌舞可以"走市场"，可以进行商业化经营，而侗歌苗舞就不能进行商业化经营呢？可见，对于这类遗产能否"走市场"，是很难做出明确的价值判断的。从田野调查中我们发现，少数民族地区传统表演艺术是非常容易受到外来文化的冲击的。冲击的关键点，就是传统表演艺术由于演出时间过长，不符合旅游观光需要，因而会经常受到旅游开发部门的改编和改造，从而破坏了传统表演艺术的原真性。因此，如何在最大限度保护好传统表演艺术的基础上，让它服务于当地旅游，乃是我们必须要认真研究的一个理论问题。

一五一 为什么说可以通过"走市场" 来实现工艺美术类遗产的有序传承？

从传统上看，中国的工艺美术类遗产——无论是儿童玩具、民间剪纸、年画、布贴画、泥塑、面塑、木雕、石雕、砖雕、角雕，还是刺绣、绒绣、织锦、草编、竹编，都是通过"走市场"来实现有序传承的。只要我们沿袭这一传统，这类遗产的保护与传承都不会出现太大问题。这样做不但可以促进传统工艺美术的有序传承，同时还可通过市场这只"看不见的手"，来增加就业，并从根本上解决因土地不足、收入下降而导致的农民"下岗"问题。那种让民间艺人远离市场，将艺人供起来、养起来，让他们天天靠着"输血"、"吸氧"过日子的想法与做法，不仅不符合艺人们的生活传统，不符合原真性保护原则，当然也不利于这类遗产项目的有序传承与科学保护。这类历史上就是"走市场"的遗产项目，可以继续"走市场"。

一五二　传统家庭作坊与现代化流水线，
　　　哪个更符合传统手工技艺的传承规律？

　　从事传统手工技艺生产大体可分为两种模式：一种是传统的以家庭作坊为代表的家庭生产型模式；一种是以现代化流水线生产为代表的企业化管理模式。两相比较，前者无需厂房，无需专业设备，无需考勤上班，就可以在不需要任何投资，不耽误看孩子、做饭、做家务的情况下，实现家庭增收。由于这种生产模式与中国历史上"男主外、女主内"的社会分工模式暗合，也比较容易为广大农村妇女所接受。这种家庭作坊生产出来的手工艺品个性突出，具有较高的收藏价值。但由于这种家庭作坊式的生产缺乏统一的产品规范，质量上容易参差不齐。而流水线生产不但要投资建厂，从业者也会因工作而影响家务，在农村较难为广大中老年妇女接受。更为致命的是，由于流水线生产出的产品虽质量统一，便于营销，但个个雷同，缺乏个性，基本上没有收藏价值。此外，这种流水作业生产出的产品虽少有次品，但也绝无精品。由此不难看出，传统家庭作坊与现代化流水线这两种生产模式既各有所长，也各有所短。前者主要满足高端市场，而后者主要满足低端市场，从而形成一定程度的互补关系。作为决策部门，政府当然也就没有必要一定要推广某种模式而打压另一种模式。但在传承人与传承项目的选拔上，我们只能选择前者而淘汰后者，因为充满个性的传统手工技艺精品永远不会出现在流水线生产出来的产品中。

一五三　传统生活知识类遗产
　　　能不能进行商业化经营？

　　传统生活知识是人类赖以生存的基础。在市场经济并不发达的农耕社会中，人类的日常所需，基本上都是通过自给自足的方式来获得的。唐宋之后，随着中国大都市的崛起，人们的衣食住行才渐与市场经济发生广泛联系，与之相关联的产业也迅速发展起来。今天我们所看到的顶级的包括衣食住行在内的传统生活知识类遗产，基本上都是通过坐落在城市中的老作坊、老字号传承的。没有全聚德、便宜坊、六必居、浦五房、王致和、信远斋、白魁老号、功德林、内联升、步瀛斋、谦祥益、同仁堂、庆仁堂、鹤年堂、永安堂这些老作坊、老字号数十年如一日的苦心经营，我国优秀的饮食文化、服饰文化、中医药技术，就不可能达到如此之高的水平。因此我们说，只要用好市场规律，专业级的传统生活知识类遗产完全可以通过"走市场"来实现自己的有序传承。

一五四　传统仪式类遗产
　　　能不能进行商业化经营?

传统仪式自身所具有的庄严性，决定了这类遗产不可能通过售门票来实现遗产项目的商业化经营。试图通过仪式来获得经济效益，既不现实，也不明智。但这并不意味着传统仪式所带来的庙会没有商机。

庙会期间是客流量非常集中的时段。有客流必有商机，我们完全可以利用仪式之外的"市场"，通过举办各种各样的展演、销售来实现庙会活动的商业化经营。不用说著名的河北五台山庙会、上海城隍庙庙会、北京妙峰山庙会、天津皇会让商家挣得盆满锅满，就是规模有限的长沙陶公庙庙会，上海南郊龙华寺庙会，每年也都有不菲的收入。故靠陶公庙庙会维生的望梨镇，迄今仍有"望梨街上不作田，两个生期吃一年"的说法。可见，只要政府不对传统庙会进行过多干预，不将庙会办成一个显示政绩的"群众大会"，传统庙会完全可以成为当地社会的一个重要的经济增长点。

一五五　传统节日类遗产
　　　能不能进行商业化经营?

　　传统节日类遗产是非物质文化遗产的重要组成部分，是我们了解、展示一个民族、一个地域历史与文化的重要窗口。它不但可以使我们增强民族认同、和谐人际关系，同时还可以作为市场经济的重要推手，促进当地经济，特别是当地旅游产业的快速发展。

　　传统节日是一个民族的集体记忆，也是一个民族在发展过程中的一个很重要的历时性节点。节日期间，整个民族或是整个地区的人们都会积极参与，这无形中就已经告诉我们：这里面潜藏有巨大商机。

　　作为旅游产品，我们在发掘这些传统节日资源时要注意以下两个问题：一是挖掘的深度，二是挖掘的广度。所谓"深度"，就是要对传统节日所具有的文化内涵——传统节日服饰、饮食、表演等各种文化因子进行全方位发掘，并尽量将它们转化为可以被游客购买的文化商品。所谓"广度"，就是指不要仅局限于对一两个民俗节日进行单体发掘。实践证明，由于传统节日周期短，一年中仅凭一两个传统节日是很难获得很大的经济回报的。相反，如果我们对当地所有传统节日都进行发掘，我们就会开发出众多文化产品。这种情况在相对封闭的少数民族地区表现得尤为明显。据说贵州省一年之中，光是各民族的传统民俗节日就有2000多个（因支系不同，文化传统不同，每个村落的节期都会有所差异，叠加起来数目相当可观）。如果我们肯下大气力将这些独具魅力的传统节日资源统统发掘出来，做到年年有节，月月有节，天天有节，使我们的民俗旅游天天有看点，日日有活动，其市场前景岂不变得更加可观！但是，在如何将当地传统节日资源转化为旅游产品这个问题，我们并没有太多经验可资参照，这就需要我们投入更大的气力，进行更为深入的研究。

近年来，对这部分遗产所进行的商业化经营基本上都是由政府进行的。譬如各地举办的各种"民间艺术节"等等，就是这类传统节日遗产开发中的初级产品。在这个过程中，由于人们并没有真正把握住开发要点，也没有很好地利用这类遗产的传承规律，所以，开发出的节日产品个个雷同，了无新意，不但在经济上所得回报不多，还破坏了这些传统节日的原有生态，真可谓"赔了夫人又折兵"。其实，对传统节日进行商业化经营，最重要的一点，就是确保其文化生态的完整性。

对传统节日的商业化经营大体可分为以下两种模式：

（1）针对传统节日中某些文化元素的单一化经营。

传统节日承载有丰厚的非物质文化遗产内涵，如优秀的传统节日饮食文化、服饰文化、饰品文化、表演艺术等等，都是节日遗产内涵的重要组成部分。这些细节无一不凝聚着一个民族传统文化的精华。只要我们认真努力，这类产品开发的成功率通常都是比较高的。目前，我国在节日食品开发上已经积累起了相当丰富的经验，但在节日盛装、节日饰品以及节日表演艺术等方面，还缺乏深度，需要进一步研究。

（2）针对传统节日所有元素的综合性经营。

所谓"综合性经营"，是指对传统节日中所有元素——节日饮食、节日服饰、节日饰品、节日表演等所进行的系统性开发和系统性经营。传统仪式是传统节日的核心，也是传统节日中各种文化元素的磁力场。只要传统仪式还在，就会招徕到大量香客——一个巨大的节日市场消费群体。因此，一个地方能否对当地的传统节日进行综合性开发，其先决条件就是看它是否保护好了传统节日中的相关仪式，并使之以活态的形式，原汁原味地传承了下来。其实，古往今来人们都十分看重传统节日，特别是传统节日中传统仪式（庙会活动）在发展地方经济过程中所发挥的巨大的拉动作用。近年来各大中城市春节庙会所获丰厚利润，也印证了传统节日中庙会所具有的巨大的经济潜质。

一五六　什么叫非物质文化遗产产业化三原则？

　　非物质文化遗产到底能不能进行产业化开发？这是一个备受争议的问题。其实，争议的产生是因为当下的研究仅触及问题的表面，并没有深入到问题的实质。一旦深入研究之后就会发现，这争论已久的东西不过是个遮遮掩掩的"伪命题"。其实，当下需要深入研究的不是非物质文化遗产能不能开发的问题，而是"谁来开发"、"何处开发"和"开发什么"的问题。几年来的实践告诉我们，只要遵循非物质文化遗产产业化开发三原则，非物质文化遗产产业化开发就会顺风顺水，一路坦途。那么，什么是非物质文化遗产产业化开发三原则呢？非物质文化遗产产业化开发三原则包括以下三项内容：第一，异人原则。所谓"异人"原则是说非物质文化遗产的传承与开发必须由不同的主体分头进行。其中传承人负责原汁原味的传承，开发商负责新产品的开发。第二，异地原则。所谓"异地"原则，是指非物质文化遗产的传承与开发必须在两个完全不同的地方进行，否则，开发商的开发就会破坏掉非物质文化遗产的原有生态，并对非物质文化遗产造成毁灭性冲击。第三，异品原则。所谓"异品"原则，是指非物质文化遗产的产业化开发要尽量与原有传承相区别，尽量减少开发对原有手工产品造成的冲击。在三原则中，"异人"是前提，"异地"是保障，"异品"是关键。只要坚守非物质文化遗产产业化开发三原则，非物质文化遗产的传承与开发就会像两条平行轨道上跑的车，看起来近在咫尺，但永远不会撞到一起。

　　（1）"异人"原则是确保非物质文化遗产有序传承与科学开发不再

冲突的基本前提。

作为一种优秀的民族文化遗产，非物质文化遗产不但应该开发而且必须开发。但开发的主体不应是传承人，而应是开发商。譬如一个传承人，如果认为仅靠手工制作风筝很难挣到大钱，于是改用大机械大生产的方式进行批量化生产，他肯定会因挣钱而失去传承人的名号——因为大机械生产不可能将他本应传承下来的传统手工技艺，原汁原味地继承下来并传承下去。这对于一个传承人来说肯定是不称职的。所以，从理论上说，传承人的职责决定了他不能从事开发。但传承人不能从事开发，并不意味着非物质文化遗产不能开发。如除传承人之外的其他人，特别是文化产业的投资者、开发商，完全可以利用非物质文化遗产的某些元素进行非物质文化遗产的产业化开发。也就是说，在非物质文化遗产产业化开发过程中，我们必须建立起社会分工的观念，让传承人与开发商各司其职——传承人管传承，开发商管开发。只要各守一摊，通常都不会出现太大问题。譬如作为《宰相刘罗锅》这则民间故事的传承人，他的责任就是把《宰相刘罗锅》的故事原汁原味地讲出来，传下去。他是不能进行产业化开发的。一旦他有了开发的念头，肯定会为迎合市场而进行一定的改编，而改编的结果必然会使故事变色、走味。这是非物质文化遗产保护工作所绝对不允许的；相反，如果影视公司的投资商认为素材很好，则完全可以将其改编成电影电视，对此，人们不会持任何异议。总之，传承人管传承，开发商管开发，这种各司其职的社会分工模式，就是我们所说的"异人"原则。

（2）"异地"原则是确保非物质文化遗产有序传承与科学开发不再冲突的基本保障。

为确保非遗项目的原汁原味，保护好非物质文化遗产的原生环境非常重要。为保护好这一环境，虽然我们认为非物质文化遗产"保护"与"开发"可以"同时并举"，但我们始终强调"保护"与"开发"务必"分别实施"——"保护"与"开发"只能放在完全不同的平台上进行。这是因为如果我们将传承人的传承与开发商的开发放置在同一个平台上，开发商的开发（改编）就会作为一种"外来文化"对传承人原汁原味的传承造成冲击。反之，如果是异地操作——传承人在 A 地搞他的传承，开发商在 B 地搞他的开发，"保护"与"开发"互不干扰，开发商的开发就不会对传承人的传承造成冲击。这就是非物质文化遗产产业化开发中的"异地"原则。

（3）"异品"原则是确保非物质文化遗产有序传承与科学开发不再冲突的关键环节。

我国对非物质文化遗产资源的产业化开发刚刚开始，非物质文化遗产资源的产业化开发实际上还有相当大的拓展空间。为保护好这些已经所剩不多的非物质文化遗产，产业化开发必须以确保非物质文化遗产安全为前提。而确保非物质文化遗产安全传承的最直接的管制方式，就是在开发过程中，尽量避免生产出与传承人作品完全相同或相近的文化产品。即或生产同类产品，也必须以确保传统手工技艺的安全传承为前提。当前许多非物质文化遗产产品开发只是对原有产品的简单复制。这种价格低廉的产品复制，很容易对传统手工技艺造成巨大的市场冲击。支持这种开发，无疑是让人们"丢掉西瓜，去捡芝麻"。因为与机械化生产出的低端产品相比，纯手工制品具有更高的含金量。所以，我们理想中的产业化开发，应该是尽可能多地汲取非物质文化遗产中的某些元素，并根据市场需求，打造出既适合当代消费者口味、情趣，又不会对传统手工技艺造成直面冲击新型产品。举例来说，开发商所要做的不是用大机械化生产方式，生产出与扑灰年画、杨柳青年画完全相同的文化产品，而是将这些年画中最优美的图案提炼出来，或放大或缩小，印制到茶杯、文具盒、背包上，或是干脆将这些精美图案做成钥匙链、小饰品。这样做既避免了开发对传统手工技艺造成的冲击，也可以利用非物质文化遗产中最优秀的文化元素赚到大钱，从而实现了传承人与开发商的"双赢"。

一五七　民间文学类遗产
　　　能不能进行产业化开发？

　　如果有人问民间文学类遗产能不能进行产业化开发？笔者的回答是肯定的。理由很简单：历史上，我们已经有过很多的关于民间文学产业化的尝试。那时，最常见的产业化开发主要有两种模式：一是将民间文学搜集上来，通过编辑、出版，以大机械化生产方式，将其转化为商品——《故事集》、《笑话集》、《歌谣集》，从而实现对民间文学的产业化经营；二是以民间文学为素材，通过改编再创作，使之成为新的文化产品。如电影《阿凡提》、电视剧《宰相刘罗锅》都是根据民间笑话或是民间传说故事改编而成的。随着大众传媒技术的普及，我们对民间文学的产业化开发，还会找到更多更好的方法。如我们可以将传统的传说故事讲述，直接转化为 VCD、DVD 产品，可以将传统的民间文学转化为动漫产业的素材，可以将传说故事中的王子、公主，动物故事中机智的兔子、贪玩的小花猫、贪婪的大灰狼，转化为孩子们喜闻乐见的卡通人物、玩具玩偶。民间文学产业化可以说是方兴未艾，大有作为。

一五八　表演艺术类遗产
　　　能不能进行产业化开发？

　　作为一名学者，我们并不希望传承人通过现代化企业管理模式来经营他们所传承的传统表演艺术。因为组织文工团，用管理现代企业的方法来管理传统表演艺术并非传承人所长。但作为文化产业的开发商，则完全可以借用传统表演艺术中的某些元素，来进行新产品的研发。如近年来夺人眼球的日本动画《白蛇传》、美国动画《花木兰》之所以能挣得盆满锅满，原因即在于他们摸准了时代的脉动，通过对传统表演艺术的产业化经营获得了不菲的经济回报。由于这些产业化开发只是借用了传统表演艺术中的某些元素，并未直接作用于传承人所传非物质文化遗产项目本身，因此，不会给非物质文化遗产的活态传承带来任何伤害，可以视为未来中国传统表演艺术类遗产产业化经营的一种重要模式。

一五九 传统工艺美术类
遗产能不能进行产业化开发?

　　对传统工艺美术类遗产实施产业化开发,是非物质文化遗产产业化开发过程中最为亮丽的一笔。近年来中国创意产业的迅速崛起,显然与从业者们非常善于从传统中汲取艺术滋养有密切关系。由于非物质文化遗产产业化开发效率高,产出快,产量大,规格整齐,非常符合现代营销习惯,比较容易为市场接受。

　　当前,我国的非物质文化遗产产业化主要集中在对原有非遗产品的简单复制层面。这种复制产品品质低卜,价格低廉,但可以满足低端市场的一般需求,有其存在的合理性。但低廉的价格也确实给传统手工技艺及其市场造成不小冲击。另一种产业化则是在汲取非遗某些元素的基础上研发新型产品。如借用名家剪纸图案设计更加新颖的笔记本,借用杨柳青年画设计更加新颖的杯碗盘碟等等。由于这些创意新品并不直接作用于遗产本身,所以,反倒可以使人们放开手脚,大胆地汲取精华,剔除糟粕,让传统为我所用。另外,从市场层面看,这些新型创意产品与传统是完全不同的两码事,即使热销也不会对传统造成冲击。

一六〇 什么是传统工艺美术类遗产的 多梯度开发?

在工艺美术类遗产能否实施商业化经营这个问题上,学术界已经取得共识——认为既然这类遗产历史上"走市场",现在当然可以继续"走市场"。但在工艺美术类遗产能否实施产业化经营这个问题上,学术界仍有分歧。而分歧的焦点之一,就是大机械化生产有可能给传统手工技艺类遗产带来负面冲击。那么,我们如何才能既发展了文化产业,又不会对传统手工技艺造成冲击呢?几年来的田野实践告诉我们:利用非物质文化遗产某些元素来生产不同产品,很可能是传统手工技艺类遗产产业化的必由之路。而我们在此提出的传统工艺美术类遗产"多梯度开发",正是这一思路的必然产物。

所谓传统工艺美术类遗产的"多梯度开发",是指借用传统工艺美术中的某些元素进行的多层次、多梯度的新产品开发。通常,一个产品一旦立项经营,以下五个梯度的开发是不能不考虑的:

(1)产品的一度开发。

所谓产品的"一度开发",是指产品在风格式样、工艺流程或是用料选料上不加任何改动,直接进入规模化生产。如我们在店铺中看到的流水线生产出来的大阿福、泥泥狗、剪纸、香包、风筝等,基本上都是按产品原有的样子进行的产业化生产。我们将这种不加遴选、全盘照搬的产业化生产称之为"一度开发"。这种产业化生产成本低、效益高,可以最大限度地满足低端消费群体需求,有它存在的合理性。但这种大机械化生产很容易造成对传统手工技艺的冲击，故发展必须审慎（如当地政府可以通过严控立项等方式，限制这类企业的发展规模与发展速度）。即或发展，也必须以不损害当地非物质文化遗产传承为前提。

（2）产品的二度开发。

二度开发是指在使用原料不变的情况下，根据旅游以及现代审美需求对产品体量所实施的变量开发。如我们除可以对大阿福除进行一度开发外，还可通过放大、缩小等方式，将阿福做成大小不同的产品。这种只改体量，不改原料的做法，我们称之为"二度开发"。

（3）产品的三度开发。

三度开发是指在保留物件原有形态的基础上，对产品实施的质（材质）与量（体积）的同步改造。如韩国原有面具通常是用硬木雕刻而成，但随着原材料锐减与手工制作成本的提高，人们开始改用其他原料加以替代。如目前韩国市场上十分流行的小型佩饰面具，基本上都是通过树脂翻模技术制作而成的，成本非常低廉。而有些大型艺术品（如石雕）因重量而影响销售时，也可改换轻质材料，以赢得更多用户。

（4）产品的四度开发。

所谓"四度开发"，是指根据"去粗取精"原则，在保留原物精华部分的基础上，对原物品实施选择性开发。如传统泥制叫虎十分漂亮，但分量太重，不易携带、摆放。这时我们就可以通过去粗取精，将其最精华的前脸部分保留下来，经放大，做成独立的民间艺术品悬挂在墙上或是安置在镜框里供人观赏。这种改造既节省了原料，也满足了当代人的审美需求，可谓"一举两得"。

（5）产品的五度开发。

五度开发也是对产品进行的更深程度的开发。这种开发虽然在理论上还没有离开原有产品，但事实上已经与原物件没有太多的关系了。譬如，通常人们只知道钧瓷之美，但很少有人知道出窑后钧瓷开片之声更美。但这清脆悦耳的开片声，并不是每个人都有机会欣赏到的。这时我们就可以将出窑后的钧瓷开片之声录制下来，作为"天籁之声"推向市场，从而实现对文化遗产的更深层次的开发。

一六一　传统生活知识类遗产
　　　能不能进行产业化开发？

　　以大机械化生产方式来实现对传统生活知识的产业化开发，需要这样两个条件：一是市场需求量大，传统手工艺生产已经无法满足市场的需求；二是产品不需要个性化需求，这种同质化生产在满足社会需求的同时，不会给社会带来负面影响。基于这样一种需求，许多传统生活知识，如中医中药、藏医藏药、维医维药、瑶医瑶药，都可以通过大机械化生产的方式实现民族医药的产业化经营。目前，传统生活知识类遗产的产业化开发，已经在许多省区进行。他们继承不泥古、创新不离宗，成功地开发出了诸如金珠藏药、贵州神奇等一系列民族医药产品。为我国民族医药产业的开发，做出了有益尝试。但与我国传承了数千年之久的传统医药学知识相比，我们要做的工作还很多，还有相当长的一段路要走。

附录篇

附录1　传统表演艺术类遗产调查指南

我们所说的传统表演艺术，泛指人类在历史上创造并以活态形式原汁原味传承至今的，通过唱腔、动作、表情、台词、演奏等艺术形式来塑造人物形象，展现演出者内心世界的各种艺术表现形式。尽管本指南是为狭义传统表演艺术——传统戏剧、曲艺（包括少数民族史诗、叙事诗演唱）、民歌、舞蹈、音乐等而设计，但只要稍加改动，同时适用于传统体育、游艺、杂技与民间文学等广义表演艺术形式的调查。

一　调查准备

1. 上网查询有关传承人及传承项目的全部资料。有了这些资料，基本上不再需要对报刊杂志等大众媒体进行专门的查询。

2. 到当地文化局或群艺馆进行相关资料查询。这里提供的多是一手资料，具有很重要的参考价值。

3. 通过图书馆或中文期刊网等查阅该项目及其传承人的有关图书、论文。

4. 查询不仅可以使我们节省大量时间，发现重点，找到问题，而且也便于调查过程中与传承人的交流，从而获得传承人的好感，使调查变得更加顺畅。如果撰写非物质文化遗产及其传承人的调查报告，这些资料可直接引用；但如果是撰写传承人口述史，这些来自他人调查成果的资料则无论如何都不能直接引用。口述史写作的一个基本规矩是，只有讲述者亲自对你说过的，才可以写入。

二　注意事项

1. 调查人员在田野调查之前，应根据调查对象的实际情况，在本《指南》的基础上，编制出一个更为具体、更具有可操作性的项目调查大纲。凡《指南》未涉及但又十分重要的文化事项，调查者可根据实际情况进行必要的补充和修订，不要因调查项目的缺失而影响到结论的完整。

2. 传统表演艺术类遗产专业性很强，调查前要深入了解相关知识，不但要懂得相关术语以方便交流，同时还要知道该技艺的技术要点之所在，使调查略去不必要的形式，直奔主题。

3. 传统表演艺术类遗产有的属个体传承（如评书、山东快书等），有的属团体传承（如皮影、昆曲等）。对于个体传承型项目而言，除应对传承人本人进行翔实的口述史调查外，还应对其师傅、徒弟、家人甚至客户，进行必要的延展性调查。对需多人才能完成的团体传承型项目，则要对该团体的主要成员进行逐一调查。每部分采访谁、采访什么，都要根据他们每个人的传承特长精心设计。

4. 写作时，如传承人所述涉及到的历史背景、历史人物、历史事件过于复杂，传承人说不清楚，作者则需要通过查找相关资料等方式，以注释的形式加以说明。

三　调查成果

1. 需要提交整个调查过程的录音或录像资料的电子拷贝。电子文档名称的编写方式：项目名称，编号，采访时间，对象，内容，采访人。

如：【山西梆子 – 1】2012 – 11 – 1，张道一，怎么带徒弟，苑利。

2. 需提交调查过程中拍摄的照片（要求 1200 万像素以上）。其中包括传承人的正面像、传承人与调查者的合影、调查过程中的工作照、传承人工作照、传承人居住寓所或排练演出场所、师徒合影、传承人及家庭的老照片、传承人代表作照片等等。

3. 原始记录文本（现场笔录原件），如自己需要请复印留底。

4. 每次调查整理后的 WORD 文档。宋体字。大标题小 2 号字，小标题小 3 号字，正文 5 号字，固定行距 21。电子文档名称的编写方式：项目名称，编号，时间，对象，内容，采访人。如：【京剧 – 2】2012 – 1 – 22，梅葆玖，演唱技巧，苑利。

5. 用于出版的传承人口述史文本（50000 字左右）。格式要求：WORD 文档，宋体字。大标题小 2 号字，小标题小 3 号字，正文 5 号字，固定行距 21。电子文档名称的编写方式：项目名称，编号，时间，对象，内容，采访人。如：【京剧 – 2】2012 – 1 – 22，梅葆玖，演唱技巧，苑利。

四　调查大纲

第一部分　项目与艺人简介

以洗练的笔触简要介绍出该项目的历史、流派、现状等基本情况（300 字左右）。同时以洗练的笔触简要介绍传承人的基本情况、传承脉络、特点、业界地位等基本信息（300 字左右）。

第二部分　项目发展史

时间/地点/口述人/采访人/录音整理人/总撰稿人

1. 宏观地讲述一下该表演艺术的发展历程。据您所知该表演艺术是什么时候产生的？已经有多长时间的历史了？其发展过程大致可分为几个阶段（产生、发展、兴盛、衰落、复兴等）？兴盛时主要有哪些著名剧团？地理分布有何规律？

2. 这门表演艺术产生的背景是什么？它与当地文化传统、习俗、信仰等人文环境及自然环境有何联系？在当地民族或社区文化中占有怎样的位置？发挥着怎样的作用？

【小结】总结归纳采访内容（300 字左右）。

第三部分 艺人的学徒生涯

时间/地点/口述人/采访人/录音整理人/总撰稿人

1. 请问姓名（是否有艺名？因何而得？艺名有无辈分和排行上的讲究？）、年龄（采访时的年龄及出生年月日）、性别、民族、籍贯、宗教信仰、职业、受教育程度、家庭成员情况。

2. 先从您小时候的生活环境讲起吧。记得小时候的生活环境是个什么样子吗？周围的邻里、亲戚都是干什么的？你从小喜欢干什么？讲讲童年趣事。从什么时候，是什么原因开始对这门艺术感兴趣的？

3. 从什么时候、在哪里开始了自己的学艺生涯？为什么会选择这份职业？是为谋生，还是家传，兴趣偏好？是脱产学艺，还是业余学习？

4. 师傅是谁？是怎么选择上这位师傅的？是否有亲戚关系或别的什么关系？当时身边的人是怎样评价师傅的？

5. 师傅的选徒标准是什么？他是怎么看你的？是否需要学费？您是第几代传人？详细写出传承谱系（各代传承人的姓名、民族、文化程度、宗教信仰等）。有无世传匾额、旗幡、印章、徽记或其他物件？获得过何种称号？

6. 以前拜师有什么仪式？聊聊该行业的传统（祖师爷的故事，祭祖的故事，解决内部纠纷的办法。具体问题有：该行业是否有祖师信仰？

祖师是谁？是否有祖师塑像、画像、庙堂？是否有祭祀祖师的仪式？祭祖师的时间？地点？祭品？参加者？组织者？祭辞？请详细描述祭祀仪式的整个过程）。如果自己没有类似经历，听说过的也行。请讲讲有趣的行业内部的规矩和故事。

7. 哪些人可以学习该技艺？哪些人不能学习该技艺？在传承上有无性别、年龄、属相等方面的禁忌？入行有什么规矩？艺德是怎么培养的？聊聊学艺过程中最难忘的故事、学艺的规矩和经历。如果没有这样的经历，也可以聊聊你听到的以前拜师学艺的故事与规矩。

8. 讲讲您师傅和师傅家的故事（您师傅的家族情况，是否有家族传承？您师傅与师爷的故事，您与师傅的故事，师傅家族的故事（附老照片）。讲讲师兄弟之间的故事（附老照片）。

9. 有无在专业院校学习或进修的经历？在专业院校学习的是何种专业技能？是谁介绍去的？主要收获是什么？对你之后的从艺经历产生了怎样的影响？

10. 学徒的一般规律是什么？从什么地方开始学起？需要多长时间？讲讲当时的生活环境、表演环境。这些环境在布置上有何特点与讲究？

11. 当时师傅是怎么教你们的？是手把手教，还是师兄带师弟？是否有特定的口诀和技巧？多讲点儿艺诀。讲讲学艺的故事。

12. 有无对其他人保密的独门绝技？这些独门绝技您是如何学到的？

13. 这门技艺的传承方式是血缘传承，地缘传承，业缘传承，还是书本（学院式）传承？您认为哪种传承方式更有利于这门技艺的传承？您是第几代传人？详细写出传承谱系（各代传承人的姓名、年龄、民族、文化程度、宗教信仰等）。

14. 师兄弟之间是怎样分工的？为什么这么分工？讲讲师兄弟之间的故事（附老照片）。

15. 说一说您所属艺班的情况（班主、演员分工、学艺经历、接戏规矩）。讲讲你们艺班里的故事吧。

16. 常演剧目有哪些？这些演出主要集中在什么时段？与当地民俗（庙会、老人过生日、婚礼、丧礼、祈雨）有什么关系？

17. 技艺成熟的标志是什么？出师或技艺学成时是否举行相关仪式？讲讲仪式的过程及相关趣事（附老照片）。

18. 讲讲自己的成名经历以及各个时期的主要代表作（附老照片）。

19. 您是喜欢传统，还是喜欢改造创新？为什么？在什么地方创新？是自己觉得有必要改，还是别人督促自己改？老艺人、师傅们是什么态度？下面的师兄弟或学生是什么态度？观众是什么态度？

20. 讲讲与这门技艺有关的传说、故事（个人经历故事）、口诀、歌谣、谚语。

21. 这些传说、故事、口诀、歌谣、谚语是何人、何地、何时告诉您的？或是何时何地从书上看到的？是自己有意识地找来看的，还是偶然看到或听到的？

22. 您带过几个徒弟？带徒弟有什么规矩和要求？是怎样选徒的？目前是否有徒弟或助手？有几个？是否是直系亲属或亲戚？

23. 当前传承面临的问题是什么？

24. 您的生存状况如何？技艺与生计有何关系？

【小结】总结归纳采访内容（300字左右）。

第四部分　行业知识

时间/地点/口述人/采访人/录音整理人/总撰稿人

1. 该行业有没有相关的行业组织？行会领导人是如何选出来的？

2. 您和您的亲属、师傅是否担任过这类职务？一个行会大约有多少会员？都有哪些职务？

3. 有何行规（如不许拆台等等）？有何禁忌？有何惩罚制度？怎样处理纠纷？怎样处理突发事件？行会都能解决哪些问题？如果没有类似经历，也可以说说师傅口中的行会故事。

4. 该行业是怎样看待竞争的？如何竞争？如何惩罚？都有什么具体的行规？

【小结】总结归纳采访内容（300字左右）。

第五部分　表演艺术

时间／地点／口述人／采访人／录音整理人／总撰稿人

【场地与道具】

1. 您是否有专门的演出场地、场所进行表演或传承活动？谁提供的？请讲述具体情况。

2. 该项目传承需要哪些道具？请一一说明（附照片）。请详细描述上述道具所用原料或材料、形状、颜色、尺寸以及图案的含义。这些东西是何人制作？当时多少钱一套？制作时有何禁忌和仪式？有没有独特的收藏方法？

3. 该表演艺术需要哪些服装？请一一说明（附照片）。请详细描述上述服装所用材料、形状、颜色、尺寸以及图案含义。这些服装道具在色彩的选择上有无限制或倾向？有无设色原则？有哪些相关口诀？每种颜色的意义是什么？一个剧目中服装颜色如何搭配？这些服装道具是何人制作？当时一套需要多少钱？制作时有何禁忌或仪式？平时如何保存与收藏？

4. 该表演艺术需要哪些乐器？请一一说明（附照片）。请详细描述上述乐器所用原料或材料、形状、颜色、尺寸以及图案的含义。好乐器的标准是什么？这些乐器是从哪里购得的？何人制作的？当时一件需要多少钱？制作时有何相关禁忌和仪式？平时如何保存？

5. 制作时有无使乐器提高档次的办法和诀窍？

6. 该表演艺术是否有用于行业内部的文字、曲谱、舞谱等专业符号？这些专业符号是怎样传承的？现在保存、传承、整理这些专业符号的情况如何？

【表演内容】

1. 历史上你们戏班子演出的主要剧目或节目是什么？现在还能演出哪些剧目？

2. 地方点戏时，剧目的选择与什么有关？与特殊节日、庙会仪式、人生礼仪有关吗？选择的理由和原则是什么？什么戏能演，什么戏不能演？为什么？

3. 你们戏班子与其他戏班子所演剧目相同的有哪些？不同的有哪些？为什么？

4. 如果演出是基于敬神的需要，女演员能否上台演出？在演员的挑选上有何禁忌？

【风格与特点】

1. 您传承的这门表演艺术有何特点？与当地其他表演艺术有什么关系？在艺术风格上与当地自然环境、人文环境有什么关系？

2. 该表演艺术的出演是否有季节性？什么季节排练？什么时候或场合能演出？什么时候或场合不能演出？什么人不能参加演出？为什么？现在有何变化？

3. 您传承的这门表演艺术与其他地方有何不同？为什么？请列举。

4. 这门表演艺术有多少种曲调？详细列出曲牌名（征得传承人同意后复印原乐谱）。

5. 评价该表演艺术水平高低的标准是什么（如唱腔、身段、动作以及与此相关的动作的数量、速度、难度、连贯性、准确性、协调性以及熟练性等等）？依照这些标准您大致相当于怎样一个水平？

6. 是否有专业人士对您传承的这门传统表演艺术进行过调查？有无已经出版或成稿的书？请详细列举作者、作品的名称、出版年代、出版单位（将相关材料复印下来）。

【小结】总结归纳采访内容（300字左右）。

第六部分　传承问题

时间/地点/口述人/采访人/录音整理人/总撰稿人

1. 您目前的经济来源是什么？收入属于上中下哪个等级？生活有何问题？有来自政府的补贴吗？

2. 您从事的主业是什么？副业是什么？每年从事表演艺术的时间主要集中在哪些时段？大约占用多少时间？

3. 您是否将表演艺术作为谋生手段？这方面的收入占总收入的比例是多少？

4. 您是否参加过县级、省级、国家级、国际级展演？何时？何地？

5. 您是否受到过政府或其他机构的命名、奖励？这些奖励、命名给您带来过怎样的好处？

6. 这门表演艺术目前在本地区的传承情况如何？还有多少团体在传承？在全球化、现代化、城市化过程中面临哪些问题？

7. 请具体说明非物质文化遗产保护工程启动之前你们的最大问题是什么？非物质文化遗产保护工程启动之后你们的最大问题是什么？

8. 政府是否已经聘请专家给予过你们以专业化培训？您认为是否有必要对你们传承了数百年之久的传统艺术进行改编或改造？您认为这对于你们提高专业水平是否会有帮助？是否会影响到你们的原有风格？年轻人怎么看？老艺人怎么看？

9. 所在地政府是否对该艺术的传承创造过物质条件？具体体现在哪些方面（资金、场所、工具或其他条件）？

10. 您目前在技艺传承上面临的主要困难是什么（资金、场地、政策、法律支持、人员等）？你们希望政府在哪些方面给予帮助（如举办各种演出，提供演出设备、演出场所等等）。

11. 您是愿意让政府为您找徒弟，还是愿意自己找徒弟？为什么？在找徒弟的过程中，愿不愿意将技艺传承给外姓人？

【小结】总结归纳采访内容（300字左右）。

调查指南设计：苑利　顾军

附录2　传统手工技艺类遗产调查指南

传统手工技艺类遗产泛指人类在历史上创造并以活态形式原汁原味传承至今的手工技术与技艺。它既包括专业性、审美性很强的由匠人或艺人们创造并传承下来的传统工艺美术类遗产，也包括所有与人们生产生活相关的传统生产知识类遗产和生活知识类遗产。该大纲的设计以传统工艺美术类遗产调查为主，但只要稍加改造，同样适用于传统生产知识与生活知识类遗产的调查。

调查准备

1. 上网查询有关传承人及传承项目的全部资料。这些资料有助于你对传承人及传承项目的了解。有了这些资料，基本上不再需要对报刊等新闻媒体进行专门性查询。

2. 查询地方政府已经出版的有关非物质文化遗产及其传承人的资料。这些资料多半来自亲力亲为的田野调查，具有很重要的参考价值。

3. 查阅有关本地非物质文化遗产及其传承人的图书、论文。主要途径是图书馆和中文期刊网等。

4. 上述查询不仅可以为今后的调查找到更多的问题点、切入点，同时还会取得传承人的好感，使调查更加顺畅。需要指出的是，如果是撰写非物质文化遗产调查报告，这些资料可以直接使用；但如果是撰写传承人口述史，这类资料只能为你的调查提供参考，而不能替代自己的调查。口述史写作有一个基本要求——只记录讲述者讲述的内容。讲述者没说，即使实有其事，即或有大量文本资料可以支撑，也不能进入自己的口述史文本。

二 注意事项

1. 调查人员在田野调查之前，应根据调查对象的实际情况，在本《大纲》的基础上，编制出一个更为具体，也更具有针对性的项目调查大纲。

2. 传统手工技艺类遗产专业性很强，调查前要多学相关知识，并知道必须要问及的核心技术之所在。如果发现调查大纲并未涉及，则需对《大纲》进行必要的补充与修订，否则，调查的缺失会直接影响到结论的完整性与准确性。

3. 传统手工技艺类遗产通常属个体传承，要想知道传承人所传技艺的来龙去脉，就必须对其师傅、徒弟、客户等，进行必要的补充调查。如果是需多人才能完成的团体传承型项目，则需对该团体的主要成员进行逐一调查。每一部分采访谁、采访什么内容，都要根据他们每个人的传承特长进行精心设计。

4. 写作时，如传承人所述涉及到的历史背景、历史人物、历史事件过于复杂，传承人说不清楚，作者则需要通过查阅相关资料，以注释的形式加以说明。这也是本书学术性的重要体现。

三 调查成果

1. 需要提交整个调查过程中录音或录像资料的电子拷贝。电子文档名称的编写方式：项目名称，编号，采访时间，对象，内容，采访人。如：【木版水印－1】2012－11－1，王丽菊，印制，苑利。

2. 调查过程中拍摄的照片需要专业级水平（1200 万像素以上）。其中包括传承人的正面像、传承人与调查者的合影、调查过程中的工作照、传承人居住寓所或工作场所的内外景与师徒合影、传承人及家庭的老照片、传承人代表作的照片等。

3. 原始记录文本（现场笔录原件），如自己需要请复印留底。

4. 每次调查整理出来的 WORD 文档。宋体字。大标题小 2 号字，小标题小 3 号字，正文 5 号字，固定行距 21。电子文档名称的编写方式：项目名称，编号，时间，对象，内容，采访人。如：【木版水印 – 2】2012 – 1 – 22，王丽菊，印制，苑利。

5. 综合性的传承人口述史文本（50000 字左右）。格式要求：WORD 文档，宋体字。大标题小 2 号字，小标题小 3 号字，正文 5 号字，固定行距 21。电子文档名称的编写方式：项目名称，编号，时间，对象，内容，采访人。如：【木版水印 – 2】2012 – 1 – 22，王丽菊，印制，苑利。

四　调查大纲

第一部分　项目与艺人简介

以洗练的笔触简要介绍该项目的历史、流派、现状等基本情况（300 字左右）。同时以洗练的笔触简要介绍出该艺人的基本情况、传承脉络、特点、业界地位等基本情况（300 字左右）。

第二部分　项目发展史

时间/地点/口述人/采访人/录音整理人/总撰稿人

1. 在中国该手工技艺是什么时候产生的？产生的背景是什么？该手艺与当地人的日常生活有什么联系？

2. 您知道中国这种手工技艺的发展历程（产生、发展、兴盛、衰落、复兴等划出大致的时间段）吗？兴盛时是个什么样子？衰败期是个什么样子？

3. 不同朝代的风格与特点是什么？为什么？

4. 在地理分布上有什么特点与规律？为什么？

5. 著名艺人各自的特点是什么？为什么？

6. 该手工技艺产品主要的消费地在什么地方？都销售给什么阶层？

【小结】总结归纳采访内容（300 字左右）。

第三部分　艺人的学徒生涯

时间/地点/口述人/采访人/录音整理人/总撰稿人

1. 先从您小时候的生活环境讲起吧。记得小时候的生活环境是个什么样子吗？周围的邻里、亲戚都是干什么的？您从小喜欢干什么？讲讲有趣的童年。

2. 是从什么时候，因为什么原因开始对该技艺产生兴趣的？

3. 是从什么时候、在哪里开始了自己的学徒生涯？为什么会选择这份职业？是为单纯的谋生？还是家传，或是有兴趣的偏好？

4. 师傅是谁？是怎么选择上这位师傅的？是否有亲戚关系或别的什么关系？当时您身边的人是怎样评价他的？师傅选徒弟一般都有什么要求？他是怎么看您的？当时选徒弟的标准是什么？是否需要交学费？

5. 以前拜师有什么仪式？聊聊该行业的传统（祖师爷的故事，祭祖师的故事，行规，解决内部纠纷的办法。具体问题有：该行业是否有祖师信仰？是否有祖师塑像、画像、庙堂？是否有祭祀祖师的仪式？祭祖师的时间？地点？祭品？参加者？组织者？详细描述仪式的整个过程）。您拜师有什么讲究？有什么仪式或有趣的故事吗？如果没有，听说过的也行。

6. 哪些人可以学习该技艺？哪些人不能学习该技艺？有无性别上的禁忌与文化上的禁忌？入行的规矩是怎么知道的？艺德是怎么培养的？

7. 师傅的情况（师傅的家族情况，您师傅与师爷的故事，您与师傅的故事，师傅家族的故事，附老照片）。

8. 有无专业院校进修或学习的经历？在专业院校学习何种专业技艺？是谁介绍去的？这种教育的优点是什么？缺点是什么？

9. 学徒的一般规律是什么？从什么东西开始学起（重点介绍选料、设计、打磨毛坯、精雕、打光等环节的技巧）？学一个流程需要多长时间？总共学下来需要多长时间？讲讲作坊环境布置上的学问（附图），这样布置有什么好处？该行业对工作环境有什么特殊要求？

10. 当时师傅是怎么教你们的？手把手？还是师兄带师弟？是否有特定的口诀和技巧？

11. 有无对其他人保密的独门绝活？这种独门绝活您是如何学到的？

12. 徒弟之间有什么分工？为什么这么分工？讲讲师兄弟之间的故事（附老照片）。有无技术竞赛或评比？您在竞赛或评比中取得过什么成绩（附老照片）？

13. 技艺成熟的标志是什么？出师或技艺学成时是否举行相应的仪式？仪式过程如何（附老照片）？

14. 讲讲自己的成名经历以及各个时期的代表作（附老照片）。

15. 您是喜欢传统，还是喜欢创新？为什么？如果喜欢创新，主要在什么地方进行创新？是自己觉得有必要改，还是别人督促自己改？改到什么程度？老艺人、师傅们是什么态度？下面的师兄弟或学生们是什么态度？

16. 有哪些关于该手工技艺的传说、故事（个人经历故事）、口诀、歌谣、谚语？

17. 相关传说、故事、口诀、歌谣、谚语是何人、何地、何时告诉您的？或是何时何地从什么书上看到的？是自己有意识找来看的，还是偶然看到的？

18. 关于行会的采访。该行业有没有相关的行业组织？会首是如何选出的？传承人或其亲属、师傅是否担任过这类职务？一个行会大约有多少人？大家是如何分工的？行会都能解决哪些问题？如果没有类似经历，也可以说说师傅们口中的行会故事。

19. 行会成立多少年了？有何行规？有何禁忌？如果违反了这些行规或禁忌会造成怎样的后果？有何惩罚措施？师傅们是怎么说的？

20. 该行业是怎样看待竞争的？是怎么抑制不当竞争的？

21. 当地是否有与该手工技艺行业相关的定期活动（如特殊节日、仪式）？在这些节日仪式中是否也请戏班子唱戏？这种场合在剧目的选择上有何规矩？什么戏能演？什么戏不能演？理由是什么？

22. 您目前有几个徒弟或助手？是否有直系亲属关系？水平如何？

23. 当前传承面临的主要问题是什么？

【小结】总结归纳采访内容（300字左右）。

第四部分　传统工艺

时间/地点/口述人/采访人/录音整理人/总撰稿人

【选料篇】

所有传统手工技艺的第一步都是选料。重点探讨选料的时间、地点（附照片），选料的原则。如选料需要注意哪些问题？有哪些讲究？是否需要相关仪式（附照片）？具体内容包括：

1. 材料名称、俗称？

2. 材料的成分、材质？

3. 材料规格？

4. 除主材料外，还有什么辅助材料？

5. 材料产地？

6. 是否存在材料短缺、枯竭的情况？

7. 若传统材料受限，是否有替代材料？

8. 在制作之前，需对材料进行哪些加工处理？

9. 衡量材料好坏的具体方法和标准是什么？

10. 有无使材料提高档次的办法？有无特别诀窍？

11. 所需材料的成本？

12. 材料通常如何保存？

13. 启用材料时有无相关仪式？

14. 材料的使用有无特殊禁忌？

【工具篇】"工欲善其事必先利其器"，要想做出一件好作品，就必须有好的工具。好的传统工具通常是自己做的。在制作过程中会有很多讲究，这应该成为我们调查的要点。内容包括：

1. 制作工具名称、俗称？

2. 工具材质？

3. 工具尺寸？

4. 工具结构、构造？

5. 工具的工作原理、机制、动力？

6. 每项工具的用途？

7. 每项工具的使用方法？

8. 工具是否需要特殊的材料制成？

9. 制作工具的材料是否存在短缺、枯竭现象？

10. 工具是否需要特殊的人员制造？是否有较高要求？

11. 工具成本？

12. 是否需要特殊的护理与保存？应注意什么？

13. 使用工具的技术要求、操作要领、法式、艺诀？

14. 工具的使用有无仪式、禁忌？

15. 如果艺人知道，请他重点谈谈历史上使用的传统工具是什么样的？今昔工具有什么变化（附照片）？

【流程篇】

1. 该工艺共有多少道工艺流程（各流程的照片）？

2. 每道流程各使用什么样的工具？

3. 各道工艺流程主要要完成哪些任务？有什么讲究？难点、重点在什么地方？

4. 每道工艺流程需要多长时间？有没有节气、环境、气候等方面的限制？参与者有没有性别、属相上的限制？民间有什么说法？师傅当时是怎么说的？

5. 制作流程与人文环境有什么关系（这些工艺流程的安排与庙会、年节有什么关系）？操作之前是否需要举行相关仪式？如果传承人没有类似经过，也可以让他回忆一下师傅是怎样说的（附老照片）。

6. 制作流程与自然环境有什么关系（这些工艺流程的安排与季节、干湿度、温度有什么关系）？

7. 在工艺流程上，您的独特技艺和工序是什么？这样做有什么好处？

【工艺流程举例】

景德镇手工制瓷工艺中最核心的技术流程包括选料、拉坯、利坯、画坯、施釉和烧窑等六项工序。

流程一：选料。在什么时候、到什么地方取料？怎样处理这些原材料？为什么？

流程二：拉坯。也叫"做坯"，是成型的最初阶段，也是器物的雏形制作阶段。它是将制备好的泥料放在坯车上，用轮制成型方法制成具有一定形状和尺寸的坯件。重点讲述成型的技巧和独特的经验。这道工序的工具有什么讲究（附照片）？

流程三：利坯。即"修坯"。它是将经过印坯工艺后的粗厚不平、规格不齐的粗坯经过两次旋削，使之厚度适当、表里一致。这道工序有哪些独特的手法？有什么口诀？工具有什么讲究（附照片）？

流程四：施釉。俗称"刹合坯"（附照片）。它是在器坯内外上一层玻璃质釉、使之光润。其方法有蘸、浇、吹、荡、涂等。釉是如何制作的？有多少种？上釉需注意什么？

流程五：画青花。俗称"画坯"（附照片）。它是用青花料等在坯胎上绘画，打青花箍或写青花字，最后上釉烧成。

流程六：烧窑。是成瓷的最后一道工序。它是将装有成坯的匣钵放置在窑床上，用松柴或槎柴烧至 1270－1300 度，采取先氧化焰，后还原焰的方法，分溜火、紧火、净火三个阶段，把匣钵内的坯胎烧成瓷胎（附照片）。历史上窑有什么讲究？老师傅是怎样说的？关于窑有什么传说？现在窑有何变化？烧窑有什么讲究？有哪些仪式？

对于那些工艺简单的项目直接写出工艺流程即可。

【小结】总结归纳采访内容（300 字左右）。

第五部分　表现题材

时间/地点/口述人/采访人/录音整理人/总撰稿人

1. 您的创作题材有无传统定式？与其他艺人相比，您更喜欢表现什么大的主题（人物、花鸟等等）？

2. 在这些大的主题中，又具体喜欢表现什么样的内容？是人物中的关公、和合二仙？还是花鸟中的梅兰竹菊？涉及到戏剧人物的，喜欢做哪些剧目中的戏曲人物？为什么？

3. 为什么会强调这些内容？历史上是否有这样的传统？是跟谁学来的？师傅当时是怎样传、怎样教、怎样说的？这些作品反映了怎样的传统道德和审美心理？这些表现主题和其他艺人所反映的主题有什么不同？

与其他类别的工艺美术作品有什么同或不同？

4. 请讲讲您的作品的内容与当地文化传统的关系，与市场需求的关系，与时代审美变化的关系，与当地生态环境的关系。譬如说是否与自然地形地貌、农牧业生产活动有关？不同内容的创作和季节、庙会有什么关系（如打春前做春牛，龙年春节前做龙灯等等）？

【小结】总结归纳采访内容（300 字左右）。

第六部分　艺术技巧

时间/地点/口述人/采访人/录音整理人/总撰稿人

1. 该技艺有多少种表现技法（表现方法）？这是本部分的重点，下面所有的问题，都是围绕着这个问题展开的（如惠山泥人有"手捏戏文十八法"）。您掌握的独特技法是什么？请详细说明。

2. 每种技法都在表现什么样的主题时使用？会达到什么样的效果？

3. 您能够使用其中的多少种技法？

4. 该工艺的生产是否有季节性、规律性？生产旺季在几月份？为什么？

5. 备料、制作、生产的时间有无特殊要求？

6. 与技巧相关的需要说明的还有什么问题？

【小结】总结归纳采访内容（300 字左右）。

第七部分　大师谈艺

时间/地点/口述人/采访人/录音整理人/总撰稿人

1. 重点谈该项目精品的品鉴要领（附照片）、自己艺术风格的形成、创作与生活、与其他艺术的关系。

2. 历史上有哪些精品（附照片）？当代创作中有哪些精品（附照片）？历史上的精品与当代的精品有何不同？

3. 评价这类作品水平高低的标准是什么？

（1）使用原料。用的是什么料？好料的标准是什么？如何才能得到好料？真料与假料的鉴别方法是什么？使用假料的后果是什么？

（2）内容创意。您最擅长什么主题？这些主题反映了什么样的文化内涵？为什么喜欢这类的主题？是传统使然？是市场需求？还是与自己的经历有关？

（3）工艺技法。谈谈什么样的表现手法适合表现什么样的主题。好的工艺与不好的工艺差别在什么地方？

4. 您认为您的风格特点是什么？这种风格是怎么形成的？是师传？还是独创？与其他流派的区别在什么地方（附对比性照片）？

5. 您的艺术创作与生活有什么关系？与当地文化有什么联系？

6. 您都借鉴过什么样的艺术形式？是怎么借鉴的？

【小结】总结归纳采访内容（300字左右）。

第八部分　国宝大家谈

时间/地点/口述人/采访人/录音整理人/总撰稿人

这是本书的拓展部分。可通过采访传承人的师傅、弟子、师兄弟、家人、粉丝、相关学者等，从更多的角度、更多的层面挖掘传承人的技艺精华，展示传承人的内心世界，帮助读者从更多的角度了解大师和他的艺术创造。聊的范围可以更加开阔，大师的日常生活、兴趣爱好、性格特点、生平趣事、传艺诀窍、弟子感受以及他在本行当的艺术地位等等，都可以成为本章节的话题。切记不要写成鉴定书式的溢美之词。

【小结】总结归纳采访内容（300字左右）。

调查大纲制作：苑利　顾军　郭茸

附录3　传统节日仪式类遗产调查指南

多数传统节日是在传统仪式的基础上发展起来的。传统仪式只要形成一定规模，并有固定不变的时间段作支撑，就会转变为节日。那些无法形成规模或在时间上无法固定的传统仪式，如出生礼、婚礼、丧礼、祭祀大典等，便无法形成节日。从这个角度来说，两者既有共通之处，也有一定区别。两者的区别在于：从属性看，传统仪式类遗产专指那些为确认、强化某种关系而举行的认证活动、纪念活动，或是祈福禳灾一类的宗教活动。而传统节日类遗产则专指人类在历史上创造并以活态形式原汁原味传承至今的，具有重要历史价值、艺术价值、文化价值、社会价值以及科学价值的每年一度的、规模盛大的传统祭祀与庆典活动。从范围看，传统仪式涉及范围小，参与人数少，活动多在家族、村落或再大一些的行政区域内进行，具有明显的地域性色彩；而传统节日范围广，参与人数多，多数节日都具有全民族性或全国性。

一　调查准备

1. 查询传承人及传承项目的网上资料。有了这些资料，就不再需要对报刊等大众媒体进行专门的查询了。

2. 查询本地政府已经出版的纸媒资料。这些资料多数是内部的，具有很重要的参考价值。

3. 查阅有关本地传统节日仪式及其传承人的图书、论文。主要途径是图书馆或中文期刊网等。

4. 访前的资料查询与检索不仅可以使我们对采访对象做到心中有数，使调查更有针对性，同时还可以让我们发现更多的问题，在调查时便于与传承人交流，并由此赢得传承人的好感。如果是撰写非物质文化遗产项目或传承人调查报告，无论是典籍资料，还是他人的研究成果都可引用。但如果是撰写传承人口述史，典籍资料或他人研究成果即或再好也不能直接引入口述文本。因为撰写口述史的一个基本要求是，讲述者说的可以进入口述文本，通过其他渠道得到的传承人资料是绝对不能进入口述史文本的。

二 注意事项

1. 调查人员在田野调查之前，应根据调查对象的实际情况，在本《大纲》的基础上，编制出一个更为具体，也更具有针对性的项目调查大纲。

2. 传统节日仪式类遗产所涉及的内容专业性很强，调查前要深入学习相关知识，并知道必须要问及的核心问题是什么。如果发现调查大纲并未涉及，则需对《大纲》进行必要的补充，否则，调查上的缺失就会影响到整个结论的完整性与准确性。

3. 传统节日仪式类遗产多数属群体传承型项目，也有一些属团体传承型项目。但无论哪一种通常都会涉及到很多人。都需要对总会首、分会首、钱粮把、武场把、文场把以及请驾督管等香会核心组织成员进行逐一调查。每一部分采访谁、采访什么，都要根据他们每个人的职责分工做出精心安排。

4. 写作时要注意对材料进行横向与纵向的挖掘。如传承人所述涉及到的历史背景、历史人物、历史事件过于复杂，传承人又不清楚，作者则需要通过查找相关档案资料等方式，以注释的形式加以说明。

三　调查成果

1. 需要提交整个调查过程的录音或录像资料的电子拷贝。电子文档名称的编写方式：项目名称，编号，采访时间，对象，内容，采访人。如：【苗族鼓藏节－1】2012－11－1，吴晓东，祭祖，苑利。

2. 调查过程中拍摄的照片需要专业级水平（1200 万像素以上）。其中包括传承人的正面像、传承人与调查者的合影、调查过程中的工作照、传承人居住寓所或工作场所的内外景、传承人的师徒合影、传承人及家庭的老照片、重大节日仪式活动的照片等。

3. 原始记录文本（现场笔录原件）。如自己需要请复印留底。

4. 每次调查整理出的 WORD 文档。宋体字。标题 3 号字，正文 5 号字，固定行距 21。电子文档名称的编写方式：项目名称，编号，时间，对象，内容，采访人。如：【端午节－2】2012－1－22，王一凡，龙舟竞渡，苑利。

5. 综合性的传承人口述史文本（50000 字左右）。格式要求：WORD文档，宋体字。大标题小 2 号字，小标题小 3 号字，正文 5 号字，固定行距 21。电子文档名称的编写方式：项目名称，编号，时间，对象，内容，采访人。如：【端午节－2】2012－1－22，王一凡，龙舟竞渡，苑利。

四　调查大纲

第一部分　项目与传承人或传承群体简介

以洗练的笔触简要介绍该项目的历史、现状等基本情况（300 字左右）。同时以洗练的笔触简要介绍出该传承人或传承群体的基本情况、传承脉络、特点、业界影响力等（300 字左右）。

第二部分 传统节日（仪式）发展史

时间/地点/口述人/采访人/录音整理人/总撰稿人

1. 据您所知，这个传统节日或仪式历史上是什么时候产生的？是因为什么产生的？当地有什么与之相关的传说故事？与当地人的日常生活有什么联系？

2. 您知道这个节日（仪式）的发展历程吗？兴盛时有多大规模？衰落期又有什么表现？讲讲历史上该节日或仪式的故事。

3. 这个节日或仪式各地都有什么不同的过法？在地理分布上有什么特点与规律？

4. 这些节日或仪式对当地物质文明与精神文明的传承到底发挥了怎样的作用？

【小结】总结归纳采访内容（300 字左右）。

第三部分 节日仪式亲历记

时间/地点/口述人/采访人/录音整理人/总撰稿人

1. 先从您小时候过这个节日或参加这个仪式讲起吧。您记得小时候过节前或举行仪式前大人需要做哪些准备吗？当时自己家里、周围的邻里、亲戚们都会做些什么样的准备工作？男人干什么？女人干什么？您干什么？讲讲关于过这个节或参加这个仪式时的童年趣事。

2. 从什么时候，是什么原因开始对这个节日或仪式发生兴趣并主动参与相关活动的？为什么参与？是自愿参加，有人推荐，还是选上的？是否有家族传统？

3. 成为这个节日仪式核心组织成员是否有正规的拜师仪式？讲讲入行、拜师仪式。如果您没有亲身经历，听说过的也可以讲讲。

4. 聊聊该仪式的传统。该组织有无名称？有无日常活动？举行仪式前要做哪些准备？是否有特别的祭祀仪式？祭祀的对象是什么神？祭祀时间？祭祀地点？用什么祭品？主祭人、参加者是谁？大致有多少人？祭祀过程（分几个部分）？祭辞是什么内容？谁写的？请详细描述仪式的整个过程及有趣的故事。从师傅口中听说过的也可以。

5. 哪些人可以成为节日仪式的核心成员？哪些人不能成为仪式的核心成员？有无性别、文化、属相等方面的禁忌？

6. 讲讲核心成员的分工情况。每个人的职务叫什么？具体负责什么工作？他们的分工是否有家族传承成分？讲讲他们上一辈人以及他们的家族与这个节日或仪式的故事（附老照片）。

7. 入行时从什么开始学起？在什么地方学？全部学会需要多长时间？师傅是怎么教的？主要集中在哪个时间段？是手把手的教，还是以师兄带师弟的方式传承？是否有特定的口诀和技巧？

8. 节日或仪式的准备期是从什么时候开始的？准备期大家是如何分工的？各自准备哪些工作？

9. 节日或仪式的准备工作从什么时候开始？都需要准备些什么？讲讲准备工作中发生的故事（附老照片）。

10. 节日或仪式中最核心的仪式是什么？举行这个仪式的目的是什么？当地是怎样传说的？

11. 有神灵绕境巡行吗？是走原来的"老路"，还是改走了"新路"？画出原来的巡行路线并说明原因；画出新的巡行路线并说明原因。

12. 仪式中所用道具是用原来的，还是新做的？理由是什么？原来的有多少年历史了？如果是用新的，那么，它在什么地方进行了创新和改进？是谁让改的？

13. 有哪些关于该节日或仪式的传说、故事？特别是个人经历过的真人真事。

14. 相关传说、故事、口诀、歌谣、谚语是何人、何地、何时告诉您的，或从书上看到的？是自己有意识找来看的，还是偶然看到的？

【小结】总结归纳采访内容（300字左右）。

第四部分　传统仪式流程【传统仪式调查专用】

时间/地点/口述人/采访人/录音整理人/总撰稿人

1. 举行传统仪式的时间是怎么确定的？

2. 传统仪式举行地点是怎么确定的？

3. 传统仪式的参加者是怎么选定的？在选择上有什么规矩？有无性别、地位、年龄、属相等方面的限制？

4. 传统仪式上参与者的服装是什么样的？有什么规矩？是谁做的？

5. 传统仪式所用食品是什么？在制作上有什么规矩与禁忌？

6. 传统仪式所用祭品是怎么准备的？谁来准备？有什么规矩？

7. 传统仪式所用祭祀舞蹈叫什么？怎么跳？有什么特殊含义？参加者在选择上有什么规矩？平时是如何传承的？

8. 传统仪式所用音乐都有哪些曲谱？都用什么乐器？平时是如何传承的？

9. 传统仪式中的核心仪式是怎样准备的？司仪是如何确定的？标准是什么？

10. 传统仪式所用道具都有什么？这些道具是自己做的还是从外面买的？如果是自己做的根据是什么？

11. 传统仪式所用场地是如何确定与准备的？在选址与布置上有什么讲究？

12. 传统仪式所用祭辞是谁撰写的？为什么由他撰写？主要表达的是什么内容（如保留有祭辞文本请复印拍照）？有什么讲究？

13. 传统仪式有多少道流程？每道流程的内容和目的是什么？主持者、参与者是谁？每道流程使用什么道具（祭品及道具）？有什么讲究？

除您自己的经历外，也可以谈谈您师傅经历过的传统仪式。看看哪些地方相同？哪些地方不同？

14. 为什么要举行这样的仪式？与当地什么风俗、什么样的人文环境或自然环境有关？可以多谈谈当地老人是怎样说的（附老照片）。

15. 该仪式之后有无唱大戏等酬神谢神活动（附老照片）？请什么剧团？唱什么戏？选戏的时候有什么规矩与禁忌？

【小结】总结归纳采访内容（300字左右）。

第五部分　传统节日流程【传统节日调查专用】

时间/地点/口述人/采访人/录音整理人/总撰稿人

传统节日实际上是由若干个节日仪式构成的。如春节就是由吃年夜饭仪式、守岁仪式、子时接神仪式、踩祟驱邪仪式（即古代的驱傩仪式）等共同组成的。节日类遗产调查的一个重点内容，就是对这些仪式流程及其成因进行认真而翔实的记录。

1. 在这个传统节日中，最重要的仪式是什么？在什么时间、什么地点举行？在时间、地点的选择上有什么规矩？

2. 司仪是怎么确定的？标准是什么？

3. 传统节日仪式的参加者是怎么确定的？在人员的确定上有什么规矩？有无性别、地位、年龄、属相等方面的限制？

4. 该传统节日仪式所祭拜的神灵是谁？什么模样？关于他有什么传说故事？当地人是如何评价他的？

5. 所用祭辞是谁撰写的？为什么由他撰写？要表达的是什么内容（征得传承人同意，可将祭辞复印下来）？

6. 仪式参与者穿什么服装？手中用什么道具？有什么象征意义？是谁做的？

7. 传统节日仪式所用食品分敬神和自己食用两种。传统节日食品都有什么（附照片）？是谁做的？制作这种节日食品有什么象征意义？在制作上有什么规矩与讲究？

6. 节日祭品如何准备（附照片）？谁来准备？有什么讲究与规矩？

7. 传统节日仪式所用祭祀舞蹈有什么特点（附照片）？反映的是什么内容？参加者的选定有什么规矩？平时如何传承？

8. 传统节日仪式所用道具都有什么？是如何准备的？

9. 传统节日仪式有多少道流程？每道流程的内容和目的是什么？使用什么道具（祭品及道具）？有什么象征意义？除讲述您的经历外，也可以讲讲您师傅那一辈人经历过的事情。

10. 当地为什么要举行这样的节日仪式？该仪式与当地的人文环境或自然环境有什么关系？多谈谈当地老人是怎样说的（附照片）。

11. 该节日仪式之后有无唱大戏等活动？请什么剧团？唱什么戏？选戏唱戏的时候有什么规矩与禁忌？

【小结】总结归纳采访内容（300 字左右）。

第六部分　节日仪式组织调查

时间/地点/口述人/采访人/录音整理人/总撰稿人

1. 总会首的基本情况（姓名、性别、年龄、籍贯、担任会首的时间，是怎样担任起会首的）。

2. 在大型节日仪式（如庙会活动）中总会首的职责是什么？担当总会首的资格和条件是什么？总会首是怎样选出的？

3. 总会首下设几位分会会首？钱粮把（负责吃住的会首）、武场把（负责武会表演的会首）、文场把（负责文会活动的会首）以及请驾督管（负责起驾、朝山、敬神、回香等各种规定礼节的督管）等香会核心组织成员是怎样选出的？有无世袭传统？分别负责怎样的工作（如负责庙会活动中演出、秩序、交通、后勤保障等等）？以上各会首的基本情况（姓名、性别、年龄、籍贯、担任会首的时间，是怎样担任起会首的）。

4. 节日庙会活动之前，总会首、分会首和各花会领队是如何沟通的？

5. 当地花会有没有"文会"与"武会"之分？

6. 专门负责为朝山进香者、庙宇及各路香会提供各种服务的慈善组织"文会"都有哪些？

7. "文场把"（文会的组织者）的主要任务是什么？他是怎样协调文会的工作的？

8. 专门负责朝顶进香献艺的"武会"又是由哪些花会（香会）组成的？

9. "武场把"（武会的组织者）的主要任务是什么？他是怎样协调武会的工作的？

10. 每档香会进香之前是否要举行"入行"（"贺会"）仪式？获得总会首（老督管）及各档香会会首首肯的标准是什么？

11. 文会、武会何时进出等，是什么时候，在什么地方与上述核心组成员协商解决的？

【小结】总结归纳采访内容（300字左右）。

第七部分　节日功能调查

时间/地点/口述人/采访人/录音整理人/总撰稿人

1. 传统节日或仪式（庙会）对当地经济有什么推动作用？

2. 传统节日或仪式（庙会）对当地旅游有什么促进作用？

3. 传统节日或仪式（庙会）对当地传统文化保护与新文化建设有什么推动作用？

4. 传统节日或仪式（庙会）对缓解紧张的生活节奏有什么积极作用？

5. 传统节日或仪式（庙会）在扶弱济困方面能起到怎样的作用？

6. 传统节日或仪式（庙会）对当地自然环境保护会起到什么作用？

7. 传统节日或仪式（庙会）对促进和谐社会建设会起到什么作用？

8. 传统节日或仪式（庙会）在传承传统表演艺术方面会起到什么作用？

9. 传统节日或仪式（庙会）对传承当地传统节日饮食文化会起到怎样的推动作用？

10. 传统节日或仪式（庙会）对传承当地节日祭品及其制作技术会起到怎样的推动作用？

11. 传统节日或仪式（庙会）对当地节日盛装制作技艺的传承会起到怎样的促进作用？

12. 传统节日或仪式（庙会）对传承当地传统节日装饰装潢艺术会起到怎样的促进作用？

13. 传统节日或仪式（庙会）对传承当地最优秀的道德教化会起到怎样的促进作用？

14. 传统节日或仪式（庙会）对保存当地传统节日或仪式会起到怎样的推动作用？

【小结】总结归纳采访内容（300 字左右）。

调查指南设计：苑利　顾军

非物质文化遗产分类系统树

- **民间文学**
  - 散文体文学：神话、传说、故事、寓言、笑话
  - 韵文体文学：歌谣、谚语、……

- **表演艺术**
  - 民间说唱：评弹、相声、河南坠子、山东快书、八角鼓、北京琴书
  - 传统戏剧：子弟书、京剧、昆曲、史诗、叙事诗、皮影戏、木偶戏、黄梅戏
  - 传统舞蹈：花灯戏、京剧、鼓舞、旱船、抬阁、秧歌
  - 传统音乐：芦笙舞、民歌、民乐
  - 传统竞技：太极拳、武术、杂技、摔跤

- **传统工艺美术**
  - 民间绘画：手绘画制作、版画绘制、工艺画制作、国画绘制、传统书法
  - 镂刻工艺：剪纸制作、皮影制作、……
  - 织造工艺：丝织工艺、棉织工艺、锦织工艺、撑毡工艺、编织工艺、……
  - 刺绣挑花：刺绣工艺、挑花工艺、钩边工艺、抽纱工艺、抽纱工艺、……
  - 印染工艺：蓝印花布印染、药斑布印染、彩印花布印染、木模印花印染、染缬工艺
  - 彩扎工艺：风筝制作、灯彩制作、纸扎制作、……
  - 雕刻工艺：石雕工艺、砖雕工艺、木雕工艺、竹雕工艺、玉雕工艺、牙雕工艺、角雕工艺
  - 雕刻工艺（骨）：骨雕工艺、印模工艺
  - 雕塑工艺：泥塑工艺、面塑工艺、……
  - 制陶工艺：彩陶制作、印纹陶制作、白陶制作、黑陶制作、红陶制作
  - 制瓷制作：青瓷制作、白瓷制作、青花瓷制作、……
  - 金属制作：饰品制作、器物制作
  - 髹漆工艺：单色漆、黑漆、描漆、描金、填漆、剔犀、剔红、款彩、戗金、百宝嵌、螺钿
  - 造纸工艺：竹纸制作、桑皮纸制作、草纸制作、书画纸制作、棉纸制作
  - 文物修复：甲骨修复、青铜器修复、石器修复、陶瓷修复、书画修复、彩塑修复、玉器修复、木竹修复、珐琅修复、玻璃修复、……

- **传统生产知识**
  - 农业知识：农耕技术、农具制作、品种繁育、谷物储存
  - 狩猎知识：狩猎技术、猎具制作、兽肉储存、……
  - 渔业知识：捕捞技术、渔具制作、养殖技术、储存技术
  - 牧业知识：游牧技术、牧具制作、育种知识、畜肉储存

- **传统生活知识**
  - 服装制作：棉服装制作、麻服装制作、毛织服装制作、丝织服装制作、针织服装制作、皮革服装制作
  - 食品制作：主食制作、副食制作、小吃制作、饮料制作
  - 传统建筑：民居建筑、公共建筑
  - 传统交通：交通工具制作、交通设施建设

- **传统仪式**
  - 解决人与人关系的仪式
    - 祭祀祖先神：图腾祭、民族祖先祭、氏族祖先祭、家族祖先祭
    - 祭祀英雄神：文臣祭、武将祭、……
    - 祭祀行业神：梨园神祭、木匠神祭、铁匠神祭、窑神祭、造纸神祭
    - 祈子仪式：出生礼、成年礼、婚礼、寿礼、丧礼
  - 解决天与人关系的仪式
    - 天神祭：日神祭、月神祭、星神祭、雷公祭、风神祭
    - 山水神祭祀：山神祭、石神祭、河神祭、海神祭、……
    - 动物神祭祀：龙王祭、蚕神祭、蛙神祭、蝗神祭、虎神祭
    - 植物神祭祀：树神祭、稻神祭、……

- **传统节日**
  - 春季节日：上已节、寒食节、清明节、浴佛节、……
  - 夏季节日：端午节、七夕节、中元节、……
  - 秋季节日：中秋节、重阳节、寒衣节
  - 冬季节日：冬至节、腊月初八、腊月二十三、除夕、春节、元宵节

写在后面

如果要追根溯源，这本书的写作还得从八年前讲起。那是 2006 年春节，我去宋兆麟先生家拜年。在先生家中我们谈到了非遗，谈到了我换工作的事情。随后，他又问及我的近况。我告诉他除在赶写《非物质文化遗产学》外，我正考虑专门为工作在非遗保护第一线上的同志们撰写一本通俗易懂的问答体小册子。他点头称是，并说："这样的书社会急需，应该写。你就叫《非物质文化遗产保护干部必读》吧！"我觉得这个名字听起来很响亮，便一口答应了下来。没想到这一做就是八年。

在这八年中，我明白了要想写一本能让自己看得懂，同时也让别人一看就懂的非物质文化遗产保护通俗读本会有多难。这是因为这种通俗读本不但要求你对相关专业了然于心，同时还要求你必须了解基层干部的困惑以及他们所面临的种种问题。尽管在国内我们对非遗学的研究起步算是最早的一波，但在非物质文化遗产传承规律与保护规律的探究上，我们仍然是个探索者。为完成这部书稿，我们在完成《文化遗产报告——世界文化遗产保护运动的理论与实践》（2005 年）、《非物质文化遗产教程》（2007 年）、《非物质文化遗产学》（2009 年）后，有意识地调整了自己的研究方向，进一步加大了田野作业的力度，加大了对非物质文化遗产个案研究的力度。在调入中国艺术研究院的八年中，我们几乎走遍了中国的所有省区。我们在实践中发现问题，分析问题并尽自己的所能去解决这些问题。

从一个学者的视角来说，中国的非物质文化遗产保护，主要面临两大问题：其一是技术问题。譬如非物质文化遗产的定义问题，分类问题，日常服务与监管问题等等。其二是理念问题。

技术是达成目标的手段。技术层面一旦出错，就会给遗产保护带来麻烦。譬如，如果非物质文化遗产定义出现问题，就很容易导致伪遗产的流入；分类体系出现问题，数据库建设就会成为一个个烂尾工程；保护制度出现问题，保护工作者就会无所适从，进而导致"重申报"、"轻保护"问题的频频发生。由此可见，技术问题不能不纳入我们解决问题的视野。但在我们看来，这恐怕还不是最重要的。最重要的是什么？是我们的保护理念。无论什么人，也无论做什么，都会受到理念的支配。理念正确，我们就会顺风顺水，一路前行；理念一旦出错，我们不保护则已，越保护问题越多。中国的非物质文化遗产保护工作要想获得健康、稳健而又可持续的发展，首先需要解决的便是理念问题。

从表面看，本书分别从概念、价值、保护、传承、普查、申报、管理、经营等八个角度入手，分别谈了八大问题。但实际上，这八个章节只讲了一件事——这就是非物质文化遗产保护理念问题——人们在认识非物质文化遗产概念、价值时，在保护、传承、普查、申报、管理与经营非物质文化遗产时，所存在的理念问题。并尽一个学者的所学，告诉每一位读者什么是正确的保护理念，为什么要树立正确的保护理念，以及怎样树立正确的保护理念。同时，对坚守错误保护理念所带来的种种后果也都给予了逐一的分析。

为什么我们要用整整一本书的篇幅去讨论"理念"问题？因为正确的理念是科学保护的逻辑起点。一旦在理念上出了错，我们就会失之毫厘，差之千里，甚至南辕北辙，越走越远。坚守、倡导正确的保护理念，既是为为保护中国非物质文化遗产立下过汗马功劳的各级文化主管部门、主管领导负责，也是为国家、为人类负责。因为毕竟由于种种原因，我们的遗产已经所剩不多。

在本书即将付梓之际，我想占用有限的篇幅，感谢一下为本书写作和出版付出过各种辛苦的领导、同事和朋友们。首先要感谢的是我和顾军同志双方单位的领导和同事们。是他们为我们的田野调查挤出了大量时间，并在学术上给予我们以悉心的指导。没有他们的帮助，我们就不可能有机会深入田野，去发现民间社会保护自身传统的独特经验，更没机会在第一时间发现保护工作中出现的种种问题。其次，还要特别感谢各省市自治区负责非遗保护工作的领导和同志，特别是各县市文化局、非遗保护中心负责非遗保护工作的领导和同事们。是他们不辞辛苦，披星戴月，带我们走村窜户，使我们获得了大量的一手资料。当然，在这里还要感谢那些朴朴实实的、曾给予过我们以重要帮助的传承人们。是他们的讲述使我们了解到了更多的非物质文化遗产传承规律。而这些传承规律的发现，肯定会对今后非物质文化遗产保护政策的制定产生积极影响。需要感谢的还有在我膝下正在读研的孩子们。她们是谢一菡、刘美、王雯雯、郭莓、赵宁。他们或是不辞辛劳，陪同我们翻山越岭，深入村落，或是一遍又一遍地为我们校阅稿件。正是她们的努力，为本书增色不少。谈到田野作业，还有一位朋友不能不提，这就是我的好友周建明博士。近年来，为从事文化遗产的区域性保护研究，我们一起工作长达数月之久。从他身上，我们学到了许多有关文化生态学、规划学等方面的知识，并使我们受益良多。在他的影响下，经过长达四年多的文化生态保护区调查，我们的下一部书稿《文化遗产区域性保护研究》也变得越发清晰起来。在就要结束这篇《后记》的时候，我还想借此时机感谢一下为本书出版做出了重要贡献的几位朋友。他们是社科文献出版社编辑许秀江、王婧怡，特约编辑武士靖，美编马宁，摄影师张哲、摄影助理马丽娅，以及为本书提供了大量精美剪纸图案的王红川、朱青峰、曹兆爱等友人。正是他们的无私奉献，才使这本小册子能够很"文艺"地呈现在每位读者面前。

谢谢你，谢谢你们，谢谢为这本书付出过心血和汗水的所有人！

苑利　顾军

2013 年 4 月 25 日于北一街八号

图书在版编目（CIP）数据

非物质文化遗产保护干部必读 / 苑利, 顾军著. —北京：
社会科学文献出版社，2013.8（2021.9 重印）
ISBN 978 - 7 - 5097 - 4588 - 5

Ⅰ. ①非… Ⅱ. ①苑… ②顾… Ⅲ. ①文化遗产 - 保护 -
中国 - 干部教育 - 学习参考资料 Ⅳ. ①K203

中国版本图书馆 CIP 数据核字（2013）第 086807 号

非物质文化遗产保护干部必读

著　　者 / 苑　利　顾　军

出 版 人 / 王利民
项目统筹 / 恽　薇　许秀江
责任编辑 / 王婧怡　武士靖

出　　版 / 社会科学文献出版社·经济与管理分社（010）59367226
　　　　　　地址：北京市北三环中路甲29号院华龙大厦　邮编：100029
　　　　　　网址：www.ssap.com.cn
发　　行 / 市场营销中心（010）59367081　59367083
印　　装 / 三河市龙林印务有限公司

规　　格 / 开　本：787mm × 1092mm　1/16
　　　　　　印　张：23.25　字　数：310 千字
版　　次 / 2013 年 8 月第 1 版　2021 年 9 月第 7 次印刷
书　　号 / ISBN 978 - 7 - 5097 - 4588 - 5
定　　价 / 49.00 元